职业院校五年制
汽车类专业
新形态教材

汽车电气设备检修

主编 —————— 刘娟娟 韩 玲

编委 —————— 安竹云 闪 亮
孙 磊 李佳芮
邱 平 路金娣
（按姓氏笔画排序）

QICHE DIANQI
SHEBEI
JIANXIU

北京师范大学出版集团
BEIJING NORMAL UNIVERSITY PUBLISHING GROUP
北京师范大学出版社

图书在版编目（CIP）数据

汽车电气设备检修/刘娟娟，韩玲主编．—北京：
北京师范大学出版社，2024.9
ISBN 978-7-303-29797-9

Ⅰ．①汽…　Ⅱ．①刘…　②韩…　Ⅲ．①汽车－电气设
备－车辆修理－高等职业教育－教材　Ⅳ．①U472.41

中国国家版本馆CIP数据核字（2024）第009672号

图书意见反馈：zhijiao@bnupg.com
营销中心电话：010-58802755　58800035
编辑部电话：010-58806368

出版发行：北京师范大学出版社　www.bnupg.com
　　　　　北京市西城区新街口外大街12-3号
　　　　　邮政编码：100088
印　　刷：优奇仕印刷河北有限公司
经　　销：全国新华书店
开　　本：889 mm×1194 mm　1/16
印　　张：15.75
字　　数：322千字
版　　次：2024年9月第1版
印　　次：2024年9月第1次印刷
定　　价：49.80元

策划编辑：林　子　　　　责任编辑：林　子
美术编辑：焦　丽　　　　装帧设计：楠竹文化
责任校对：陈　民　　　　责任印制：马　洁　赵　龙

前　言

Preface

　　汽车电气设备在汽车工业的发展中发挥着举足轻重的作用，越来越先进的电气设备应用于汽车工业中，其种类不断增多，新功能层出不穷，为汽车的发展注入了新的活力。本书融合汽车行业发展的新知识、新技术、新工艺、新方法，遵循实用性、基础性原则，确定本课程教学内容。遵循学生认知规律，参照汽车维修的工作顺序，序化教学内容，以汽车维修的工作流程为依据设计教学项目，将相关的理论知识、专业技能有机融合。本书由 8 个项目共24 个任务组成，涵盖了汽车必不可少的蓄电池、发电机、起动机、照明、信号、仪表、报警系统、辅助电气等必不可少的汽车电气设备的有关教学内容。

　　本书根据汽车维修行业职业需求和岗位要求设置教学任务，将抽象的知识简单化、形象化，详细介绍了汽车电气设备维修过程中所涉及的工作任务。本书采用课前、课中、课后"三段式"的学习设计，层层递进，每段均以工作手册的形式呈现，同时配套了丰富的课程资源，通过二维码嵌入了相应测验练习及其他教与学资源等。

　　本课程具体学习内容及教学建议如下。

项目序号	项目名称	学习任务	参考学时
项目 1	静电基础知识	2	4
项目 2	汽车电路图识读	2	14
项目 3	汽车电源系统检修	4	20
项目 4	汽车起动系统检修	2	10
项目 5	汽车点火系统检修	2	10
项目 6	汽车照明、信号、仪表及报警系统检修	4	16
项目 7	汽车辅助电气设备检修	5	42
项目 8	车辆安全系统检修	3	10

　　本书由刘娟娟、韩玲担任主编。刘娟娟编写了项目 7；韩玲、安竹云编写了项目 3 和项目 4；路金娣、闪亮编写了项目 1、项目 5；孙磊编写了项目 8；李佳芮、邱平编写了项目 2 和项目 6。

　　由于编写者水平有限，错误和不足之处在所难免，恳请各位读者提出宝贵意见。

目 录

Contents

项目 ① 静电基础知识

项目描述

通过学习静电知识，了解静电在生活中和汽车上的应用，说出静电产生的机理，分析产生的原因，知道静电的危害和防止静电产生的相关措施，学会正确使用防静电设备。

学习目标

项目1

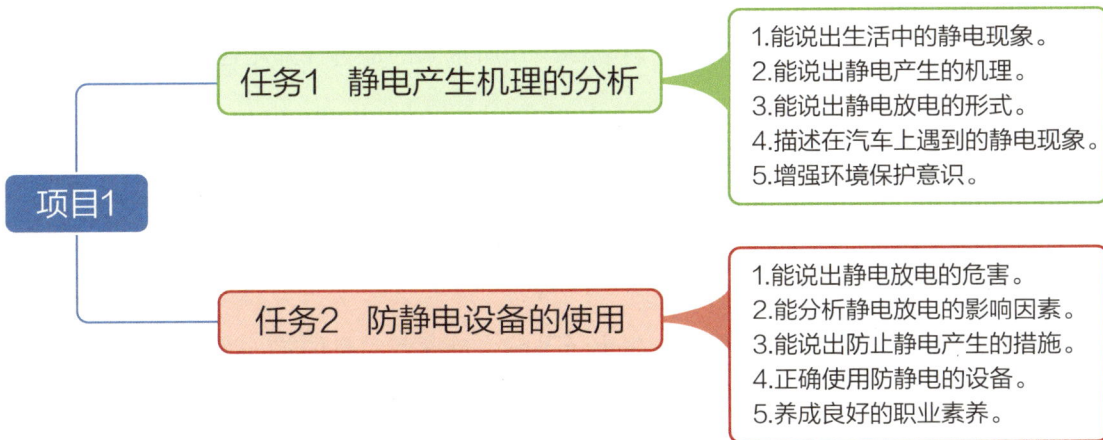

任务1 静电产生机理的分析
1.能说出生活中的静电现象。
2.能说出静电产生的机理。
3.能说出静电放电的形式。
4.描述在汽车上遇到的静电现象。
5.增强环境保护意识。

任务2 防静电设备的使用
1.能说出静电放电的危害。
2.能分析静电放电的影响因素。
3.能说出防止静电产生的措施。
4.正确使用防静电的设备。
5.养成良好的职业素养。

任务 1 静电产生机理的分析

任务案例

不采用任何的黏合剂，摩擦过的气球可以直接粘在玻璃上，想一想为什么会这样。这样的现象如果出现在汽车上会有什么影响？作为未来汽车维修人员，请针对此现象进行专业知识的学习，努力成为一名优秀的汽车维修技术人员。

课前导入

同学们，为了完成本次工作任务，请在课前利用多种途径查阅资料，预习相关知识点，也可扫一扫右侧的"课前学习资料"二维码进行学习，掌握本工作任务中涉及的应知应会知识点。

课前学习资料

知识点 1 生活中的静电

请列举几种生活中常见的静电现象，并与大家分享。

现象描述	季节/时间	是否有危害	减缓或消除的方法

静电对于大多数的人来说并不陌生，因为它几乎无处不在，比如日常生活中梳头、脱衣服、开门、开水龙头、开灯的时候，常会出现头发越梳越乱、脱衣物则发出"噼噼啪啪"响声及闪光的现象，有时还伴有一种强烈触电的刺痛感觉。年轻的妈妈在拥抱自己的宝宝时，有时也会受到静电的干扰。除此之外，开车或是坐车的人经常会有这样的感觉：在开关车门时瞬间像被电击中，感觉麻麻的。不少人对这样的静电现象司空见惯、习以为常，对其给工作所带来的危害性知之甚少或不以为然，更未引起足够的认识与警惕。

知识点 2 静电产生机理

1. 通过摩擦产生静电

当鞋底接触到地面时，在两者之间就产生电子飞越，进而产生电位差。当脚快速离开地面后，这个电位差不能得到平衡，随着脚步继续移动，与地面不断地接触和分离，鞋底的电荷也随之不断积累，这就导致了电压的不断升高，人们称这种带电为"接触电"。

❓ 思考：如图 1-1-1 所示，一个机修工在车间里会做大量的运动，请看图分析他在运动过程中静电产生的过程。

_____

_____

_____

_____

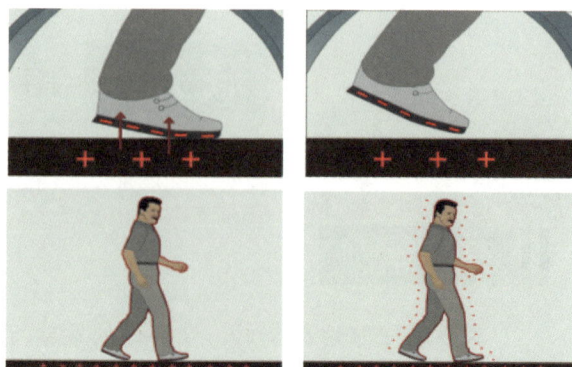

图 1-1-1 摩擦产生静电原理示意图

2. 通过感应带静电

当装置中的中性导电部件进入一个电场中时，首先开始极化作用，如图 1-1-2（a）所示。当负极载流子通过一个导电连接流走时，比如一个触点或火花放电，那么部件就带上正电。当部件离开电场时，仍旧保持所带电荷，如图 1-1-2（b）所示。

（a）进入电场　　　　　　　　　　　　（b）离开电场

图 1-1-2　感应产生静电原理示意图

知识点 3　静电的放电形式

1. 人体放电

人体放电是指在物体和人体之间发生静电放电现象，如图 1-1-3 所示。

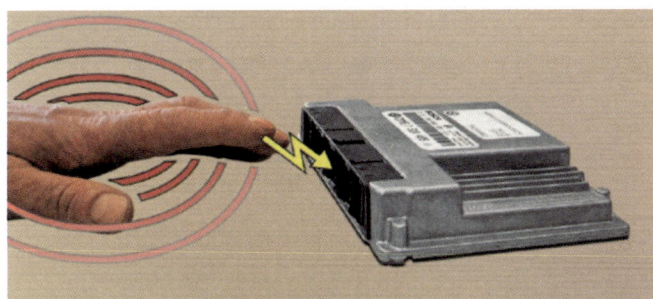

图 1-1-3　人体放电

⚠ 注意：

（1）90% 的放电电压＜3 000V；

（2）30V 的放电电压就可以损坏一个汽车模块。

2. 物体放电

物体放电是指静电发生在物体与物体之间，如图 1-1-4 所示。

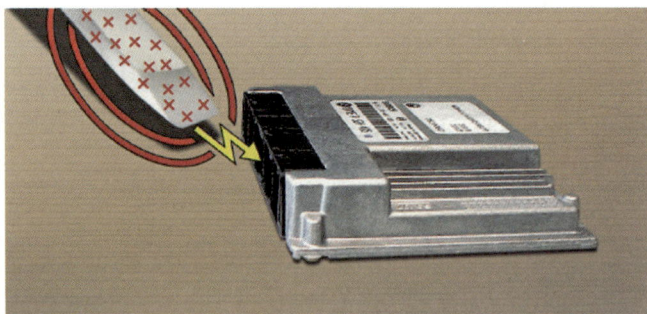

图 1-1-4　物体放电

对于汽车而言，静电放电可能在插拔汽车线束时产生。当从车辆的线束上拔下某个控制单元时，如果没有按照正确的储存方法放到原先的包装袋内，将会产生很大的危险。在插接这个控制单元时，控制单元与线束接触的一瞬间，高电压的放电将会导致控制单元的损坏，如图 1-1-5 所示。

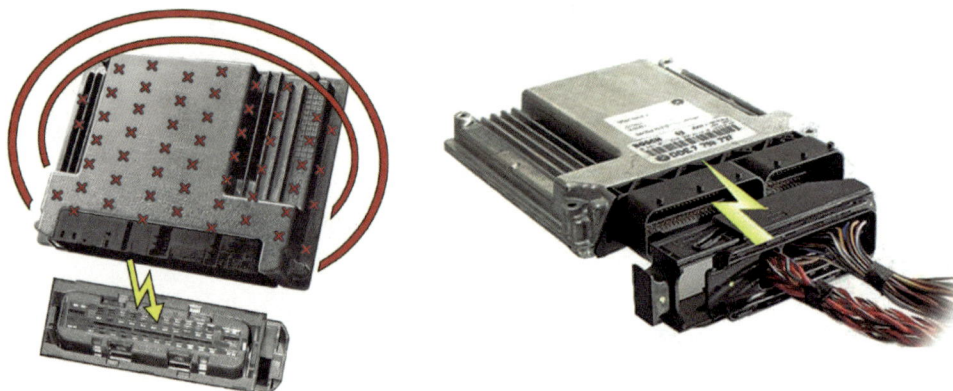

图 1-1-5　静电对控制单元的危害

❓ 思考：党的二十大指出，我们坚持绿水青山就是金山银山的理念，坚持山水林田湖草沙一体化保护和系统治理，全方位、全地域、全过程加强生态环境保护，生态文明制度体系更加健全。在科学技术快速发展的当今社会，汽车零部件逐渐"高科技"化，静电危害对汽车零部件的影响也越大，不经过特殊处理会对环境造成一定的危害，请课后收集资料，列举出其中几种危害。

_____

_____

课中实践

一　能力测评

二　工作任务

1. 任务分组

班级		组号		指导老师	
组长		承担任务			
组员及分工	姓名			承担任务	

2. 任务实践

作业内容	图　解	技术提要	记录
1 碎纸屑试验		先将直尺在衣服上摩擦几下，然后将直尺悬在一小堆碎纸屑上面，此时你能观察到什么？ _____ _____	
2 塑料袋试验		将一张纸插到透明塑料袋中，不断摩擦塑料袋，然后再将这张纸拉出来，此时你能观察到什么？ _____ _____	
3 水流拐弯试验		1. 准备一个塑料水杯（底部用针扎个小孔），保证水流通过 2. 普通气球一个 3. 盛水器皿一个	
4 没有摩擦之前的水流		观察没有摩擦之前的水流情况 **注意事项** 水流不能太大，以最小的孔进行试验，否则影响试验效果	

续表

作业内容	图　解	技术提要	记录
5 摩擦之后的水流形状		将摩擦过后的气球贴近水流，观察水流是否会改变。写出观察结果并分析 _____ _____	

3. 实施总结

组内的分工	
熟练地运用	
存在的问题	
改进的措施	

三　学习目标达成情况

序号	学习内容（知识、技能、行为习惯、职业素养）	评价标准			
		了解知道	理解掌握	指导下操作	独立操作

▶▶ 课后延伸

一　理论测试

二　任务实施巩固

要求：课后收集资料，与同学们分享关于静电的危害。

任务 2　防静电设备的使用

任务案例

某日，一加气站员工在引导车辆有序排队时，发现一辆白色厢式货车后车厢不断有液体渗漏到地面，并有白色气体从车厢中向四周扩散。发现这一异常后，加气站员工立即通知厢式货车驾驶员，驾驶员在将车窗摇下的一瞬间，车辆瞬间轰燃，火焰顺势向四周扩散，将加气员以及周围车辆瞬间吞噬。后经加气站员工沉着冷静的处置，火势得到控制。据分析，轰燃是由静电引发，结合此问题学习如何在汽车上防止静电对车辆的危害显得尤为重要。

课前导入

同学们，为了完成本次工作任务，请在课前利用多种途径查阅资料，预习相关知识点，也可扫一扫右侧的"课前学习资料"二维码进行学习，掌握本工作任务中涉及的应知应会知识点。

课前学习资料

知识点 1　静电放电的危害

❓ 思考：观察图 1-2-1，你看到了什么样的现象？

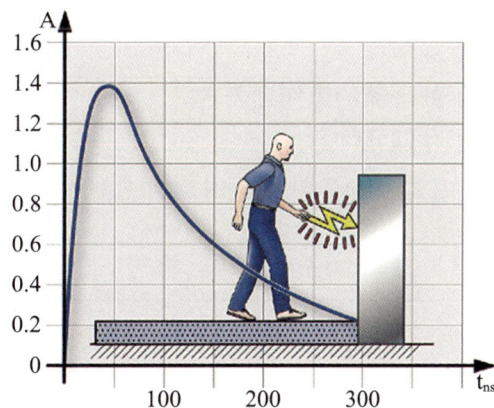

图 1-2-1　开车门时静电的产生

　　大家熟悉的放电方式一般是闪电，但其实有很多其他的放电方式，比如当触摸到衣橱里的金属衣架或打开汽车车门时，如图 1-2-1 所示，非常大的电流会在十亿分之一秒的时间内发生，被放电的物体甚至会在小于人体感知的电压范围下瞬间放电而损坏。在维修车间 ESD（Electro-Static Discharge，静电释放）也在不知不觉中损坏着电子设备，30V 的放电电压就可以损坏汽车内的控制单元。半导体组件特别容易损坏，这种损坏可能不是立刻显现，而是某一个功能会在未来某一时刻有所削弱，如图 1-2-2 所示，由此可能导致以下故障。

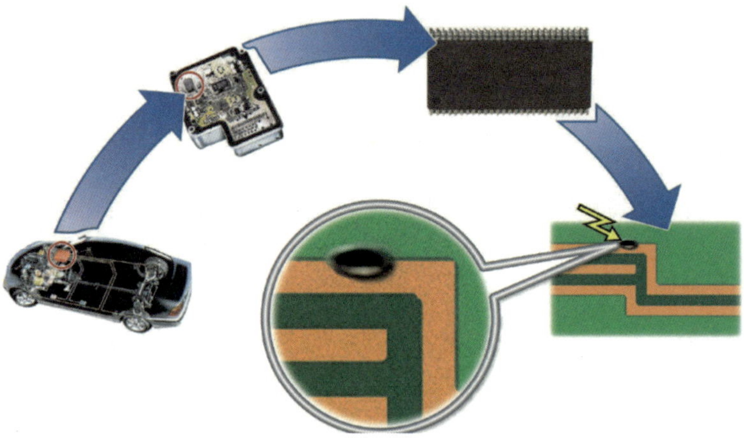

图 1-2-2　静电在汽车维修中的危害

1. 完全失效 = 失灵

对于完全失效，很容易识别出损坏，需要更换整个部件。

2. 部分失效 = 传染

通过诊断可能显示不出缺陷，会在以后导致功能失效。

3. 部分失效 = 危害

部分失效将导致以下危害：

（1）降低了耐压强度；

（2）增加了电流泄漏；

（3）增强了噪声；

（4）降低了处理器的操作速度；

（5）损坏了存储元件。

❓ 思考：通过查询资料，举例说明完全失效 = 失灵、部分失效 = 传染和部分失效 = 危害在汽车维修中的实例。

知识点 2　静电放电的影响因素

物质的性质和环境因素都对静电放电有不同程度的影响，其中大气的相对湿度影响较大。由表1-2-1 可以看出，空气越干燥，产生的静电电压就越高。

表 1-2-1　人体活动产生的静电电压　　　　　单位：V

影响因素	大气的相对湿度为 15%	大气的相对湿度为 80%
在地毯上走动	35 000	2 000
在 PVC 地板上走动	16 000	300
坐在办公桌旁边	6 000	100
手工处理透明塑料袋	7 000	600
坐在带垫子的椅子上	1 800	1 000

❓ 思考：在实际生活中，如何利用一些简单的方法消除静电？请大家出谋划策。

知识点 3　防静电的措施

静电可以通过以下一系列的防护措施，让操作员在工作中更好地预防静电。

1. 穿静电防护服及工作鞋

当操作或只是手工处理电子部件时，应当穿着静电防护服及工作鞋，包括含棉量超过 50% 的工作裤、具有导电性的专门工作鞋，这两方面在很大程度上降低了人体带电的危险。

2. 车间的静电防护措施

控制单元如果未按照静电的防护要求存放或者运输，就有可能带电，如果与另外一个物体（如导线线束等）接触，就有可能产生物体放电现象，进而导致其损坏。

在更换控制单元时，要时刻注意避免操作人员或者操作目标带电，对操作人员和操作目标进行一定的电子静电放电。

3. 人体 / 物体放电的防护措施

不论对于人体还是物体的电子静电放电，操作必须在采取了静电防护措施的工作场地进行，如图1-2-3 所示。

在静电防护工作场地，常用的防静电设备如图1-2-4 所示。

（1）抗静电垫子。由具有导电性的塑料制成的抗静电垫子作为保护垫板。

图 1-2-3　静电防护工作场地

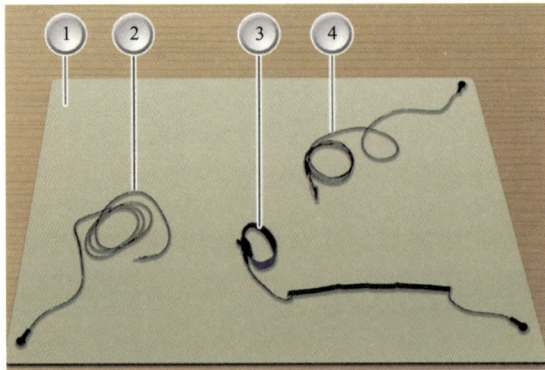

1—抗静电垫子；2—抗静电垫子的接地电缆；3—手腕带；4—部件接地电缆

图 1-2-4　防静电设备

（2）金属部件接地。所有位于或靠在工作面上的金属部件都必须接地。

（3）手腕带。在具有静电防护的操作台上开始操作前，操作员须戴上手腕带，以便放电自动进行。

（4）部件接地电缆。须将部件放在抗静电垫子上与接地电缆连接，然后才能将部件从包装中取出来。

4. 零件仓库中的静电防护措施

存放电子部件都需要采取专门的静电防护措施，即仓库货架必须导电并且接地。

小零件可以使用能屏蔽静电的袋子装或放置在导电的大容器内，如图 1-2-5 所示。此外，原始包装必须保存完好，因为一旦出现保修问题，必须保存并寄送更换下来的零件，而这时需要重新进行静电防护包装。

图 1-2-5　零件仓库中的静电防护措施

课中实践

一　能力测评

二 工作任务

1. 任务分组

班级		组号		指导老师	
组长		承担任务			
组员及分工	姓名			承担任务	

2. 任务实践

作业内容	图 解	技术提要	记录
1 工作准备		1. 工作场景：雪佛兰科鲁兹教学用车 2. 主要设备：教学用车、工具车、多媒体设备、工作台 3. 辅助材料：翼子板布和前格栅布、三件套、抹布、挂历白纸、白板笔、卡片纸、喷胶	
2 车辆的基本防护和安全检查		1. 将车辆停放于水平地面，安装_____ 2. 安装翼子板布、前格栅布和_____ _____	
3 准备防静电设备		检查防静电设备	

作业内容	图　解	技术提要	记录
4 正确佩戴防静电设备		正确佩戴手环	
5 正确连接设备		将连接的一端与蓄电池相连，安装好后开始操作	
6 使用防静电设备检查		将拆解下来的部件进行检修	
7 工作场地整理		1. 依次收起_____和_____ _____，收齐后放回原位 2. 收回车轮挡块 3. 清洁车身、地面等 4. 整理车间，关闭用电设备开关 5. 对垃圾进行分类处理 6. 通过 5S 整理，养成良好的职业素养	

3. 实施总结

组内的分工	
熟练地运用	
存在的问题	
改进的措施	

三　学习目标达成情况

序号	学习内容（知识、技能、行为习惯、职业素养）	评价标准			
		了解知道	理解掌握	指导下操作	独立操作

▶▶ 课后延伸

一　理论测试

二　任务实施巩固

要求：现代汽车行业不断发展，越来越多的新能源车辆逐步占据市场，传统的油车与这些车辆在进行零件检测的时候有什么不同之处？哪些是需要注意的地方？请写出你的调查结论。

_____

_____

_____

项目 ❷
汽车电路图识读

📝 项目描述

通过对汽车电路图的识读，认识并确定电路图上所画电器元件的名称、型号和规格，掌握汽车电器系统的组成、相互关系、工作原理和安装位置，能够对汽车电路进行维修、检查、安装、配线等工作。

⚙ 学习目标

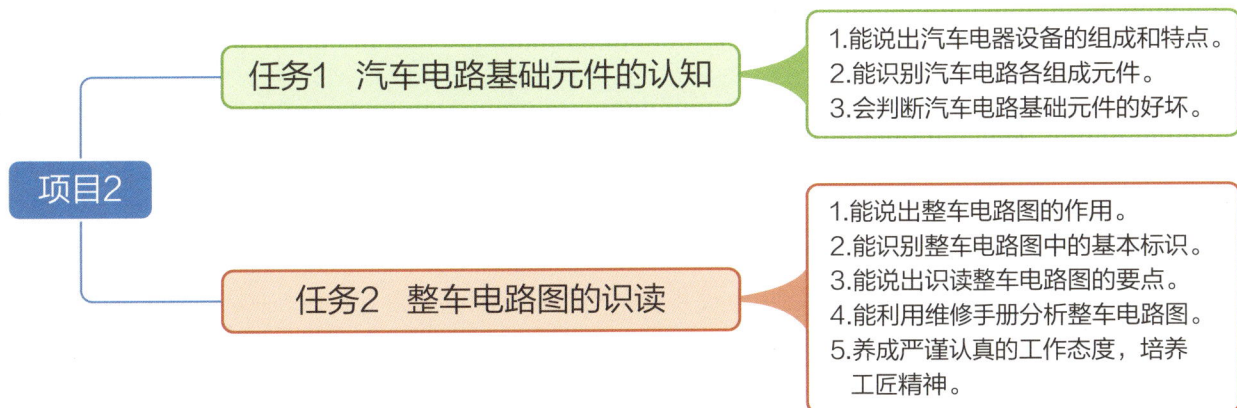

项目2

任务1 汽车电路基础元件的认知
1.能说出汽车电器设备的组成和特点。
2.能识别汽车电路各组成元件。
3.会判断汽车电路基础元件的好坏。

任务2 整车电路图的识读
1.能说出整车电路图的作用。
2.能识别整车电路图中的基本标识。
3.能说出识读整车电路图的要点。
4.能利用维修手册分析整车电路图。
5.养成严谨认真的工作态度，培养工匠精神。

任务 1　汽车电路基础元件的认知

任务案例

丰田卡罗拉 4S 店的维修部接到一辆轿车维修业务，据车主描述，该车在打开空调制冷后，不出冷风，因此影响驾驶的舒适感。经检查，技术人员确定故障原因为该车空调压缩机继电器损坏。针对此故障需要找到该车空调压缩机继电器，取下后进行相关检测，作为未来的汽车维修工，你知道如何进行继电器的检测吗？

课前导入

同学们，为了完成本次工作任务，请在课前利用多种途径查阅资料，预习相关知识点，也可扫一扫右侧的"课前学习资料"二维码进行学习，掌握本工作任务中涉及的应知应会知识点。

课前学习资料

知识点 1　汽车电器设备的组成

❓ 思考：一般电器设备想要工作，需要哪些必要元件呢？

_____

_____

_____

汽车电气系统一般是由电源系统、用电设备、全车电路及配电装置等组成，如图 2-1-1 所示。

1. 电源系统

电源系统包括蓄电池、发电机、调节器。其中发电机为主要电源设备，发电机正常工作时，由发电机向全车用电设备供电，同时给蓄电池充电。蓄电池的主要作用是当发动机启动时向起动机供电，同时辅助发电机向用电设备供电。调节器的作用是使发电机的输出电压保持恒定。

2. 用电设备

（1）起动系统：包括直流电动机、传动机构、控制装置，其作用是启动发动机。

（2）点火系统：其任务是产生高压电火花，点燃汽油发动机气缸内的混合气。

（3）照明系统：包括汽车内外各种照明灯及其控制装置，主要用来保障夜间行车安全。

（4）信号系统：包括喇叭、闪光器及各种行车信号标志灯，用来保障车辆运行时的人车安全。

（5）仪表与报警系统：仪表系统包括各种电器仪表（冷却液温度表、燃油表、车速表、里程表、

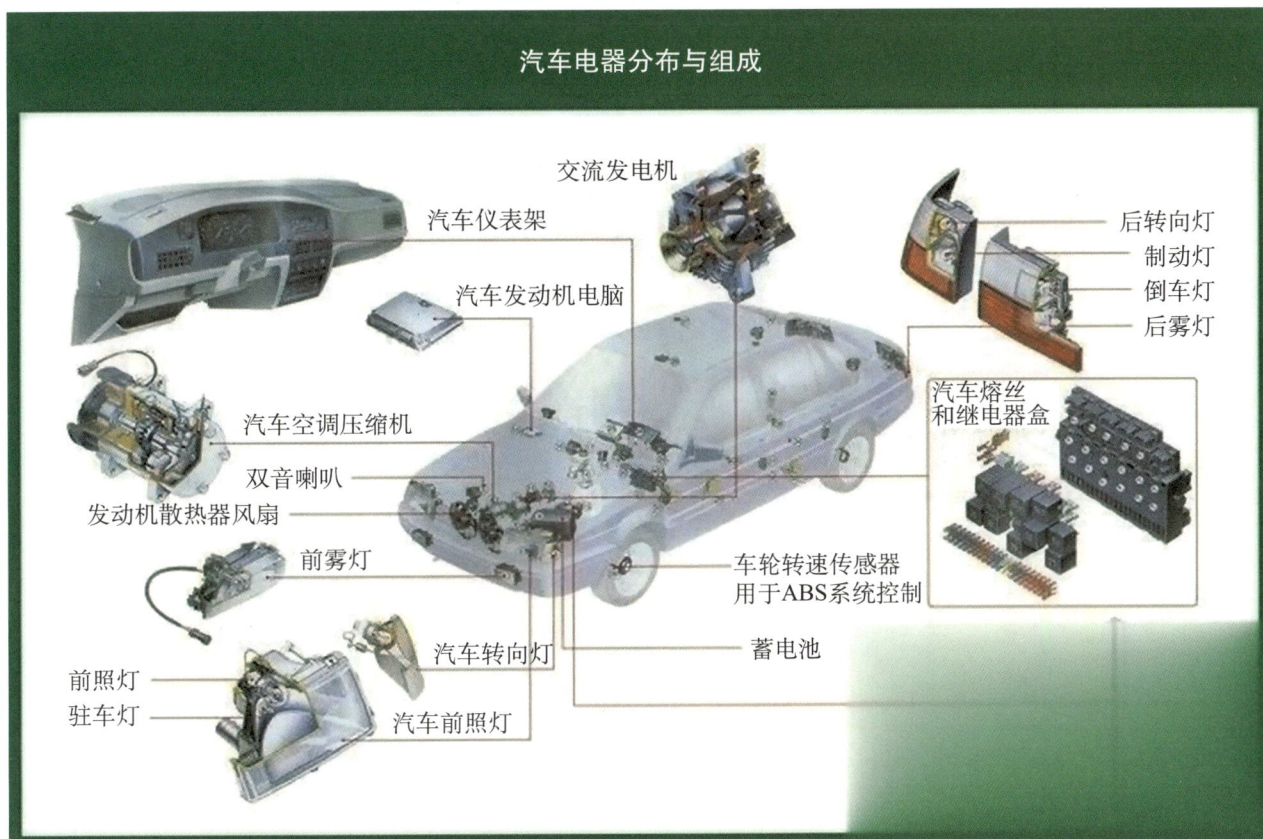

图 2-1-1 汽车电器设备组成

发动机转速表等），用来显示发动机和汽车行驶中有关装置的工作状况。报警系统包括防盗报警装置、警告报警装置以及各种报警灯。

（6）辅助电器系统：包括刮水器、空调、电动车窗等。

（7）电子控制系统：包括电控燃油喷射装置、电控点火装置、制动防抱死装置、自动变速器等。

3. 全车电路及配电装置

全车电路及配电装置包括中央接线盒、保险装置、继电器、线束及插接器、电路开关等，这些使全车电路构成一个统一的整体。

知识点 2 汽车电器设备的特点

1. 单线制

单线制，即从电源到用电设备使用一根导线连接，而另一根导线则用汽车车体或发动机机体的金属部分代替。单线制可节省导线，使线路简化、清晰，便于安装与检修。汽车电器线路的一个连接示例如图 2-1-2 所示。

❓ 思考：在我国，汽车采用单线制时是用汽车车体的金属部分代替了正极线还是负极线？

2. 负极搭铁

将蓄电池的负极与车体相连接，称为"负极搭铁"。

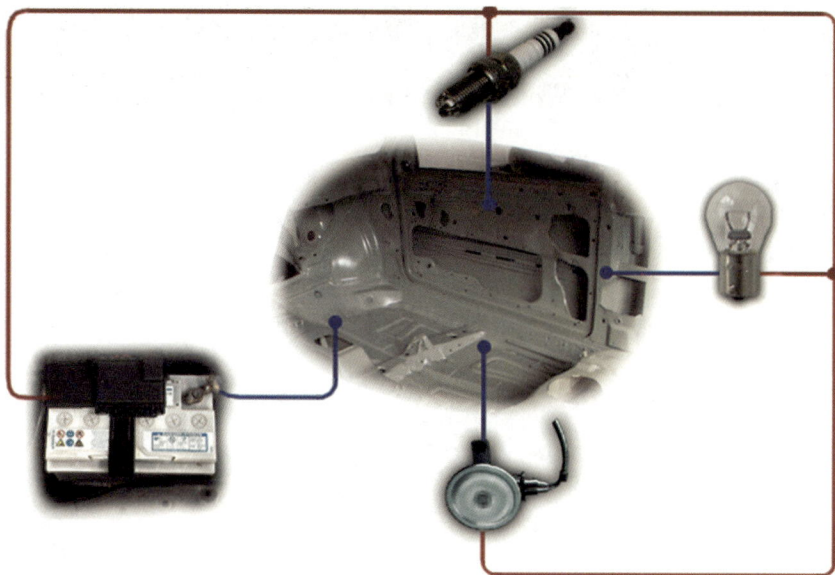

图 2-1-2   汽车电器线路连接示意图

3. 两个电源

汽车电源包括蓄电池和发电机两个电源。发电机是主要电源，蓄电池是辅助电源。

4. 采用低压直流电

汽油车多采用 12V 直流供电，柴油车多采用 24V 直流供电，其主要优点是安全性好。

5. 用电设备并联

汽车上的各种用电设备都采用并联方式与电源连接，且每个用电设备都由各自串联在其支路中的专用开关控制，互不产生干扰。

知识点 3   汽车电路的组成

汽车电路一般由六部分组成，称为六要素，分别是电源、熔丝、继电器、控制开关、用电设备和搭铁，如图 2-1-3 所示。在汽车电路图的组成中，除了上面六部分以外，各组成部分之间的连接还需用导线和插接器等连接。注意，不是所有的电路图都必须包含这六部分。

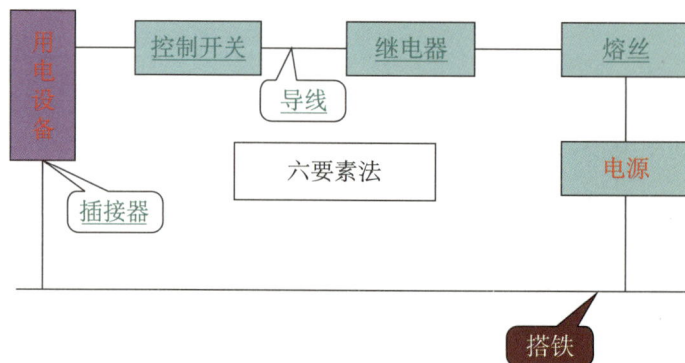

图 2-1-3   汽车电路的组成

？ 思考：观察各种车型的实车或电路图上的导线，各导线之间有什么区别？为什么？

1. 导线

（1）导线的截面积选择

汽车用导线有高压导线和低压导线两种，均采用铜质多芯软线。选线的考量因素有绝缘性、工作电流的大小、机械强度三方面。

①低压导线：根据工作电流大小和机械强度选择。工作电流大的采用较粗的导线；工作电流小的采用较细的导线，如表 2-1-1 和表 2-1-2 所示。但是对于一些工作电流较小的电气设备，为保证应具有一定的机械强度，导线截面积不得小于 $0.5mm^2$。

②高压导线：根据耐上千至上万伏高压的绝缘要求，采用线芯截面积小（一般为 $1.5mm^2$），但绝缘包层很厚的电线。

（2）导线的颜色与标注

各国汽车厂商在电路图上多以字母（主要是英文字母）来表示导线外皮的颜色及其条纹的颜色，如表 2-1-3 和表 2-1-4 所示。但各个国家表示的方法有所区别。

表 2-1-1　低压导线各标称截面积允许负载电流值

导线标称截面积 /mm²	1.0	1.5	2.5	3.0	4.0	6.0	10	13
允许电流值 /A	11	14	20	22	25	35	50	60

表 2-1-2　12V 电系主要线路导线标称截面积推荐值

标称截面积 /mm²	用途
0.5	尾灯、顶灯、指标灯、仪表灯、牌照灯、刮水器、时钟、燃油表、水温表、油压表等电路
0.8	转向灯、制动灯、停车灯、断电器等电路
1.5	前照灯、电喇叭（3A 以下）电路
1.5～4.0	其他 4A 以上电路
4～6	柴油车电热塞电路
6～25	电源电路
16～95	起动电路

表 2-1-3　汽车用单色低压导线的颜色与代号

序号	1	2	3	4	5	6	7	8	9	10
颜色	黑	白	红	绿	黄	棕	蓝	灰	紫	橙
代号	B	W	R	G	Y	Br	Bl	Gr	V	O

表 2-1-4　汽车用双色低压导线颜色搭配与代号

序号	1	2	3	4	5	6	序号	1	2	3	4	5	6
导线颜色	B	BW	BY	BR			导线颜色	Y	YR	YB	YG	YBl	YW
	W	WR	WB	WBl	WY	WG		Br	BrW	BrR	BrY	BrB	
	R	RW	RB	RY	RG	RBl		Bl	BlW	BlR	BlY	BlB	BlO
	G	GW	GR	GY	GB	GBl		Gr	GrR	GrY	GrBl	GrG	GrB

❓ 思考：观察表 2-1-4，其中的"BW"和"WB"代表的是一种导线吗？如果不是，有什么区别？

_____

_____

_____

双色线的主色所占比例大些，辅助色所占比例小些。辅助色条纹与主色条纹沿圆周表面的比例为 1∶3 至 1∶5，标注的第一色为主色，第二色为辅助色。

（3）线束

同一车型线束分发动机、底盘、车身、仪表等多个线束。安装线束时应注意以下几点：

①布线过程中，不许拉得太紧；

②应有套管保护；

③应有固定装置。

❓ 思考：观察线束，线束外壳上有开口，其作用是什么？

_____

_____

_____

（4）导线通断的判断

将万用表调至"蜂鸣挡"，红黑表笔分别连接导线的两端，如果导线是通路的，则万用表发出蜂鸣声；如果导线断路，无蜂鸣声，且万用表显示电阻值无穷大。

2. 插接器

❓ 思考：在汽车电路中，线束与线束、线束与元件是通过什么来连接的？

_____

_____

插接器就是通常说的插头和插座，用于线束与线束或导线与导线间的相互连接。为了防止插接器在汽车行驶中脱开，所有的插接器均采用了闭锁装置。

（1）插接器的识别

符号涂黑的表示插头，白色的表示插座，带有倒角的表示的是针式插头，如图 2-1-4 所示。

图 2-1-4　插接器的符号和实物

（2）插接器的连接方法

插接器接合时，应把插接器的导向槽重叠在一起，使插头和插孔对准，然后平行插入即可十分牢固地连接在一起。

（3）插接器的拆卸方法

要拆开插接器时，首先要解除闭锁，然后把插接器拉开，如图 2-1-5 所示。

不允许在未解除闭锁的情况下用力拔导线，这样会损坏闭锁装置或连接导线。

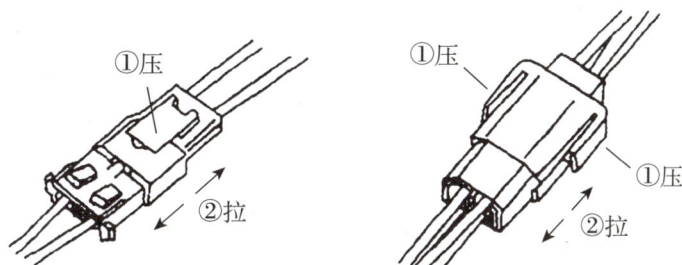

图 2-1-5　插接器的拆卸方法

3. 熔丝

熔丝在电路中起保护作用。当电路中电流超过规定的电流时，熔丝自身发热而熔断，切断电路，防止烧坏电路连接导线和用电设备，并把故障限制在最小范围内。

（1）熔丝的类型

熔丝主要有玻璃管式、叉栓式、插片式三种类型，如图 2-1-6（a）所示为汽车上常用的插片式熔丝。

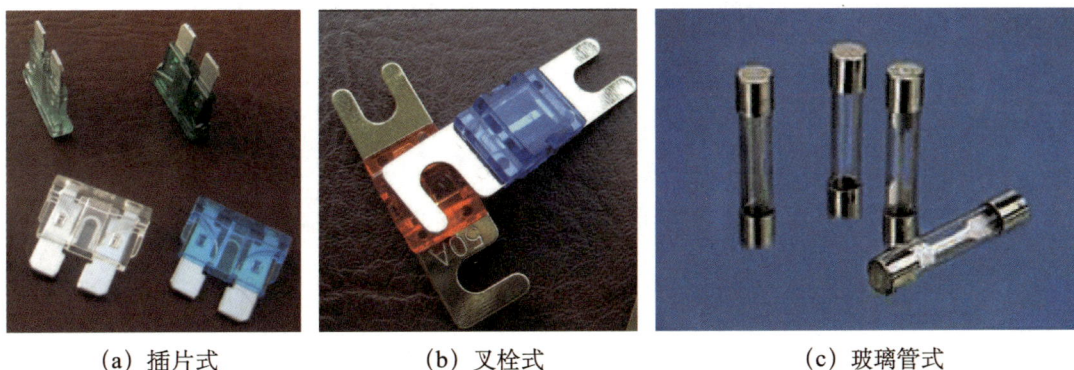

（a）插片式　　　　　　（b）叉栓式　　　　　　（c）玻璃管式

图 2-1-6　常见的熔丝类型

（2）熔丝在汽车上的安装位置

通常情况下，将很多熔丝组合在一起安装在熔丝盒内，熔丝盒在整车上的位置如图2-1-7所示。汽车上一般有两个熔丝盒：一个位于发动机舱，主要负责保护汽车外部用电器，如发动机控制单元、喇叭、玻璃清洗器、ABS、大灯等；一个位于驾驶室内，主要保护汽车内部用电器，如电动车窗、安全气囊、电动座椅、点烟器等。在熔丝盒盖上注明有各熔丝的名称、额定容量和位置，并用不同的颜色来区别熔丝的容量，例如大众车系熔丝颜色与对应额定容量如表2-1-5所示。

表2-1-5　大众车系熔丝颜色与额定容量对应表

颜色	额定容量 / A	颜色	额定容量 / A
绿色	30	白色	25
黄色	20	蓝色	15
红色	10	棕色	7.5
米色	5	紫色	3

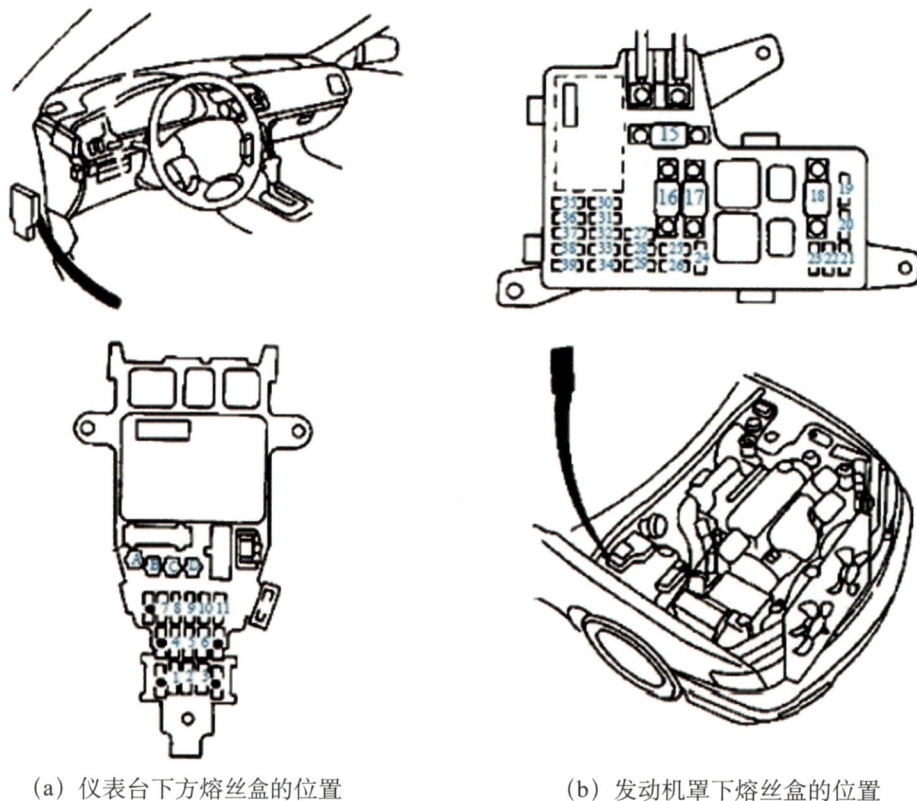

（a）仪表台下方熔丝盒的位置　　　　　（b）发动机罩下熔丝盒的位置

图2-1-7　熔丝盒在整车上的位置

（3）熔丝的检测

常用的熔丝检测方法为目测法和电阻法。

①目测法。用眼睛观察熔丝内部。两插片中间连接完好为正常；两插片中间断开为损坏，应进行更换，如图2-1-8所示。

②电阻法。用万用表对熔丝进行电阻检测，如图2-1-9所示。正常情况下，电阻约为0Ω；若损坏，其电阻为∞，应进行更换。

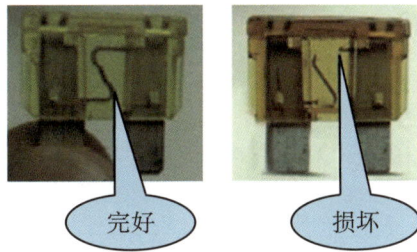
图 2-1-8　目测法

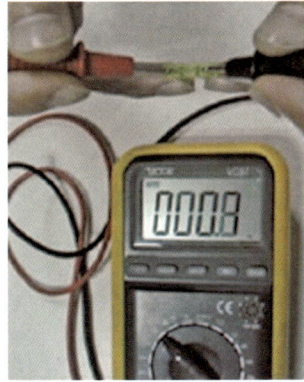
图 2-1-9　电阻法

（4）熔丝的使用注意事项

①熔丝熔断后，必须找到故障真正原因，彻底排除故障。

②更换熔丝时，一定要与原规格相同。

③熔丝支架与熔丝接触不良会产生电压降和发热现象，安装时要保证良好接触。

4. 继电器

继电器由线圈和开关两部分组成。其主要作用是用小电流控制大电流。

（1）继电器的类型

继电器的类型有常开型、常闭型、混合型三种，如表 2-1-6 所示。

表 2-1-6　继电器的类型

	第一类继电器	第二类继电器	第三类继电器
正常（通常）状态	圆圈 不通 白 不通 不通	黑 通 触点	不通 通 不通 通
线圈通电时的情况	12V 通 12V 通 通	12V 不通	12V 不通 通 不通 通

　❓ 思考：表 2-1-6 中，第一类、第二类、第三类继电器分别是哪一种类型的继电器？

（2）继电器的检测

以常闭型继电器为例，其检测方法如表 2-1-7 所示。

表 2-1-7　继电器的检测方法

检测方法	图示
断电状态检测 ①测 85 和 86 端子，电阻一般为 85~100Ω。 ②测 87 和 87a 端子，电阻应接近于 0Ω。	
通电状态检测 给继电器 85 和 86 端子通电，听内部触点闭合的声音，同时 87 和 87a 端子应断开，电阻应为 ∞。	
试灯法 通过连接试灯，观察试灯的亮、灭。亮，继电器完好；灭，继电器损坏，应更换。	

（3）继电器盒

整车电路以中央电器盒为中心，中央电器盒包含各种电源线，继电器和熔丝，如图 2-1-10 所示。

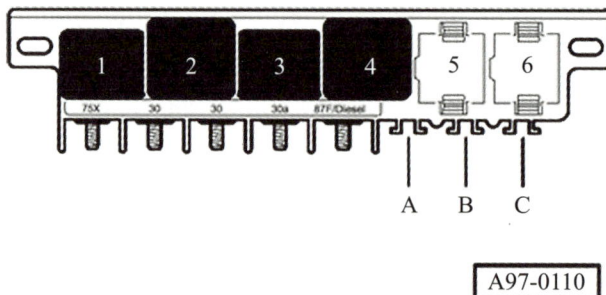

A97-0110

图 2-1-10　中央电器盒

5. 控制开关

汽车电器开关用来控制汽车上各种电气设备的工作状态，如图 2-1-11 所示。其控制对象不同，操作的方式也不同，主要可分为两类：直接控制式和间接控制式。

图 2-1-11　电器开关

直接控制式，即开关直接控制小功率的负载，如点火开关控制、转向灯控制、驻车灯控制等。

间接控制式，即开关不直接控制负载，而是控制中间继电器，然后利用中间继电器的触点去控制大功率负载，如扬声器控制，刮水器控制等。

课中实践

一　能力测评

二　工作任务

1. 任务分组

班级		组号		指导老师	
组长		承担任务			
组员及分工	姓名			承担任务	

2. 任务实践

作业内容	图　解	技术提要	记录
1 工作准备		1. 工作场景：教室 2. 主要设备：万用表、蓄电池、导线若干、熔丝若干、继电器若干、工作台 3. 辅助材料：抹布、手套、挂历白纸、白板笔、卡片纸、喷胶	

作业内容	图　解	技术提要	记录
2 导线的 测量		1.将万用表选至蜂鸣挡并＿＿＿＿＿＿＿＿ 2.将万用表量程选至 200Ω 挡 3.将万用表黑表笔接导线的一端，＿＿＿＿ 　接另一端 4.若测量值小于 1Ω，则说明导线正常； 　若测量值为无穷大，则说明导线＿＿＿＿	
3 熔丝的 测量		1.将万用表量程选至＿＿＿＿ 2.将万用表黑表笔接熔丝的一端，红表 　笔接另一端 3.若测量值小于 1Ω，则说明熔丝正常； 　若测量值为＿＿＿＿，则说明熔丝损坏	

续表

作业内容	图　解	技术提要	记录
4 插接器的 插拔	沿箭头方向 拉动插接器 锁止机构	1. 松开插接器的保险装置 2. 按住插接器卡扣 3. 将插接器向外拔出	
5 继电器的 测量	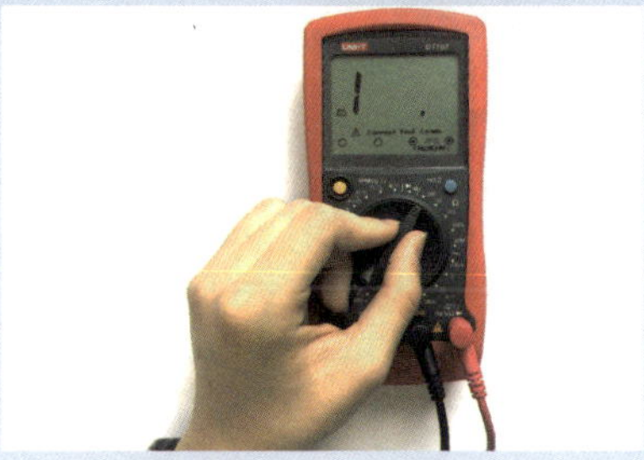	1. 将万用表选至 200Ω 挡 2. 测 85 和 86 端子,电阻一般为＿＿＿Ω 3. 测 87 和 87a 端子,电阻应接近于无穷大 4. 使用蓄电池,给继电器 85 和 86 端子通电,可听到内部触电闭合的声音,使用万用表测量 87 和 87a 端子,阻值应接近于＿＿＿Ω	

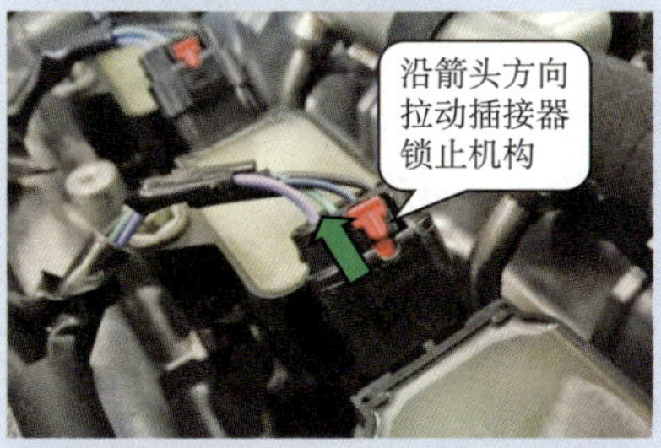

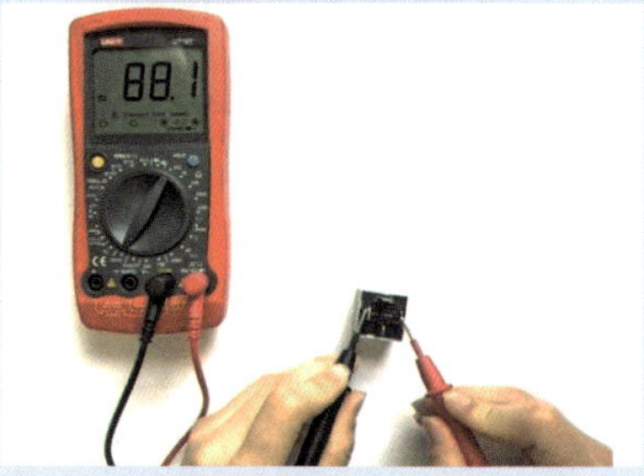

续表

续表

作业内容	图　解	技术提要	记录
5 继电器的 测量	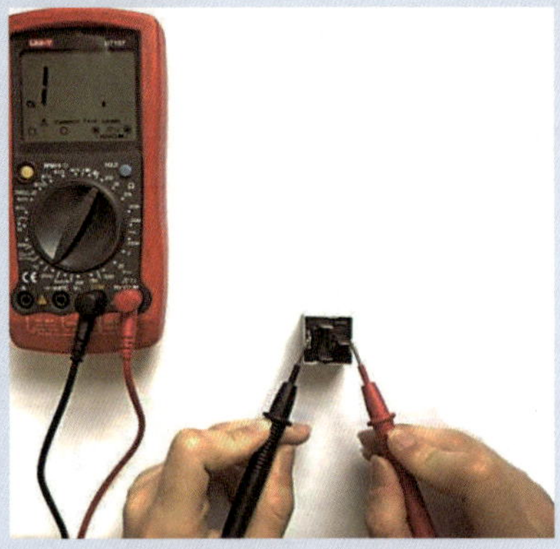 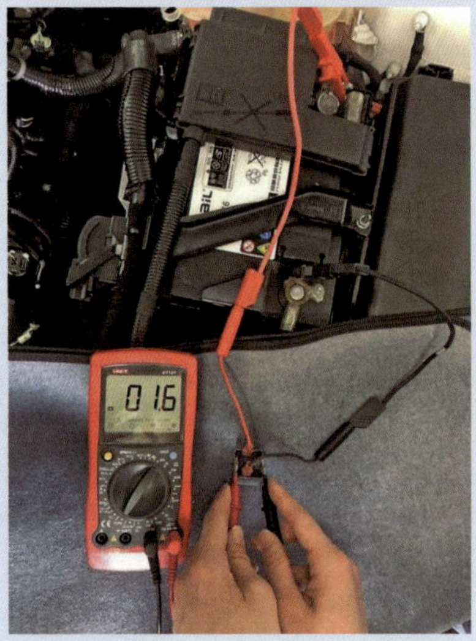		
6 工作场地 整理	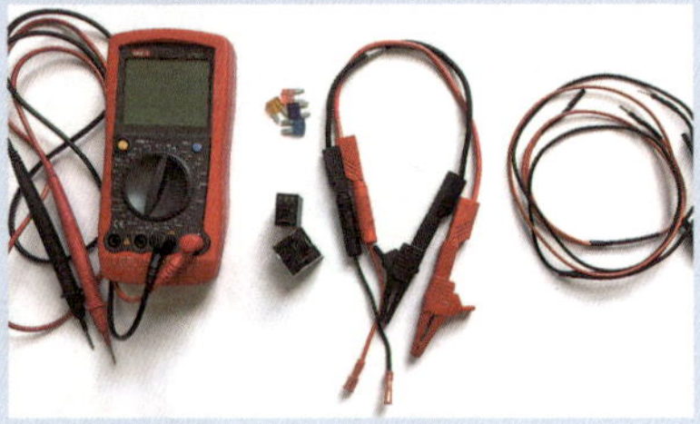	1. 清洁工作台及元器件 2. 整理车间，关闭用电设备开关 3. 对垃圾进行分类处理 4. 通过 5S 整理，养成良好的职业素养	

3. 实施总结

组内的分工	
熟练地运用	
存在的问题	
改进的措施	

续表

三 学习目标达成情况

序号	学习内容（知识、技能、行为习惯、职业素养）	评价标准			
		了解知道	理解掌握	指导下操作	独立操作

课后延伸

一 理论测试

二 任务实施巩固

要求：对汽车基础元件的测量过程及测量方法进行总结。

任务 2　整车电路图的识读

任务案例

　　汽车电路图是用国家标准规定的线路符号，对汽车电器设备的构造组成、工作原理、工作过程及安装要求所做的图解说明，也包括图例及简单的结构示意图。电路图中表示的是不同电路相互之间的关系及彼此之间的连接，通过对电路图的识读可以厘清汽车电器设备的线路，这便于对实车进行故障诊断。

课前导入

　　同学们，为了完成本次工作任务，请在课前利用多种途径查阅资料，预习相关知识点，也可扫一扫右侧的"课前学习资料"二维码进行学习，掌握本工作任务中涉及的应知应会知识点。

课前学习资料

知识点 1　汽车整车电路图的作用

　　为了详细表示实际设备或成套装置的全部基本组成和连接关系，便于详细理解其作用原理，需要绘制电路原理图（电路图）。

　　所谓电路图是根据国家颁布的有关技术标准，用图形符号、文字符号，以统一规定的方法，把电路画在图纸上。它是电气技术中使用最广泛的一种重要的电路简图，具有电路清晰、简单明了、便于理解电路原理的特点。

　　汽车电路图是用电气图形符号，按工作顺序或功能布局绘制的，详细表示汽车电路的全部组成和连接关系，不考虑实际位置的简图。

　　汽车整车电路图具有以下用途：

　　（1）便于详细理解表达对象的线路布置；

　　（2）为检测、寻找故障、排除故障提供信息（有时需借助于其他文件，如维修手册和接线图等）；

　　（3）为绘制接线图提供依据（有时需借助于结构图样的补充信息）。

　　由于电路图描述的连接关系仅仅是功能关系，而不是实际的连接导线，因此电路图不能代替敷线图。

知识点 2　汽车整车电路图的基本标识

1. 电器符号

　　我们把汽车中要用的元器件叫作"汽车电器设备"，在电路图中用各个图形符号表示汽车电器设备。图形符号适用于电器图或其他文件中项目或概念的表达，标记或字符是电器技术领域中最基本的工程语言。因此，为了看懂汽车电路图，需要掌握和熟练地运用常用的电器设备图形符号，表 2-2-1 为桑塔纳 2000GSI 整车电路图的图形符号。

表 2-2-1　桑塔纳 2000GSI 整车电路图符号说明

图形	名称	图形	名称	图形	名称
	熔丝		蓄电池		起动机
	交流发电机		点火线圈		火花塞和火花塞插头
	电热丝		电阻		可变电阻
	手动开关		温控开关		按键开关
	机械开关		压力开关		多挡手动开关
	继电器		灯泡		双丝灯泡
	发光二极管		内部照明灯		显示仪表
	电子控制器		电磁阀		电磁离合器
	接线插座		插头连接		元件上多针插头连接
	元件内部导线接点		可拆式导线接点		不可拆式导线接点
	线束内导线连接		氧传感器		电机
	双速电机		感应式传感器		爆震传感器
	数字钟		喇叭		扬声器
	后窗除霜器		点烟器		

思考：查阅维修手册，你还能找到哪些汽车电器元件的标识？请画在下方表格中。

标识	名称

2. 汽车整车电路图结构

汽车整车电路图是由多个部分组成的，具体结构如图 2-2-1 所示。

交流发电机、蓄电池、起动机、点火开关 —————————————— 本页所示的电路名称

中央电器继电器板和熔丝座，用灰色区标出

带有连接导线的负载回路，在图中所有开关和触点均处于机械静止状态

车辆接地线，圆圈内的数字表示接地点位置

电路接点编号，用于查找电路接点

元件代号及名称

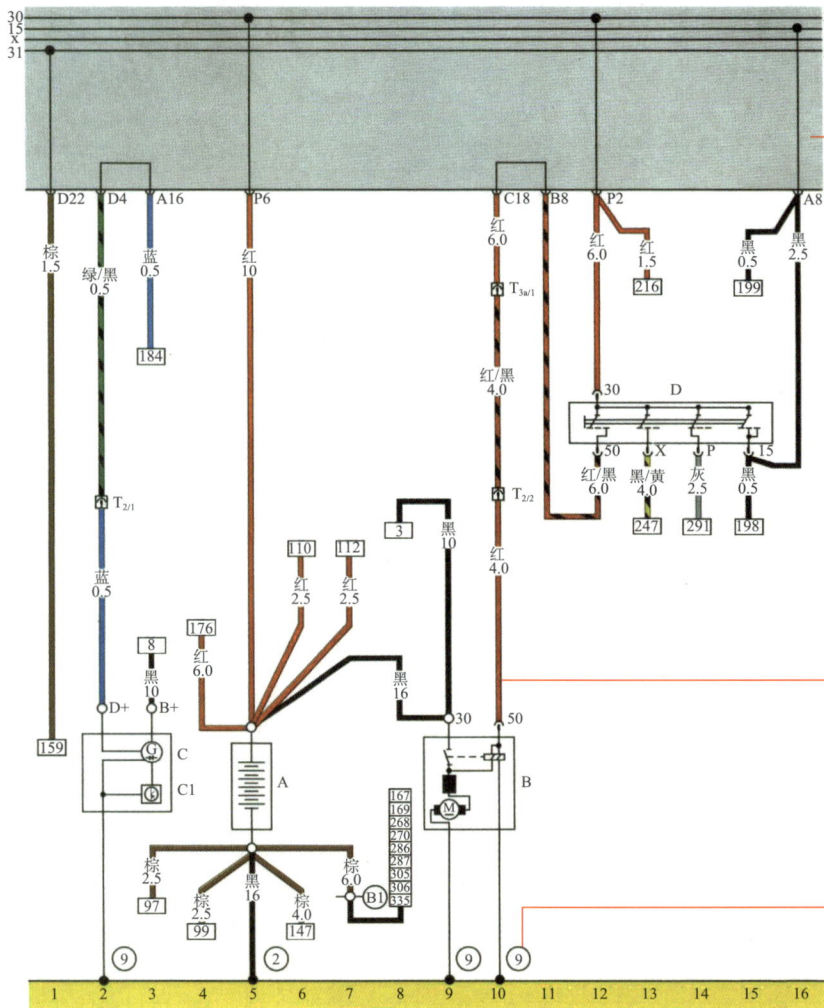

A —— 蓄电池
B —— 起动机
C —— 交流发电机
C1 —— 调压器
D —— 点火开关
T2 —— 发动机线束与发电机线束插头连接，2针，在发动机舱中间支架上
T3a —— 发动机线束与前大灯线束插头连接，3针，在中央电器后面
② —— 接地点，在蓄电池支架上
⑨ —— 自身接地
B1 —— 接地连接线，在前大灯线束内

图 2-2-1　桑塔纳 2000GSI 电路图结构

图 2-2-1 中用灰色区域标出的是中央电器继电器板和熔丝座，里面包括汽车电源，其中的四根主干线（30、15、X 和 31）都有其各自的含义：30 号线——常火线，与蓄电池相连；15 号线——点火线，受点火开关控制；X 号线——大功率线，该线上所接的用电设备都为大功率用电设备，当汽车启动时，需要大的电流，就把 X 线上的用电设备卸载掉，增大启动电流，因此也称为卸荷线；31 号线——地线。

3. 汽车整车电路图例解

汽车整车电路图是利用图形符号和文字符号在电路上表示汽车电路构成、连接关系和工作原理的。电器元件是电路图的主体，在图中用框图辅以相应的标号表示。每一个元件都有一个代号，电气元件的接线点用标号标出，标号在元件上可以找到。电路中连线分别为外线和内线。外线部分在图上以粗实线画出。汽车电气元件和开关总成等内部结构在电路图中用细实线画出，这部分连接是存在的，但线路是不存在的。标示出来只是为了说明这种连接关系，同时也使电路图更加容易被理解。

以桑塔纳 2000GSI 整车电路图为例，每一页上的内容很多，但基本结构相同。在识读电路图（见图 2-2-2）前，应知道该电路图中各个部分所代表的含义（见表 2-2-2），以便于理解。

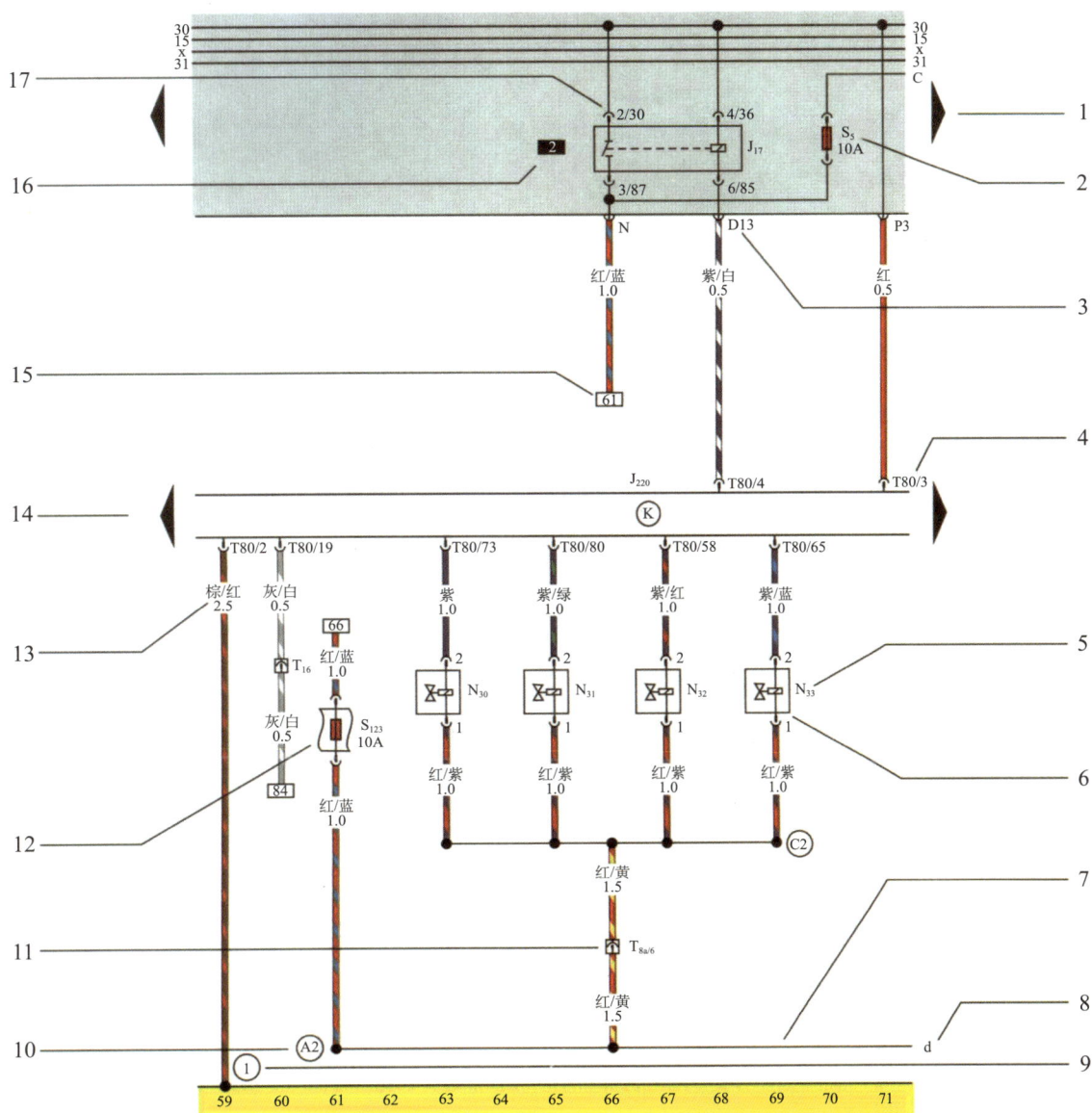

图 2-2-2　桑塔纳 2000GSI 电路图例解

表 2-2-2　图 2-2-2 中所标注的各组成部分的含义

序号	名称	含义
1	三角箭头	表示接下一页电路图
2	熔丝代号	图中 S_5 表示该熔丝位于熔丝座第 5 号位，额定容量为 10A
3	继电器板上插头连接代号	表示多针或单针插头连接和导线的位置，例如 D_{13} 表示多针插头连接，D 位置触点 13
4	接线端子代号	表示电气元件上接线端子数 / 多针插头连接触点号码
5	元件代号	在电路图下方可以查到元件的名称
6	元件的符号	可参见电路图符号说明
7	内部接线（细实线）	该接线并不是作为导线设置的，而是表示元件或导线束内部的电路
8	指示内部接线的去向	字母表示内部接线在下一页电路图中与标有相同字母的内部接线相连
9	接地点的代号	在电路图下方可查到该代号接地点在汽车上的位置
10	线束内连接线的代号	在电路图下方可查到该不可拆式连接位于哪个导线束内
11	插头连接	例如 $T_{8a/6}$ 表示 8 针 a 插头触点 6
12	附加熔丝符号	例如 S_{123} 表示在中央电器附加继电器板上第 23 号位熔丝，额定容量为 10A
13	导线的颜色和截面积（单位：mm^2）	例如棕 / 红 2.5 表示该导线的颜色是以棕色为主，红色为辅，其标称截面积为 $2.5mm^2$
14	三角箭头	表示接上一页电路图
15	指示导线的去向	框内的数字表示导线连接到哪个接点编号
16	继电器位置编号	表示继电器板上的继电器位置编号
17	继电器板上的继电器或控制器连接代号	该代号表示继电器多针插头的各个触点。例如 2/30 表示：2= 继电器板上 2 号位插口的触点 2；30= 继电器 / 控制器上的触点 30

？ 思考：图 2-2-2 中的序号 2 和序号 12 所标注的熔丝有何区别？

知识点 3　识读电路图要领

1. 找到切入点

在分析任何一个用电设备电路图时，必须要有个切入点，否则将无从下手。在本项目任务 1 里讲述了六要素法，在分析电路图时应从用电设备着手。第一步找到要分析的用电设备，然后顺藤摸瓜，进行其他要素的一一分析。

2. 认真读几遍图注

图注是对汽车电气设备及插头、搭铁点、导线的汇集点等进行的必要说明，通过图注可以初步了解该汽车装备了哪些电气设备。然后通过电气设备的数码代号在电路图中找出该电气设备，再进一步找出相互连线和控制关系，由此可以了解绝大部分电路的特点和构成。

3. 熟记电气图形、电路标记符号

为了便于绘制和识读汽车电气电路图，每一电气元件都有电气图形符号代替，并且电气元件的接线柱都赋予不同的标志代号。例如电源端接线柱用 B+ 表示，发电机励磁电压输入端接线柱用 D+ 表示。因此，必须牢记电气图形符号的含义。

4. 根据"回路原则"分析电路

任何一个完整的电路必须从电源正极出发，经过熔丝、开关、导线等到达用电设备，再经过导线回到电源负极，才能构成回路，这样的电路才是正确的。具体方法：可以沿着电路电流的方向，通常由电源正极出发，查到用电设备、开关等，回到电源负极。也可以从要查找的用电设备开始，分为两路：一路逆着电路电流的方向，经熔丝、开关等回到电源正极；一路从用电设备到电源负极（搭铁）结束。尤其是查询一些不太熟悉的电路，后者比前者更为方便。

5. 化整为零

先看全车电路图，根据电路图上的电气图形符号及文字符号，首先对全车电气设备的概况做全面了解，然后在全车电路图上把各局部电路框画出来。这样做的好处是：在同一局部电路中，各电气设备的联系是比较紧密的，而与其他局部电路的联系相对比较松散，框画出来后，比较容易看出其特点。

▶▶ 课中实践

一　能力测评

二　工作任务

1. 能够正确地识读整车电路图，并能举一反三，读懂各种车型的电路图，便于故障诊断。

2. 在识读电路图的基础上，拆画某一用电器的控制电路。

3. 拆画电路图时要注意以下几点。

（1）不盲目下手。要在分析的基础上拆画电路图。

（2）合理布局。在拆画时，尽量避免线路的交叉。

（3）严谨认真，不能随意改动线路的连接。线路的连接要与整车电路图一样，否则会影响到故障的诊断。

（4）标注要全。所有线的颜色、粗细、插接器的针脚等都应标注完整。

（5）注意回路。所用电器元件都应掌握回路原则。

（6）画图清晰。用铅笔、直尺画图，保证图片质量。

4. 实施总结

熟练地运用	
存在的问题	
改进的措施	

三 学习目标达成情况

序号	学习内容（知识、技能、行为习惯、职业素养）	评价标准			
		了解知道	理解掌握	指导下操作	独立操作

▶▶ 课后延伸

一 理论测试

二 任务实施巩固

要求：对汽车电器电路图拆画方法进行总结和梳理。

项目❸
汽车电源系统检修

项目描述

　　按照汽车电源系统检修的要求，学习蓄电池和发电机的基础知识，结合维修手册制订电源系统维修方案，规范进行常见故障的检测与维修。

学习目标

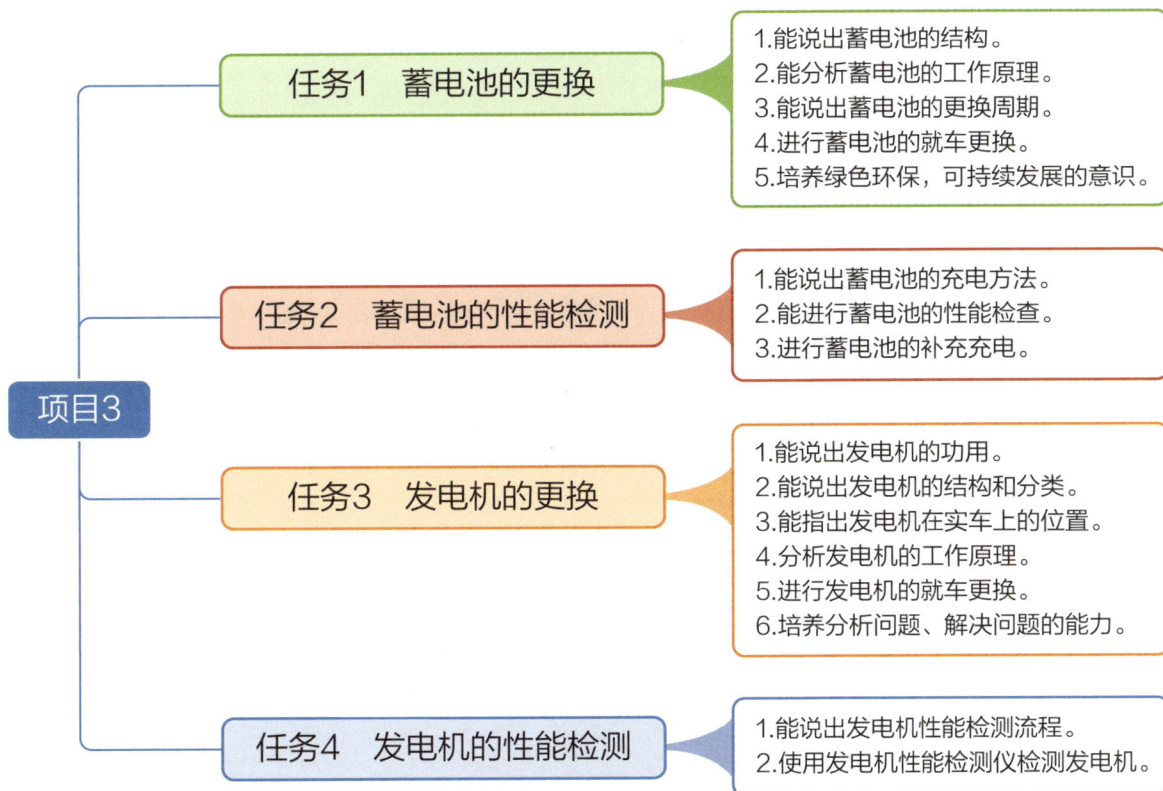

项目3

任务1　蓄电池的更换
1. 能说出蓄电池的结构。
2. 能分析蓄电池的工作原理。
3. 能说出蓄电池的更换周期。
4. 进行蓄电池的就车更换。
5. 培养绿色环保，可持续发展的意识。

任务2　蓄电池的性能检测
1. 能说出蓄电池的充电方法。
2. 能进行蓄电池的性能检查。
3. 进行蓄电池的补充充电。

任务3　发电机的更换
1. 能说出发电机的功用。
2. 能说出发电机的结构和分类。
3. 能指出发电机在实车上的位置。
4. 分析发电机的工作原理。
5. 进行发电机的就车更换。
6. 培养分析问题、解决问题的能力。

任务4　发电机的性能检测
1. 能说出发电机性能检测流程。
2. 使用发电机性能检测仪检测发电机。

任务 1　蓄电池的更换

任务案例

通用雪佛兰科鲁兹 4S 店的维修部接到一辆轿车的维修业务。该车车主由于习惯在发动机停止工作后，继续待在车内使用汽车电器设备，久而久之导致汽车不能正常启动。经检查，技术人员确定故障原因是该车蓄电池损坏，针对此故障需要对蓄电池进行更换。

课前导入

同学们，为了完成本次工作任务，请在课前利用多种途径查阅资料，预习相关知识点，也可扫一扫右侧的"课前学习资料"二维码进行学习，掌握本工作任务中涉及的应知应会知识点。

课前学习资料（视频）　　课前学习资料

知识点 1　蓄电池的功用

❓ 思考：汽车蓄电池电量不足，会出现什么现象？

_____

_____

（1）发动机启动时，向起动系统和点火系统供电。

（2）发动机低速运转时，向用电设备和发电机供电。

（3）发动机中、高速运转时，将发电机剩余电能转化为化学能储存起来。

（4）发电机过载时，协助发电机向用电设备供电。

（5）蓄电池相当于一个大电容器，能吸收电路中出现的瞬时过电压，保护电子元件，保持汽车电器系统电压稳定。

知识点 2　蓄电池的结构

蓄电池由若干节单格电池串联而成，每节单格电池电压约为2V，串联成12V或24V以供汽车选用。蓄电池主要由极板、隔板、电解液和壳体等组成。

1. 极板

极板是蓄电池的核心部分，它分为正极板和负极板。正极板上的活性物质是深棕色二氧化铅（PbO_2），负极板上的活性物质是青灰色海绵状纯铅（Pb）。蓄电池充放电过程中，电能和化学能的相互转换，就是依靠极板上活性物质和电解液中硫酸的化学反应来实现的。

极板由栅架和活性物质组成，活性物质填充在铅锑合金的栅架上，如图 3-1-1 所示。

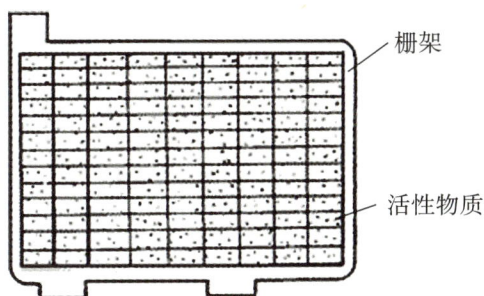

图 3-1-1　蓄电池极板

图 3-1-2　极板组

由于单片极板上的活性物质数量少，故所存储的电量少。为了增大蓄电池的容量，通常将多片正、负极板分别并联，并用横板焊接，组成正、负极板组，如图 3-1-2 所示。

⚠ 注意：因为正极板的强度较低，所以在单格电池中，负极板总比正极板多一片。每一片正极板都处于两片负极板之间，以保持其放电均匀，防止变形。

2. 隔板

隔板插放在正、负极板之间，以防止正、负极板互相接触造成短路。隔板应具有良好的多孔性、耐腐蚀性，如图 3-1-3 所示，以利于电解液的渗透。

图 3-1-3　隔板的形状

3. 电解液

电解液在蓄电池的化学反应中，起到离子间导电的作用，并参与蓄电池的化学反应。电解液由纯硫酸（H_2SO_4）与蒸馏水按一定比例配制而成，其密度在充足电的情况下为 $1.24 \sim 1.30 g/cm^3$。

在现代汽车维修实践中，电解液一般由蓄电池生产厂家直接随蓄电池供给，汽车维修过程中极少自行配制。

❓ 思考：查询资料，找出在不同地区和气候条件下电解液的相对密度，完成下表。

气候条件	完全充足电的蓄电池在 25℃ 时的电解液相对密度	
	冬季	夏季
冬季温度低于 -40℃ 的地区		
冬季温度在 -40～-30℃ 的地区		
冬季温度在 -30～-20℃ 的地区		
冬季温度在 -20～0℃ 的地区		
冬季温度在 0℃ 以上的地区		

4. 壳体

壳体用于盛放电解液和极板组，应该耐酸、耐震、耐热、耐寒，绝缘性好，有一定的机械强度且不渗漏。壳体多由硬橡胶或聚丙烯塑料制成，为整体式结构，底部有凸起的肋条以搁置极板组。壳体上部使用相同材料的电池盖密封，电池盖上设有对应于每个单格电池的加液孔（加水型铅酸蓄电池），用于添加蒸馏水，以及测量电解液密度、温度和液面高度。加液孔盖上的排气孔可使蓄电池化学反应中产生的气体顺利排出。

？ 思考： 铅酸蓄电池与锂电池结构上有哪些区别？

_____

_____

_____

知识点 3 对蓄电池的要求

？ 思考： 汽车蓄电池的正、负接线电缆为什么会比较粗呢？

_____

_____

启动发动机时，蓄电池在 5～10s 内，要向起动机连续供给强大电流（汽油机 200～600A，柴油机 800～1 000A），因此，对蓄电池的要求是容量大、内阻小、有足够的启动能力。

知识点 4 蓄电池的分类

一般轿车上使用的电池为铅酸蓄电池。常见的铅酸蓄电池有两种类型，一类是加水型铅酸蓄电池，另一类是免维护型铅酸蓄电池。

1. 加水型铅酸蓄电池

如图 3-1-4 所示，普通蓄电池的极板是由铅和铅的氧化物构成，电解液是硫酸的水溶液。它的主要优点是电压稳定、价格便宜；缺点是比能低（即每公斤蓄电池存储的电能）、使用寿命短和日常维护频繁。

图 3-1-4 加水型铅酸蓄电池

2. 免维护型铅酸蓄电池

如图 3-1-5 所示，免维护型蓄电池由于自身结构上的优势，电解液的消耗量非常小，在使用寿命内基本不需要补充蒸馏水。它的主要优点具有耐震、耐高温、体积小、自放电小的特点。使用寿命一般为普通蓄电池的 2 倍。目前车辆使用较多的为该类型蓄电池。

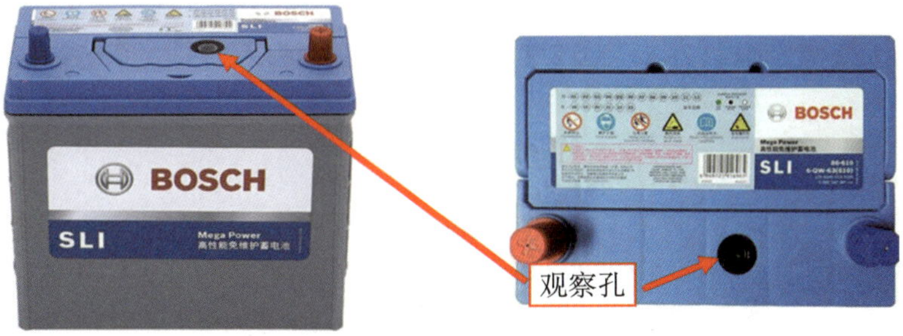

图 3-1-5　免维护型铅酸蓄电池

免维护型蓄电池的使用状态，主要通过观察孔进行查看。观察孔主要作用是让蓄电池的使用者，可以直观地看清楚电池的存电状态。其主要原理是：观察孔底部有小浮球，而蓄电池使用过程中电解液比重是变化的，比重变，浮球的高度就会变，通过折射后，观察孔显示的状态就不一样，从而达到判断存电状态的目的。其主要分三种状态（不同厂家的蓄电池观察孔颜色可能不一样）：

（1）绿色或者蓝色表示状态良好；

（2）黑色或者红色表示需要充电；

（3）白色表示电池需要更换。

❓ 思考：通过知识点 4 的学习，完成下面表格。

车型	蓄电池类型
丰田卡罗拉	
雪佛兰科鲁兹	
别克威朗	
本田皓影	
宝马 X5	

🚗 知识点 5　自动启停蓄电池

我国对排放以及燃油经济性有着越来越多的要求，中国式现代化是人与自然和谐共生的现代化。我们坚持可持续发展，坚持节约优先、保护优先、自然恢复为主的方针，因此各车企都大力推广既能省油又能降低排放的"黑科技"，自此自动启停系统便应运而生。采用启停系统的车辆主要装载采用 AGM 超细玻璃纤维隔板的铅酸蓄电池。这种 AGM 铅酸蓄电池耐酸性高，吸附电解液更强，从而达到更小的内阻，延长铅酸类蓄电池的寿命；最重要的是其深度放电性能好，允许短时间频繁大电流放电。因此具有启停功能的车需要有更大容量的蓄电池。

AGM 技术（吸附式玻璃纤维棉隔板）以及 EFB 技术（增强型注水式蓄电池）可大大提升电池蓄电额定容量。

现阶段 AGM 铅酸蓄电池已解决启停系统主要的两大启停问题，大电流与频繁输出，但蓄电池其自放电率高，每个月放电率在 3%～5%，存放期超过 6 个月需补充充电。因此配备启停系统的车辆需小心谨慎地使用和维护。

知识点 6 蓄电池的型号

按《铅酸蓄电池产品型号编制方法》（JB/T 2599—1993）规定，铅酸蓄电池的型号分为三部分（见表 3-1-1）。

表 3-1-1 蓄电池的型号

第一部分	第二部分		第三部分	
串联的单格电池数	蓄电池的类型	蓄电池的特征	蓄电池的额定容量	蓄电池的特殊性能
用阿拉伯数字表示	用大写的汉语拼音字母表示如：Q——启动用铅蓄电池；N——内燃机车用蓄电池；M——摩托车用蓄电池	用大写的汉语拼音字母表示如：A——干荷电铅蓄电池；H——湿荷电铅蓄电池；W——免维护铅蓄电池；B——薄型极板；无字母——普通铅蓄电池	20h 放电率的额定容量，单位为 A·h，单位略去不写	用大写的汉语拼音字母表示如：G——高起动率；D——低温性能好；S——塑料槽蓄电池

❓ 思考：通过知识点 6 的学习，完成以下蓄电池型号含义解读。

（1）6-QA-100

_____

（2）3-Q-90

_____

知识点 7 蓄电池的工作原理

1. 电动势的建立

将铅蓄电池的正、负极板浸入电解液中，正、负极板与电解液相互作用，在正、负极板间就会产生约 2.1V 的静止电动势，如图 3-1-6 所示。

2. 放电过程

（1）自放电

所有的蓄电池都会有自放电现象，也就是说即使没有外部电路，蓄电池电量也会有所下降。蓄电池通常每天以额定容量 0.2%～1% 的速度放电，这个数值随蓄电池所处环境温度及其使用年限的增加而增加。这主要是由两个因素引起的，首先，是因为蓄电池内部的化学反应发生变化。其次，从蓄电池顶部泄漏的溶液也会引起蓄电池的自放电，特别是在蓄电池顶部有污垢时会更严重。

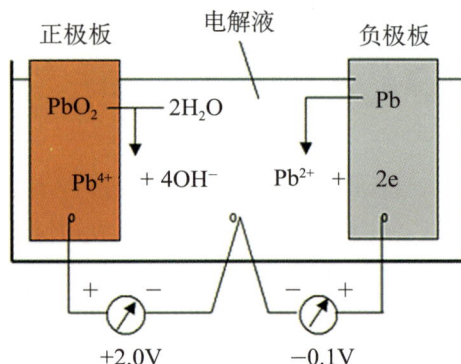

图 3-1-6 蓄电池电动势的建立

（2）放电原理

放电时，正极板上的 PbO_2 和负极板上的 Pb，都与电解液中的 H_2SO_4 反应生成硫酸铅（$PbSO_4$），沉附在正、负极板上。电解液中 H_2SO_4 不断减少，密度下降，其反应过程如图 3-1-7 所示。

理论上，放电过程可以进行到极板上的活性物质被耗尽为止，但由于生成的 $PbSO_4$ 沉附于极板表面，阻碍电解液向活性物质内层渗透，使得内层活性物质因缺少电解液而不能参加反应，因此在使用中被称为放完电，蓄电池的活性物质利用率只有 20%～30%。因此，采用薄型极板，增加极板的多孔性，可以提高活性物质的利用率，增大蓄电池的容量。

图 3-1-7　蓄电池放电过程

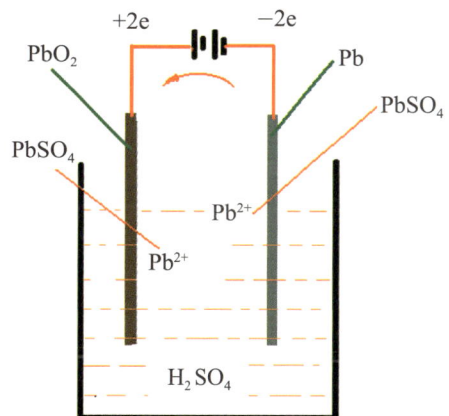

（3）放电结束特征

①单格电池电压降到放电终止电压。

②电解液密度降到最小许可值。

放电终止电压与放电电流的大小有关。放电电流越大，允许的放电时间就越短，放电终止电压也越低，如表 3-1-2 所示。

表 3-1-2　蓄电池放电电流与放电终止电压的关系

放电电流 / A	$0.05C_{20}$	$0.1C_{20}$	$0.25C_{20}$	C_{20}	$3C_{20}$
放电时间	20h	10h	3h	25min	5min
单格电池终止电压 / V	1.75	1.70	1.65	1.55	1.50

3. 充电过程

（1）充电原理

充电时，正、负极板上的 $PbSO_4$ 还原成 PbO_2 和 Pb，电解液中的 H_2SO_4 增多，密度上升。当充电接近终了时，$PbSO_4$ 已基本还原成 PbO_2 和 Pb，这时，过剩的充电电流将电解水，使正极板附近产生 O_2，负极板附近产生 H_2，O_2 和 H_2 从电解液中逸出，电解液液面高度降低。因此，铅蓄电池需要定期补充蒸馏水。其反应过程如图 3-1-8 所示。

（2）充电结束特征

①电解液中有大量气泡冒出，呈沸腾状态。

②电解液的密度和蓄电池的端电压上升到规定值，且在 2～3h 内保持不变。

图 3-1-8　蓄电池充电过程

综上所述，蓄电池的充放电过程中的化学反应是可逆的，总的反应式如下：

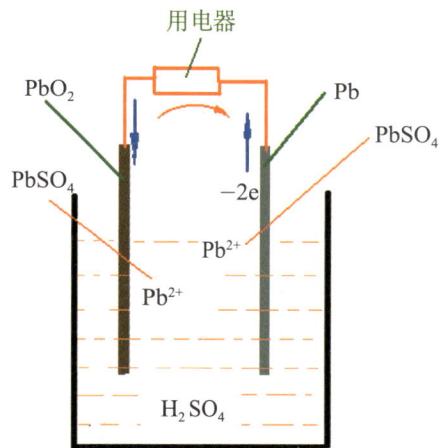

$$PbO_2 + 2H_2SO_4 + Pb \underset{充电}{\overset{放电}{\rightleftharpoons}} PbSO_4 + 2H_2O + PbSO_4$$

正极板　　　电解液　　　负极板　　　　　正极板　　　电解液　　　负极板

思考：通过知识点7的学习，完成下面任务的填写。

（1）充电过程

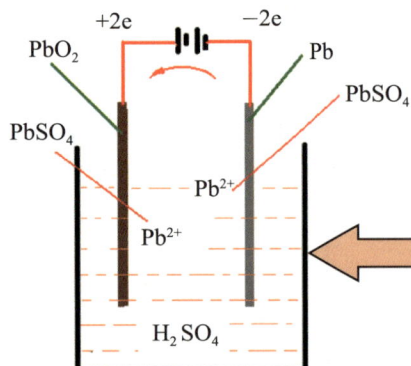

极板上的硫酸铅还原成 _____ 和 _____，电解液中的水分还原成 _____。
随着充电进行，电解液中 _____ 的成分增加，电解液密度 _____。

（2）放电过程

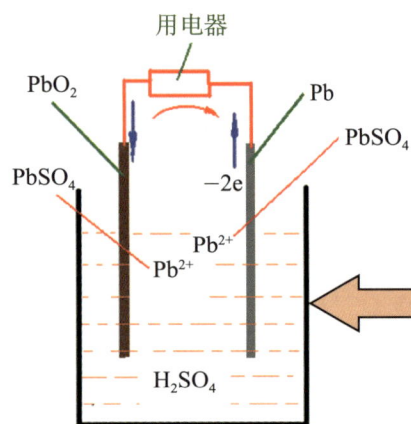

正、负极板上生成 _____，电解液中的水分 _____。（增多或减少）
随着放电的进行，电解液密度 _____。（增大或减小）

知识点 8 蓄电池的容量

蓄电池在规定条件（包括放电强度、放电电流及放电终止电压）下放出的电量多少或放电时间长短称为"蓄电池容量"，单位为安时（A·h）。

蓄电池容量 C 等于放电电流 I_f 与放电时间 t_f 的乘积：

$$C = I_f \cdot t_f$$

1. 额定容量

在电解液温度为（25±5）℃的条件下，以20h率的放电电流（即 $0.05C_{20}$A）连续放电至单节蓄电池平均电压降到1.75V时，输出的电量称为"蓄电池的额定容量"，用 C_{20} 表示，单位为 A·h。

2. 储备容量

储备容量表达了在汽车充电系统失效时，蓄电池能为照明和点火系统等用电设备提供25A恒流的能力。

3. 起动容量

起动容量表达了铅蓄电池在发动机起动时的供电能力，是检验蓄电池质量的重要指标之一。

知/识/点 9　蓄电池的安装及使用

❓ 思考：蓄电池接线端子在安装时正、负极安装顺序如何？

_____

_____

（1）禁止在端子部位受力，防止端子损伤和密封部位裂开。

（2）避免蓄电池倒置、遭受摔掷或冲击。

（3）绝对避免使用钢绳等金属线类，防止蓄电池短路。

（4）检查包装箱、蓄电池外观有无损伤。

（5）检查蓄电池在支架上的固定螺栓是否拧紧，安装不牢固就会因行车振动而引起壳体损坏，另外不要将金属物放在蓄电池上，以防短路。

（6）在蓄电池极柱和盖的周围常会有黄白色的糊状物，这是因为硫酸腐蚀了极柱、电池头、固定架等造成的，这些物质的电阻很大，要及时消除。

知/识/点 10　蓄电池拆装注意事项

（1）不能盲目拆装蓄电池，会造成 ECU（Engine Control Unit，汽车电控单元）信息丢失。

（2）点火开关接通时禁止拆装蓄电池。

（3）燃料系作业时，应拆下蓄电池。

（4）跨接启动其他车辆时，须先断开点火开关，才能装拆跨接电缆线。

（5）在车身上使用电弧焊之前，应在关闭点火开关的前提下拆掉蓄电池连接线。

（6）拆下蓄电池充电或更换蓄电池后，安装时应注意正负极性不能接错，蓄电池极柱与连接要牢固，搭铁要可靠，否则极易使电脑 ECU 中的线路烧损。

❓ 思考：通过知识点 10 的学习，判断图中作业内容为哪一种，并说明其作业时注意事项？

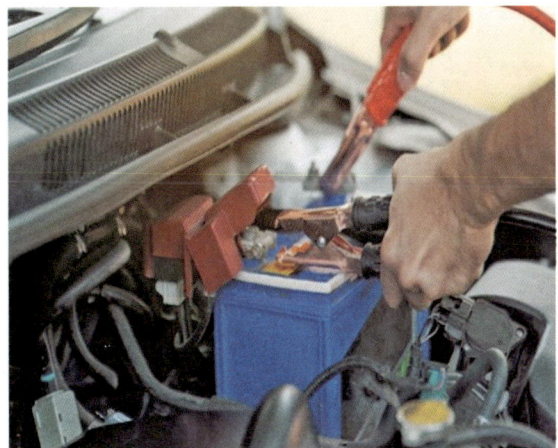

作业项目：_____　　作业项目：_____

注意事项：_____　　注意事项：_____

知 识 点 11 蓄电池的保养

（1）启动汽车时每次启动时间不应超过 5s，再次启动间隔时间不少于 10s。

（2）如果汽车电瓶耗尽，须借火才能启动，应立刻尽量以恒定的速度（如高速公路速度）开车至少 20min，给汽车电瓶做充分的充电。

（3）汽车经常短途驾驶，开开停停，会导致汽车电瓶长期处于充电不足的状态，缩短使用寿命。在高速公路上以稳定的速度行驶 20～30min，可以给汽车电瓶充分的时间充电。如果想节约汽油可以通过外接充电器为你的电瓶进行补充充电。

（4）在汽车电瓶完全放电的情况下，借火有可能也无法发动汽车。这时，你需要使用专门的汽车电瓶充电器进行慢充电。

（5）如果汽车长期放置不用，应先对车进行充分的充电。同时每隔一个月将汽车发动起来，中等转速运行 20min 左右。否则，放置时间太长，将难以启动。

（6）了解汽车电瓶的使用时间。使用超过 4 年，建议更换。

（7）日常驾驶时，在离开汽车之前，检查并确保所有车灯及其他电器（如收音机、CD）已经关闭。因为这可能会耗尽你的汽车电瓶。

❓ 思考：发动机在启动时，时常会听到有齿轮碰撞的声音，为什么？

_____

_____

▶ 课中实践

▌一　能力测评

▌二　工作任务

1. 任务分组

班级		组号		指导老师	
组长		承担任务			
组员及分工	姓名			承担任务	

2. 任务实践

作业内容	图 解	技术提要	记录
1 工作准备		1. 工作场景：雪佛兰科鲁兹教学用车 2. 主要设备：教学用车、工具车、多媒体设备、工作台 3. 辅助材料：翼子板布和前格栅布、三件套、抹布、挂历白纸、白板笔、卡片纸、喷胶	
2 车辆的基本防护和安全检查		1. 将车辆停放于水平地面，安装_____ 2. 安装翼子板布、前格栅布和_____	
3 断开蓄电池负极电缆		1. 关闭_____ 2. 将负极电缆放置_____ **所需工具：** _____	
4 打开蓄电池熔丝盒盖		1. 用一字起解开蓄电池熔丝盒盖上的固定凸舌 2. 注意力度，凸舌易断	
5 拆下蓄电池正极电缆至起动机螺母		1. 选择____套筒 2. 拆卸螺母时应选择正确旋转方向 3. 取下螺栓	

作业内容	图　解	技术提要	记录
6 从蓄电池上拆下连接到起动机的蓄电池电缆		将起动机正极电缆取下，放置在隐蔽处	
7 松开蓄电池上的正极电缆螺母并拆下电缆		1. 选择_____套筒 2. 拆卸螺母时应选择正确旋转方向 3. 取下螺栓	
8 松开2个固定凸舌，并拆下蓄电池正极电缆盖		取下蓄电池正极电缆盖并妥善放置	
9 拆下蓄电池压板紧固螺母		1. 选择_____套筒 2. 拆卸螺母时应选择正确旋转方向 3. 取下螺栓	
10 拆下蓄电池压紧板固件		两个螺栓取下后，将压紧板固件放置在工具台上	

续表

作业内容	图　解	技术提要	记录
11 拔下蓄电池电流传感器		1. 用一字起_____卡扣拨开 2. 断开传感器插头	
12 拆下蓄电池防护托架		松开固定凸舌，并拆下防护装置蓄电池托架	
13 拆下蓄电池		1. 将蓄电池取下 2. 拆卸时注意轻拿轻放 3. 对废旧蓄电池处理要求_____	
14 更换新的蓄电池		对蓄电池安装顺序应按照要求进行，确保蓄电池可靠安装	
15 工作场地整理		1. 依次收起_____和_____，收齐后放回原位 2. 收回车轮挡块 3. 清洁车身、地面等 4. 整理车间，关闭用电设备开关 5. 对垃圾进行分类处理 6. 通过 5S 整理，养成良好的职业素养	

3. 实施总结

组内的分工	
熟练地运用	
存在的问题	
改进的措施	

三 学习目标达成情况

序号	学习内容（知识、技能、行为习惯、职业素养）	评价标准			
		了解知道	理解掌握	指导下操作	独立操作

课后延伸

一 理论测试

二 任务实施巩固

要求：总结蓄电池的更换步骤及注意事项。

任务 2 蓄电池的性能检测

任务案例

驾驶员在使用车辆时经常遇到这样的情况：按遥控钥匙对汽车车门进行解锁，可是怎么按都没有反应；启动汽车时，钥匙转到启动挡，但整个仪表盘不工作，启动也无法正常进行，最终无法启动被拖回 4S 店，针对此案例需要对蓄电池性能进行检测。

课前导入

同学们，为了完成本次工作任务，请在课前利用多种途径查阅资料，预习相关知识点，也可扫一扫右侧的"课前学习资料"二维码进行学习，掌握本工作任务中涉及的应知应会知识点。

课前学习资料（视频）　　课前学习资料

知识点 1 蓄电池的正确使用

❓ 思考：蓄电池充满电之后，继续对蓄电池进行充电，会对蓄电池造成什么影响？

1. 三抓

（1）抓及时、正确充电

①放完电的电池 24h 内应进行补充充电。

②装车使用电池应定期补充充电，放电程度：冬季不超过 25%，夏季不超过 50%。

③带电解液存放的蓄电池应定期补充充电。

（2）抓正确使用操作

①每次启动时间不超过 5s，启动间隔时间 15s，最多连续启动 3 次。

②车上蓄电池应固定牢靠，安装搬运时应轻搬轻放。

（3）抓清洁保养

①保持蓄电池表面清洁。

②及时清除蓄电池表面的酸液。

③经常疏通通气孔。

2. 五防

（1）防止过充和充电电流过大。

（2）防止过度放电。

（3）防止电解液液面过低。

（4）防止电解液密度过大。

（5）防止电解液内混入杂质。

知识点 2　蓄电池的存储

❓ 思考：长时间存放的蓄电池对其性能有哪些影响？

_____

_____

1. 新蓄电池的储存

未启用的新蓄电池，其加液孔盖上的排气孔均已封闭，不要捅破。保管蓄电池时应注意以下几点：

（1）存放室温 5～30℃，干燥、清洁、通风。

（2）不要受阳光直射，离热源距离不小于 2m。

（3）避免与任何液体和有害气体接触。

（4）不得倒置或卧放，不得叠放，不得承受重压。

（5）新蓄电池的存放时间不得超过 2 年。

（6）蓄电池储存超过三个月需要进行一次补充充电。

2. 暂时不用的蓄电池的储存

采用湿储存方法，即先充足电，再把电解液密度调至 1.24～1.30g/cm³，液面调至规定高度，然后将排气孔密封，存放期不得超过半年，存放期间应定期检查，如容量降低 25%，应立即补充充电，交付使用前也应先充足电。

知识点 3　蓄电池的充电方法

1. 定电流充电法

在整个充电过程中，充电电流基本恒定，叫"定流充电"。它是蓄电池充电的主要方法，初充电、补充充电和去硫化充电等都用定流充电。

定流充电可任意调整电流，可对不同情况的蓄电池充电，但其充电时间长，需经常调节电流。

2. 定电压充电法

在充电过程中，充电电压恒定不变的充电称为"定压充电"。蓄电池在汽车上由发电机对其充电就属于定压充电，其充电电压由充电系统的电压调节器控制。

❓ 思考：通过知识点 3 的学习，分析定电流与定电压充电的优缺点。

充电方法	优缺点
定电流充电	
定电压充电	

课中实践

一　能力测评

二　工作任务

1.任务分组

班级		组号		指导老师	
组长		承担任务			
组员及分工	姓名			承担任务	

2.任务实践

（1）蓄电池性能检测

作业内容	图　解	技术提要	记录
1 工作准备		1. 工作场景：雪佛兰科鲁兹教学用车 2. 主要设备：教学用车、工具车、多媒体设备、工作台 3. 辅助材料：翼子板布和前格栅布、三件套、抹布	
2 车辆的基本防护和安全检查		1. 将车辆停放于水平地面，安装好车轮挡块 2. 安装_____、_____和_____	

续表

作业内容	图　解	技术提要	记录
3 检查蓄电池端子导线松动	检查端子导线是否松动	如果蓄电池端子导线有松动现象，应进行紧固处理	
4 检查蓄电池桩头	检查电极柱是否腐蚀	如果蓄电池桩头有＿＿＿或者＿＿＿，应进行清理	
5 检查蓄电池壳体	检查蓄电池壳体是否损坏	检查蓄电池壳体是否损坏；检查蓄电池壳体是否有＿＿＿或者＿＿，如有则更换	
6 检查蓄电池电量	通过观察孔检查蓄电池情况	免维护蓄电池可以通过蓄电池观察孔查看＿＿＿和＿＿＿	
7 用万用表测量蓄电池的开路电压		将万用表置于直流电压挡，万用表的正表笔接蓄电池的＿＿＿，负表笔接＿＿＿＿。读出指示电压值正常值为＿＿＿＿	

续表

作业内容	图　解	技术提要	记录
8 使用 BAT131 蓄电池检 测仪检测	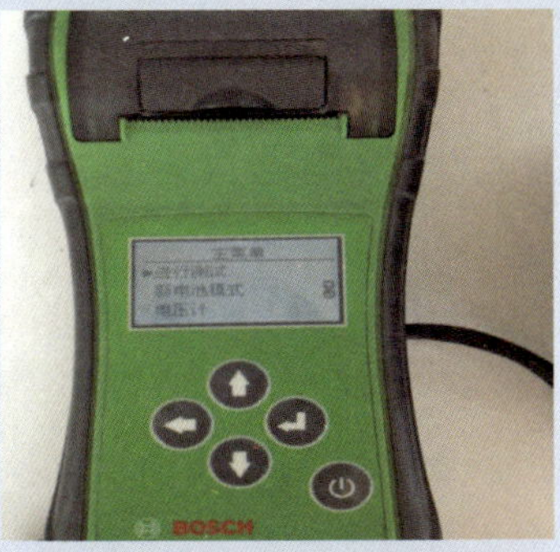	选择"进行测试"进入系统	
9 检测数据 设置	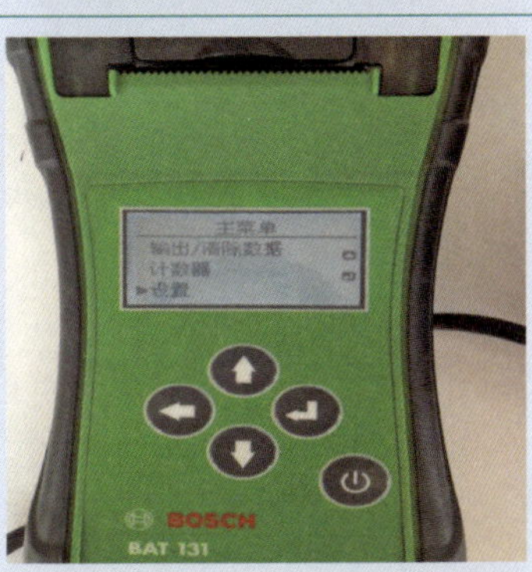	点"设置"进行实际项目的选择	
10 电池位置 选择	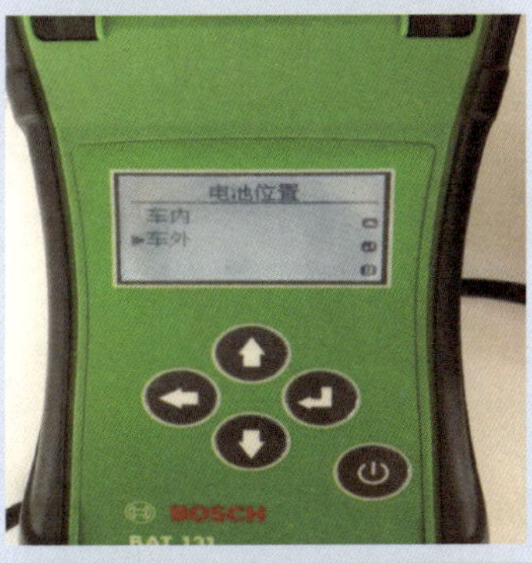	根据蓄电池实际位置进行选择	
11 蓄电池应 用范围	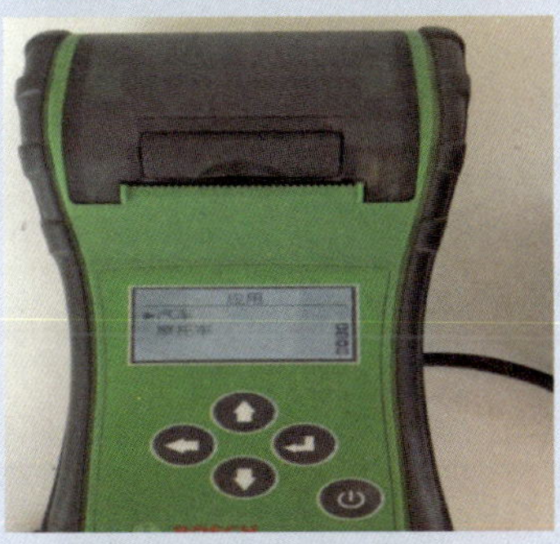	根据所检测车辆进行正确的选择	
12 蓄电池类 型选择	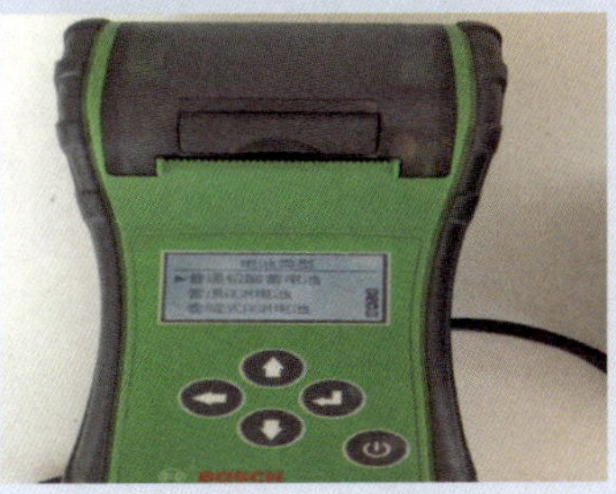	在蓄电池壳体上找到电池类型	

续表

续表

作业内容	图 解	技术提要	记录
13 选择电池 标准	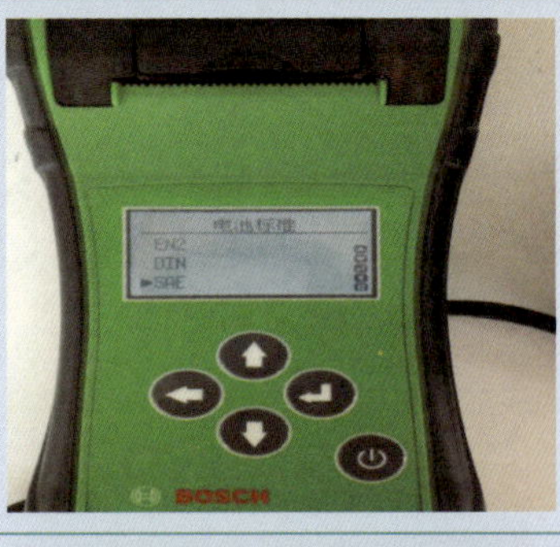	根据蓄电池壳体上的标准进行选择	
14 电池额定 值的输入	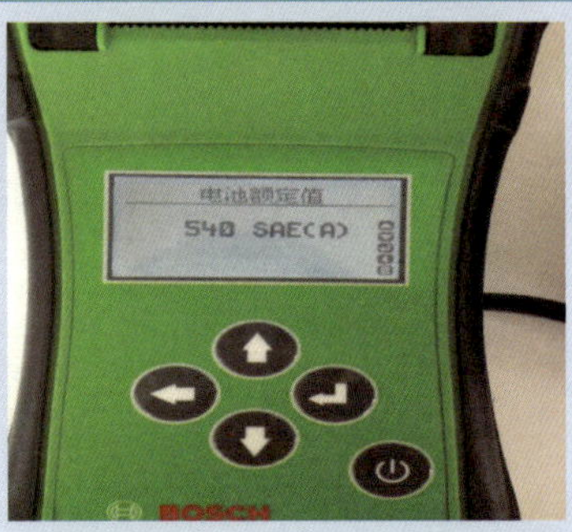	输入蓄电池冷启动所提供的电流，通过上下键进行调节	
15 测试结果 分析	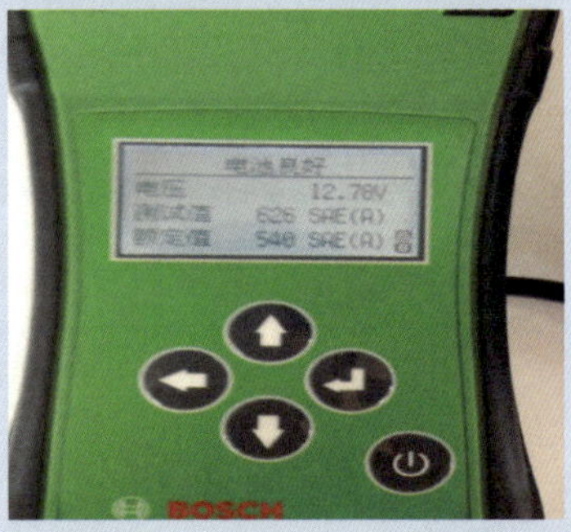	将测试值与额定值进行对比，从而判定蓄电池启动性能的好坏	
16 工作场地 整理		1. 依次收起_____和_____，收齐后放回原位 2. 收回车轮挡块 3. 清洁车身、地面等 4. 整理车间，关闭用电设备开关 5. 对垃圾进行分类处理 6. 通过5S整理，养成良好的职业素养	

（2）蓄电池的补充充电

作业内容	图 解	技术提要	记录
1 准备工作		1. 主要设备：博世充电机 2. 蓄电池类型：免维护蓄电池 3. 辅助材料：手套、抹布	

作业内容	图　解	技术提要	记录
2 充电机开关设置	 充电电流调节旋钮 电压选择开关	1. 设置蓄电池电压选择开关。汽油车选择___V；柴油车选择___V 2. 查看充电电流调节旋钮	
3 连接蓄电池和充电机	 蓄电池"+"极	先把电缆的正极（+）红色夹子与蓄电池接线柱的_____相连，后把电缆的负极（-）黑色夹子与蓄电池接线柱的_____相连	
4 给快速充电机通电	 电源开关	先给_____接上电源，然后再打开充电机电源开关，这时可观察到充电机上充电指示灯亮起	
5 调节充电电流，给蓄电池充电	 充电指示灯亮	转动充电电流调节旋钮，设置充电电流，可观察电流表查看充电电流	
6 充电结束	 绿色充电指示灯亮	1. 把充电电流调节旋钮置于_____处，关闭电源 2. 充电机上___指示灯亮表示蓄电池已充好电	
7 拆卸蓄电池和充电机的连接导线		充电结束后，拆开蓄电池和充电机之间的连接导线，先拆开___接线，再拆开___接线	

续表

作业内容	图　解	技术提要	记录
8 工作场地 整理		1. 整理车间，关闭用电设备开关 2. 对垃圾进行分类处理 3. 通过 5S 整理，养成良好的职业素养	

3.实施总结

组内的分工	
熟练地运用	
存在的问题	
改进的措施	

三　学习目标达成情况

序号	学习内容（知识、技能、行为习惯、职业素养）	评价标准			
		了解知道	理解掌握	指导下操作	独立操作

课后延伸

一　理论测试

二　任务实施巩固

要求：对操作过程用思维导图方法进行总结。

（1）蓄电池性能检测

（2）蓄电池的补充充电

任务 3　发电机的更换

任务案例

通用雪佛兰科鲁兹轿车无法启动，用蓄电池检测仪测量后，显示蓄电池电量不足。随后用另外一个电量充足的蓄电池帮助启动后，再用万用表测试，电压只有 9V，技术人员确认故障原因是车上发电机损坏，针对此故障需要将发电机从车上取出，并进行相关检测。

课前导入

同学们，为了完成本次工作任务，请在课前利用多种途径查阅资料，预习相关知识点，也可扫一扫右侧的"课前学习资料"二维码进行学习，掌握本工作任务中涉及的应知应会知识点。

课前学习资料（视频）　　课前学习资料

知识点 1　发电机的功用

发电机是汽车的主要电源，其功用是在发动机正常运转时（怠速以上），向所有用电设备（起动机除外）供电，同时向蓄电池充电，如图 3-3-1 所示。

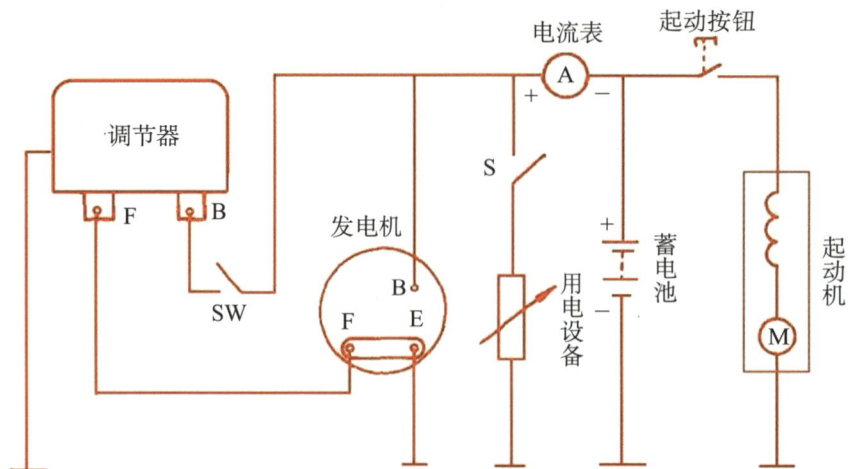

图 3-3-1 发电机供电系统

汽车上的交流发电机是一个三相同步交流发电机，它利用硅二极管将其定子绕组中所感应出的三相交流电整流为直流电。由于它用的是硅二极管整流，因此它也被称为"硅整流发电机"。

硅整流发电机具有体积小、质量轻、结构简单、维修方便、使用寿命长、发动机低速运转时充电性能好、配用的调节器结构简单、对无线电干扰小、能节省大量铜材等优点，因此，目前进口车、国产车已全部装用硅整流发电机。

❓ 思考：汽车电源系统发电机与蓄电池在功能上的主要区别是什么？

_____

_____

_____

🚗 知识点 2 发电机的分类

1. 按总体结构划分

（1）普通交流发电机：使用时需要配装电压调节器的发电机，如 JF132（EQ140 用）。

（2）整体式交流发电机：发电机和调节器制成一个整体的发电机，如别克轿车上装配的 CS 型发电机（包括 CS121、CS130 和 CS144 三种不同的型号），如图 3-3-2 所示。

（3）带泵交流发电机：和汽车制动系统用真空助力泵安装在一起的发电机，如 JFZB292 发电机，如图 3-3-3 所示。

图 3-3-2 整体式交流发电机

图 3-3-3 带泵交流发电机

（4）无刷交流发电机：不需要电刷的发电机，如 JFW1913，如图 3-3-4 所示。

（5）永磁交流发电机：磁极由永磁铁制成的发电机。

图 3-3-4　无刷交流发电机

2.按整流器结构划分

（1）六管交流发电机。

（2）八管交流发电机。

（3）九管交流发电机。

（4）十一管交流发电机。

3.按磁场绕组搭铁形式划分

（1）内搭铁型交流发电机：磁场绕组的一端（负极）直接搭铁（和壳体相连），如图 3-3-5（a）所示。

（2）外搭铁型交流发电机：磁场绕组的一端（负极）接入调节器，通过调节器后再搭铁，如图 3-3-5（b）所示。

（a）内搭铁型　　　　　　　　　　（b）外搭铁型

图 3-3-5　硅整流发电机的搭铁形式

❓ 思考：写出以下车型所使用的发电机类型。

车型	发电机类型
雪佛兰科鲁兹	
别克威朗	
宝马 320	
丰田卡罗拉	

🚗知识点 3　发电机的结构

目前国内外生产的汽车用交流发电机的结构基本相同，都是由一台三相同步交流发电机和一套二极管桥式整流器组成，其结构如图 3-3-6 所示。

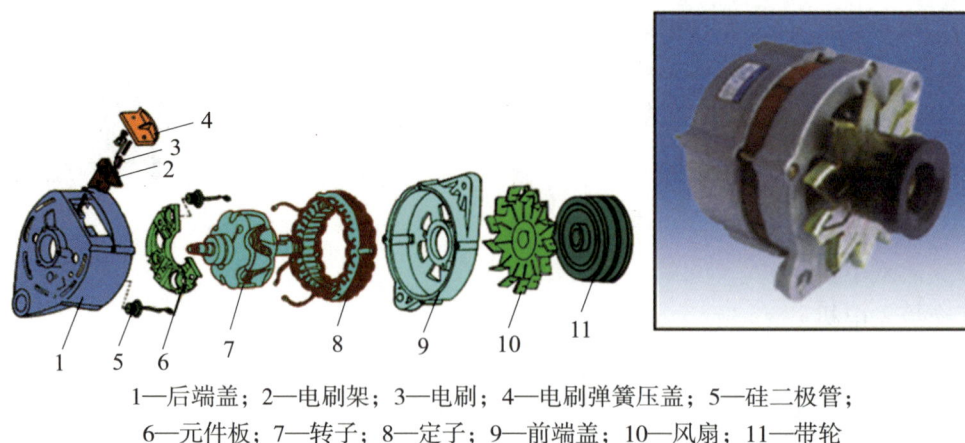

1—后端盖；2—电刷架；3—电刷；4—电刷弹簧压盖；5—硅二极管；
6—元件板；7—转子；8—定子；9—前端盖；10—风扇；11—带轮

图 3-3-6　JF132 型交流发电机解体图

交流发电机一般由转子、定子、整流器、前后端盖、风扇、带轮等组成。下面分别介绍各部分的作用。

（1）定子

定子的功用是产生交流电。定子安装在转子的外面，和发电机的前后端盖固定在一起，当转子在其内部转动时，引起定子绕组中磁通的变化，进而定子绕组中就产生交变的感应电动势。

定子由定子铁芯和定子绕组（线圈）组成，如图 3-3-7 所示。定子铁芯由内圈带槽、互相绝缘的硅钢片叠成。定子绕组有三组线圈，对称嵌入定子铁芯的槽中。三相绕组的连接有星形接法和三角形接法两种，如图 3-3-8 所示，两种都能产生三相交流电。

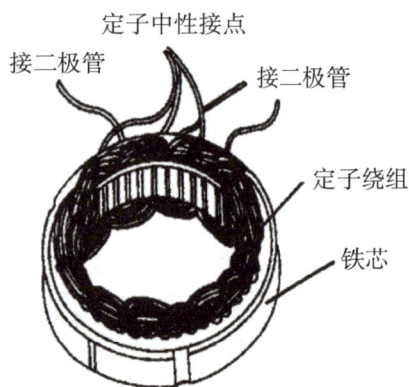

图 3-3-7　交流发电机定子总成图

（a）星形连接　　（b）三角形连接

3-3-8　交流发电机三相绕组的连接方式

❓ 思考：交流发电机定子绕组星形连接和三角形连接的区别是什么？

_____

_____

（2）转子

转子的功用是产生旋转的磁场。转子由爪极、磁轭、励磁绕组、滑环、转子轴等组成，如图 3-3-9 和图 3-3-10 所示。

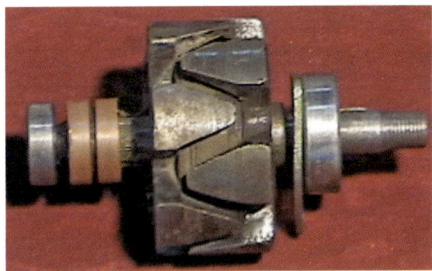

图 3-3-9 交流发电机转子总成

1—滑环；2—转子轴；3—爪极；4—磁轭；5—励磁绕组

图 3-3-10 交流发电机转子分解图

转子轴上压装着两块爪极，爪极被加工成鸟嘴形状，爪极空腔内装有励磁绕组和磁轭。滑环由两个彼此绝缘的铜环组成，压装在转子轴上并与轴绝缘，两个滑环分别与励磁绕组的两端相连。

当给两滑环通入直流电时，励磁绕组中就有电流通过，并产生轴向磁通，使爪极一块被磁化为 N 极，另一块被磁化为 S 极，从而形成六对（或八对）相互交错的磁极。当转子转动时，就形成了旋转的磁场。

（3）整流器

❓ 思考：交流发电机是如何将交流电转变为直流电的？

整流器的功用是将定子绕组的三相交流电变为直流电。整流器由整流板和整流二极管组成。6 管交流发电机的整流器是由 6 只硅整流二极管分别压装（或焊装）在相互绝缘的两块板上组成的，其中一块为正极板（带有输出端螺栓），另一块为负极板，负极板和发电机壳体直接相连（搭铁），也可以将发电机的后盖直接作为负极板。

6 只整流二极管分为正极管和负极管两种。引出电极为正极的称为"正极管"，3 只正二极管装在同一块板上，称为"正极板"；引出电极为负极的称为"负极管"，3 只负二极管安装在负极板上，也可直接安装在后盖上。如图 3-3-11 所示。

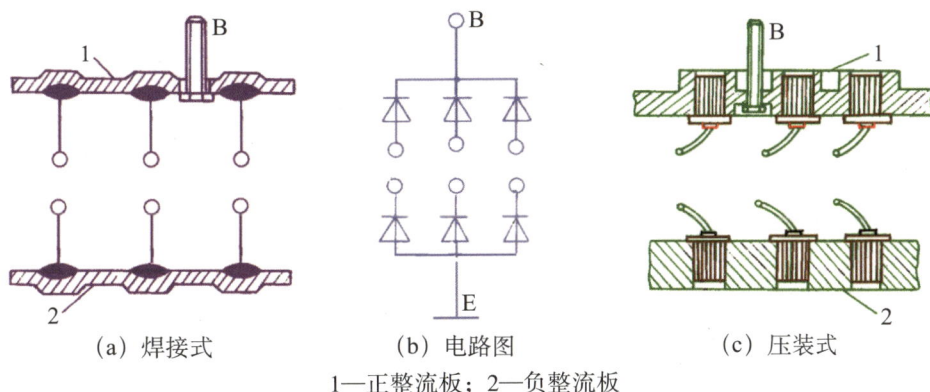

(a) 焊接式   (b) 电路图   (c) 压装式

1—正整流板；2—负整流板

图 3-3-11 交流发电机整流二极管安装示意图

整流器总成的形状各异，有马蹄形、半圆形和圆形等，如图 3-3-12 所示。整流器和定子绕组的连接如图 3-3-13 所示。

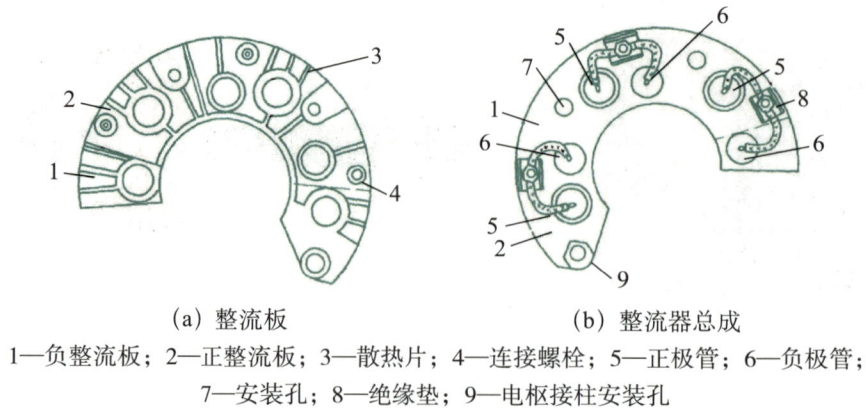

（a）整流板　　　　　　　　（b）整流器总成

1—负整流板；2—正整流板；3—散热片；4—连接螺栓；5—正极管；6—负极管；
7—安装孔；8—绝缘垫；9—电枢接柱安装孔

图 3-3-12　JF1552A 型交流发电机整流器总成

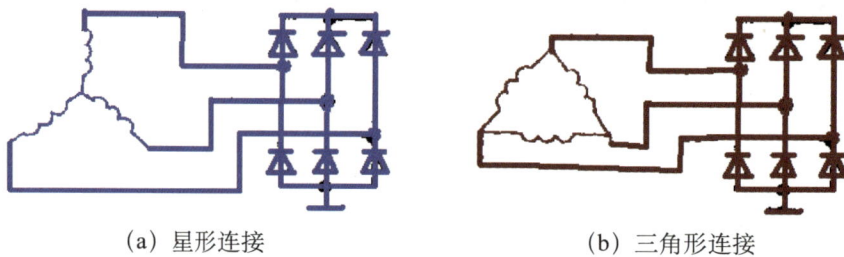

（a）星形连接　　　　　　　　（b）三角形连接

图 3-3-13　交流发电机整流器和定子绕组的连接电路图

（4）前后端盖及电刷组件

端盖一般分两部分（前端盖和后端盖），起支撑转子、定子、整流器和电刷组件的作用。端盖一般用铝合金铸造，一是可有效地防止漏磁，二是铝合金散热性能好。后端盖上装有电刷组件。

电刷组件由电刷、电刷架和电刷弹簧组成，分为外装式和内装式两种结构，如图 3-3-14 所示。

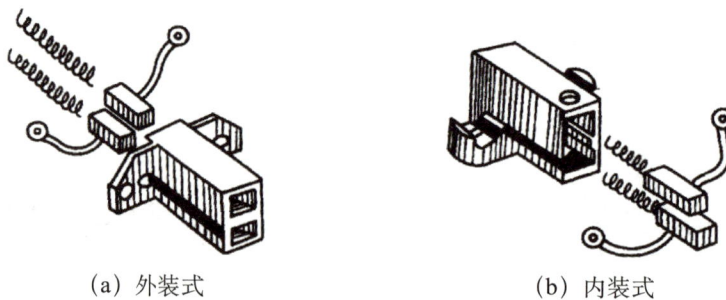

（a）外装式　　　　　　　　（b）内装式

图 3-3-14　电刷组件

电刷的作用是将电源通过滑环引入励磁绕组。两个电刷分别装在电刷架的孔内，借助弹簧压力与滑环保持接触。电刷和滑环的接触应良好，否则会因为磁场电流过小，导致发电机发电不足。

励磁绕组通过两只电刷（F 和 E）和外电路相连，根据电刷和外电路的连接型式不同，发电机分为内搭铁型和外搭铁型两种。

（5）带轮及风扇

交流发电机的前端装有带轮和风扇，由发动机通过传动带驱动发电机的转子轴和风扇一起旋转。

发电机工作时，定子绕组和励磁绕组中都会有热量产生，温度过高会烧坏导线的绝缘，导致发电机不能正常工作，所以必须为发电机散热。为了提高散热能力，有的发电机装有两个风扇（前、后各一个），如丰田轿车的发电机。

知识点 4 发电机的电压调节器

❓ 思考：发电机输出的电压为恒定值吗？

———————————————————————————————————————

———————————————————————————————————————

交流发电机调节器就是当发电机转速变化时，自动调节发电机输出电压并使电压保持恒定，防止输出电压过高而损坏用电设备和避免蓄电池过量充电，使其保持基本恒定，以满足汽车用电器的需求，又称为"电压调节器"，简称"调节器"。

知识点 5 发电机的型号

根据汽车行业标准《汽车电气设备产品型号编制方法》（QC/T 73-1993）的规定，汽车交流发电机型号由以下五部分组成。

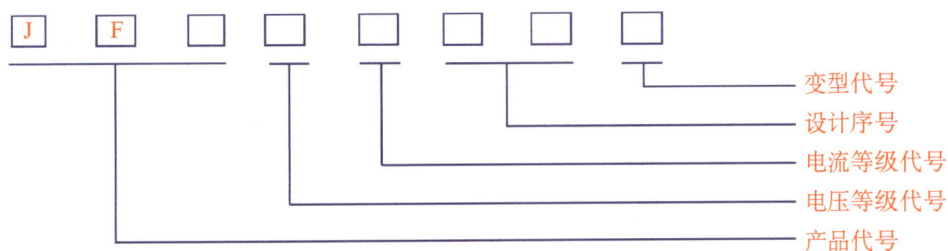

1. 产品代号

JF——表示普通交流发电机；

JFZ——表示整体式（调节器内置）交流发电机；

JFB——表示带泵的交流发电机；

JFW——表示无刷交流发电机。

2. 电压等级代号

电压等级代号用一位阿拉伯数字表示。

1——表示 12V 系统；

2——表示 24V 系统；

6——表示 6V 系统。

3. 电流等级代号

电流等级代号也用一位阿拉伯数字表示，如表 3-3-1 所示。

表 3-3-1　电流等级代号

电流等级代号	1	2	3	4
发电机额定电流 /A	<19	<29	<39	<49

4. 设计序号

按产品设计先后顺序，由 1～2 位阿拉伯数字组成。

5. 变型代号

交流发电机以调整臂位置作为变型代号。

Z——左调整臂；Y——右调整臂。

💡 思考：通过知识点 5 的学习，完成发电机型号含义解读。

例：桑塔纳 JFZ1913Y

知识点 6 发电机工作原理

1. 发电机发电原理

如图 3-3-15 所示，发电机定子的三相绕组按一定规律分布在发电机的定子槽中，内部有一个转子，转子上安装着爪极和励磁绕组。

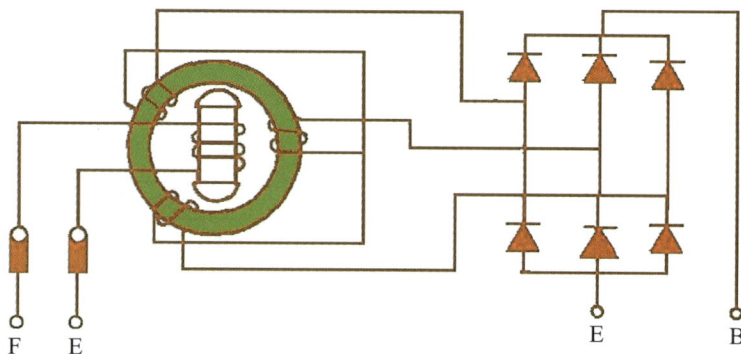

图 3-3-15 发电机发电原理示意图

当外电路通过电刷使励磁绕组通电时，便产生磁场，使爪极被磁化为 N 极和 S 极。当转子旋转时，磁通交替地在定子绕组中变化，根据电磁感应原理可知，定子的三相绕组中便产生交变的感应电动势，这就是交流发电机的发电原理。

2. 发电机整流原理

在定子绕组中，感应出的交流电，经硅二极管组成的整流器整流，变为直流电。硅二极管具有单向导电性，二极管加上正向电压导通，即呈现低电阻状态，允许电流通过；当给二极管加反向电压时，则截止，即呈现高电阻状态，不允许电流通过。利用硅二极管的这种单向导电性能，就可把交流电变成直流电，即整流。

3. 交流发电机的励磁

💡 思考：交流发电机在汽车刚刚起动时就向车内用电设备供电吗？为什么？

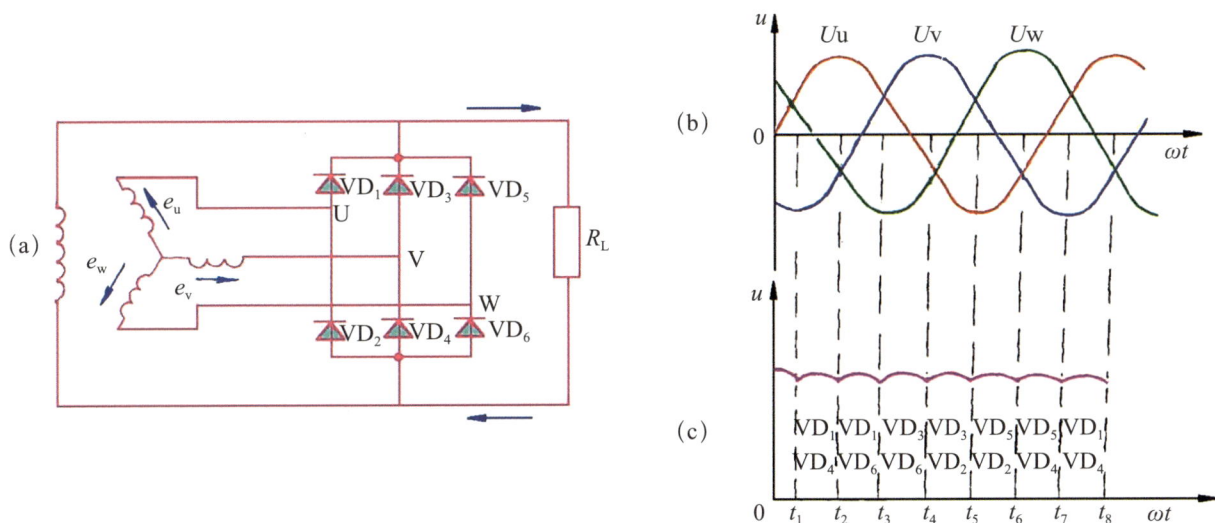

（a）整流电路图；（b）三相绕组电压波形图；（c）整流后发电机输出波形图

图 3-3-16　交流发电机整流原理

将电流引入到励磁绕组使之产生磁场称为"励磁"。除了永磁式交流发电机不需要励磁以外，其他形式的交流发电机都需要励磁，因为它们的磁场都是电磁场，必须给励磁绕组通电才会有磁场产生而发电，否则发电机将不能发电。

交流发电机励磁方式有他励和自励两种。

（1）他励

在发电机转速较低时（发动机未达到怠速转速），自身不能发电，需要蓄电池供给发电机励磁绕组电流，使励磁绕组产生磁场来发电。这种由蓄电池供给磁场电流发电的方式称为"他励发电"。

（2）自励

随着转速的提高（一般在发动机达到怠速时），发电机定子绕组的电动势逐渐升高并能使整流器二极管导通，当发电机的输出电压 U_B 大于蓄电池电压时，发电机就能对外供电了。当发电机能对外供电时，就可以把自身发的电供给励磁绕组，这种自身供给磁场电流发电的方式称为"自励发电"。

总结：交流发电机励磁过程是先他励后自励。当发动机达到正常怠速转速时，发电机的输出电压一般高出蓄电池电压 1～2V，以便对蓄电池充电，此时，由发电机自励发电。

不同汽车的励磁电路各不相同，但有一个共同特点是，励磁电路都必须由点火开关控制。

▶▶ 课中实践

■　能力测评

二　工作任务

1. 任务分组

班级		组号		指导老师	
组长		承担任务			
组员及分工	姓名			承担任务	

2. 任务实践

作业内容	图　解	技术提要	记录
1 准备工作		1. 工作场景：丰田卡罗拉教学用车 2. 主要设备：教学用车、工具车、工作台 3. 辅助材料：翼子板布和前格栅布、三件套、抹布	
2 车辆的基本防护和安全检查		1. 将车辆停放于水平地面，安装好车轮挡块 2. 安装_____、_____和_____	
3 断开蓄电池负极电缆		1. 关闭点火开关 2. 用_____号扳手松开负极电缆 3. 将负极电缆放置在隐蔽之处	

作业内容	图　解	技术提要	记录
4 拆下 端子盖		将_____取下，若取下时费力，需用起子轻轻撬开	
5 拆下螺母并从端子B上断开线束		选取____号扳手，对固定螺栓进行拆卸	
6 断开连接器和线束卡夹		取下交流发电机连接电缆。取下时注意连接器的拆卸方法	
7 拆下2个螺栓并拆下风扇皮带调节杆		1. 拆卸螺栓时，应先把_____，避免力矩集中在某一螺栓上，损坏螺栓 2. 拆卸最后一个螺栓时，必须用手扶住交流发电机，以免发电机掉落	
8 拆下螺栓和线束卡夹支架		1. 拆下交流发电机电缆固定螺栓 2. 取下交流发电机连接电缆	

作业内容	图　解	技术提要	记录
9 拆卸 多楔带		将调节杆旋至_____能取出为止，轻轻取下多楔带	
10 取下 发电机		取出交流发电机时应拿稳，以防止掉落	
11 安装发 电机 （拆装顺 序相反）		按照与拆卸相反的顺序安装发电机到指定位置	
12 工作场地 整理		1. 依次收起_____和_____，收齐后放回原位 2. 收回车轮挡块 3. 清洁车身、地面等 4. 整理车间，关闭用电设备开关 5. 对垃圾进行分类处理 6. 通过 5S 整理，养成良好的职业素养	

3. 实施总结

组内的分工	
熟练地运用	
存在的问题	
改进的措施	

三　学习目标达成情况

序号	学习内容（知识、技能、行为习惯、职业素养）	评价标准			
		了解知道	理解掌握	指导下操作	独立操作

课后延伸

一　理论测试

二　任务实施巩固

要求：写出交流发电机拆装步骤及注意事项。

任务 4　发电机的性能检测

任务案例

一辆雪佛兰科鲁兹轿车，其组合仪表、照明灯工作不稳定，有时有熄灭的迹象。该现象只有在发动机运转并打开照明灯时，才会出现，且在车辆行驶时较为明显。而在不启动时，则没有上述现象。技术人员怀疑发电机可能有故障，现针对该故障需要对发电机性能进行测试。

课前导入

同学们，为了完成本次工作任务，请在课前利用多种途径查阅资料，预习相关知识点，也可扫一扫右侧的"课前学习资料"二维码进行学习，掌握本工作任务中涉及的应知应会知识点。

课前学习资料（视频）　　课前学习资料

知识点 1　发电机保养

? 思考：汽车用发电机需要定期查看皮带张紧度，那么应如何判断皮带张紧度是否正常？

_____

_____

汽车发电机是汽车电器中的重要部件，它的功用有两大部分：给用电设备供电；给蓄电池充电。要想在汽车行驶中保持发电机恒稳发电状态，应经常性地做好以下养护。

（1）汽车行驶一定里程后，适当调整发电机皮带的张紧度，然后根据需要再固定校准螺丝，此外发电机的脚架螺丝应保持一定的张紧度。

（2）注意轴承的磨损程度，如果发现润滑不足，可滴上数滴机油，注意不能渗入整流器，否则影响电能传递效果。

（3）电刷接触面不平，可用细砂布打平；弹簧的弹性不足，电刷磨损过多时，均须更换新件；电刷太短而无破损，可用垫片塞入支架，使其与整流器密合。

（4）电刷支架绝缘体损坏，需要另配新件；整流器积垢，可用细砂布磨光。

（5）发电机的极柱松动时，必须马上紧固；如果是绝缘不良，应拆下进行修整。

（6）发电机上的防尘圈要安装牢固，不应取掉不用，其作用是防止尘埃进入其内部，造成机件故障。

（7）要经常清洁各导线，保持其干燥，可防漏电。

知识点 2　发电机使用注意事项

? 思考：发电机出现供电不足的原因是什么？

（1）不论何种原因拆下蓄电池，在重新安装蓄电池时必须确保接线极性正确，蓄电池接线接反将会损坏整流器。

（2）在系统内连接任何电路之前，必须使蓄电池、交流发电机、调节器的极性匹配。比如：在发电机的接线柱旁均有标记，"B+"为电枢极，应与交流发电机或蓄电池的正极相接；"Fl"为磁场，应与调节器"F"接线柱相接；"F2"与接线柱点火开关相接；"N"为中性点，应与组合继电器"N"接线柱相接；"E"为搭铁，应与调节器搭铁接线柱"E"相接。安装交流发电机接线柱时，引线必须牢固可靠，以防止产生瞬间过电压，烧坏发电机的二极管、调节器及其他用电设备。

（3）不要使用超过 12V 的检测灯来检测二极管的导通性。

（4）发电机工作时，不允许用发电机的电枢极搭铁试火的方法来检查发电机是否发电，以免烧坏电机与线束。

（5）发动机熄火后，应及时关闭点火开关，以防止蓄电池对发电机的磁场线圈长时间地放电，造成磁场线圈的烧坏或调节器的损坏。

（6）不要随意将交流发电机的接线短路或接地。

（7）安装传动带时要调节其张紧度。过松容易使传动带打滑，造成发电不足；过紧容易损坏传动带和发电机轴承。

课中实践

一　能力测评

二　工作任务

1. 任务分组

班级		组号		指导老师	
组长		承担任务			
组员及分工	姓名			承担任务	

2. 任务实践

作业内容	图　解	技术提要	记录
1 准备 工作		1. 工作场景：发电机性能检测仪、连接电缆、发电机、工作台、110V电源转换器 2. 主要设备：交流发电机、交流发电机性能检测仪 3. 辅助材料：抹布、挂历白纸、白板笔、卡片纸、喷胶	
2 安装 110V 电源转换 器插头		牢固安装_____电源转换器插头，插上110V电源插头。	
3 打开 110V 电源转换 器开关		电源先插上110V电源转换器开关。	
4 打开发电 机检测仪 开关		打开发电机检测仪开关	
5 打开测试 开关		检查测试开关指示灯亮不亮	
6 选择固定 螺栓		选择合适的螺栓，将_____	

作业内容	图　解	技术提要	记录
7 安装 发电机		安装时水平插入螺栓，发电机应可靠地放在底座上	
8 安装皮带		查看带轮的安装位置，固定住带轮，使其在同一平面上，安装时＿＿＿＿推动张紧装置	
9 选择 连接线		在选择时，要选择匹配的连接线	
10 连接插头		连接时需按要求将连接端子对齐插入	
11 连接发电机线束		红线连入发电机＿＿＿端子； 黄线连入发电机＿＿＿端子； 黑线接在＿＿＿＿搭铁	
12 选择语言类型		选择操作语言类型，查阅资料选择英语	

续表

续表

作业内容	图　解	技术提要	记录
13 选择"Test Alternator"（发电机测试）		选择发电机测试系统	
14 选择"New Unit"（新单元）		选择新单元测试，看清选项	
15 选择"OTC Part"（OTC配件号）		选择OTC配件号进入测试系统	
16 选择发电机型号		选择该发电机对应型号	
17 点击"Enter"（进入）		选择型号后，点击"Enter"进入	
18 检查连线是否正确，按"Continue"（继续）		检查连接线无误后，按"Continue"到下一步	

续表

作业内容	图　解	技术提要	记录
19 检查安装位置，按"Continue"（继续）		根据仪器上显示，认真查看安装位置是否正确，确认无误后继续下一步	
20 按"Ok"确定测试		按"OK"进行测试	
21 关闭测试仪护盖		在开始测试之前应先将_____关闭	
22 按"Touch to STAR Test"（开始测试）		点击开始测试按键	
23 结果显示		根据检测数据进行分析，判断发电机是否需要更换	
24 查看数据		显示出数据后，对标准值与检测结果进行分析	

续表

作业内容	图 解	技术提要	记录
25 工作场地 整理		1. 整理车间，关闭用电设备开关 2. 对垃圾进行分类处理 3. 通过 5S 整理，养成良好的职业素养	

3. 实施总结

组内的分工	
熟练地运用	
存在的问题	
改进的措施	

三 学习目标达成情况

序号	学习内容（知识、技能、行为习惯、职业素养）	评价标准			
		了解知道	理解掌握	指导下操作	独立操作

课后延伸

一 理论测试

二 任务实施巩固

要求：写出发电机性能检测仪使用注意事项。

项目 ④
汽车起动系统检修

项目描述

　　按照汽车起动系统检修的要求，学习起动机的基础知识，且结合维修手册制订起动系统维修方案，规范进行常见故障的检测与维修。

学习目标

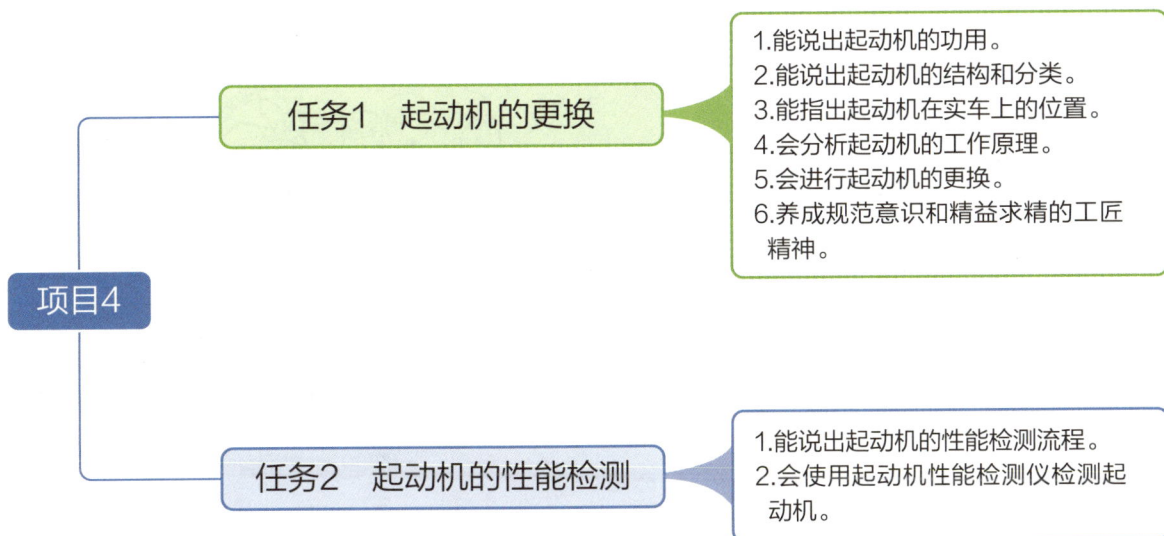

项目4

任务1　起动机的更换

1. 能说出起动机的功用。
2. 能说出起动机的结构和分类。
3. 能指出起动机在实车上的位置。
4. 会分析起动机的工作原理。
5. 会进行起动机的更换。
6. 养成规范意识和精益求精的工匠精神。

任务2　起动机的性能检测

1. 能说出起动机的性能检测流程。
2. 会使用起动机性能检测仪检测起动机。

任务 1　起动机的更换

任务案例

　　一辆丰田卡罗拉轿车，车主在启动发动机时出现启动无力的情况，即车辆有启动迹象，但是多次尝试无法着车。技术人员在对车辆蓄电池性能进行测量时发现蓄电池各项指标正常，因此确定为该车起动机有故障，现针对该故障需要对起动机进行更换。

课前导入

　　同学们，为了完成本次工作任务，请在课前利用多种途径查阅资料，预习相关知识点，也可扫一扫右侧的"课前学习资料"二维码进行学习，掌握本工作任务中涉及的应知应会知识点。

课前学习资料

知识点 1　起动系统组成

　　现在汽车上的起动系统一般是由蓄电池、起动机、点火开关、继电器等组成，如图 4-1-1 所示。

知识点 2　起动机的作用和分类

　　❓ 思考：汽车发动机是如何启动的？

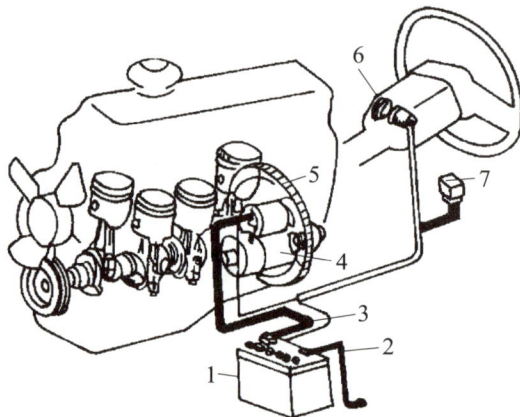

_____

_____

1—蓄电池；2—搭铁电缆；3—起动机电缆；
4—起动机；5—飞轮；6—点火开关；7—起动继电器

图 4-1-1　起动系统的组成

　　起动机的作用是将蓄电池的电能转换为机械能，再通过传动机构将发动机拖转启动。

　　起动机按照直流电动机励磁方式和传动机构的啮入方式的不同来分类。

1. 按直流电动机励磁方式分类

　　（1）电磁式起动机：电动机的磁场为电磁场的起动机。电磁场是指由线圈通电而在铁芯中产生的磁场，如图 4-1-2 所示。

　　（2）永磁式起动机：电动机的磁场由永久磁铁产生的起动机。由于磁极采用永磁材料制成，不需要磁场绕组，因此电动机结构简单、体积小、质量小，如图 4-1-3 所示。

图 4-1-2　电磁式起动机

图 4-1-3　永磁式起动机

？思考： 分析电磁式起动机与永磁式起动机优缺点。举例说明其适用车型。

2. 按传动机构啮入方式分类

（1）惯性啮合式传动机构：驱动齿轮靠惯性力的作用，沿电枢轴移出与飞轮啮合使发动机启动，发动机启动后，当飞轮的转速超过电枢轴转速时，驱动齿轮靠惯性力的作用退回，脱离与飞轮的啮合，防止电机超速。这种起动机工作可靠性差，现代汽车已很少使用。

（2）强制啮合式传动机构：如图 4-1-4 所示，起动机的电枢与磁极错开。接通起动开关启动发动机时，在磁极磁力的作用下，驱动齿轮与飞轮环齿啮合；发动机起动后，切断启动开关，磁极退磁，电枢轴连同驱动轮退回，脱离与飞轮的啮合。这种起动机结构简单、工作可靠、操作方便，所以被现代汽车广泛采用。

图 4-1-4　强制啮合（同轴、齿轮移动）式

（3）电枢移动式啮合机构：驱动齿轮靠杠杆机构的作用沿电枢轴移出与飞轮环齿啮合，使发动机启动。发动机启动后，切断启动开关，外力的作用消除后，驱动齿轮在复位弹簧的作用下退回，脱离与飞轮环齿的啮合。这种起动机结构复杂，仅用于一些大功率柴油车上。

？思考： 你还知道哪些类型的起动机？简要说明其特点。

知识点 3　起动机结构

起动机一般由直流电动机、传动机构和控制装置三部分组成，如图 4-1-5 所示。

1—控制装置；2—直流电动机；3—传动机构

图 4-1-5　起动机实物

1. 直流电动机的结构

直流电动机由磁极、电枢、换向器、电刷及电刷架等组成。其作用是产生转矩。如图 4-1-6 所示。

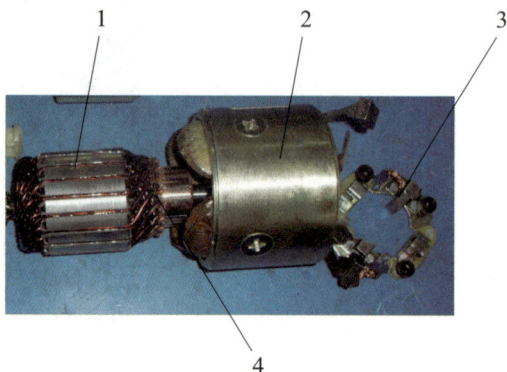

1—电枢；2—磁极；3—电刷及电刷架；4—换向器

图 4-1-6　直流电动机（电磁式）结构

（1）电枢

电枢用来产生电磁转矩，由铁芯、电枢绕组、换向器和电枢轴等组成。电枢结构如图 4-1-7 所示（以电磁式起动机为例）。

（2）磁极

磁极的作用是产生电枢转动时所需要的磁场，它由固定在机壳上的磁极铁芯和磁场绕组组成，如图 4-1-8 所示。

（3）电刷及电刷架

电刷和换向器配合使用。它主要用来连接磁场绕组和电枢绕组的电路，并使电枢轴上的电磁力矩保持固定方向。

1—电枢轴；2—电枢绕组；3—铁芯；4—换向器

图 4-1-7　电枢

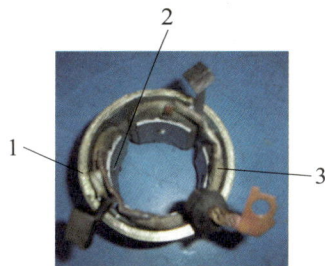

1—机壳；2—铁芯；3—励磁绕组

图 4-1-8　磁极

电刷用钢与石墨粉压制而成，中间加入铜，以减小电阻，并增加其耐磨性。电刷架的作用是安装电刷，一般有四个，两个绝缘电刷架，两个搭铁电刷架。电刷在电刷架中，由电刷弹簧使其紧压在换向器表面，来保持良好的接触，如图 4-1-9 所示。

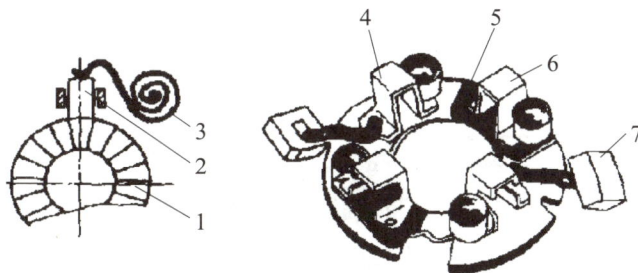

1—换向器；2—电刷；3—盘形弹簧；4—搭铁电刷架；5—绝缘垫；6—绝缘电刷架；7—搭铁电刷

图 4-1-9　电刷与电刷架

❓ 思考：电刷达到磨损极限值后，起动机会出现什么故障？

（4）外壳

电动机的外壳也是电动机的磁路部分，由低碳钢冲压而成，是定子线圈和磁极固定的地方。

2. 传动机构

传动机构主要由拨叉、单向离合器和驱动齿轮组成，如图 4-1-10 所示。其作用是在发动机起动时，使起动机驱动齿轮啮入飞轮齿圈，将起动机转矩传给发动机曲轴；而在发动机起动后，使驱动齿轮打滑与飞轮齿环自动脱开。常见起动机单向离合器主要有滚柱式、弹簧式和摩擦片式三种。

汽车发动机对起动机传动机构的要求为驱动齿轮与飞轮啮合平稳，起动后能自动打滑或脱离啮合。因起动

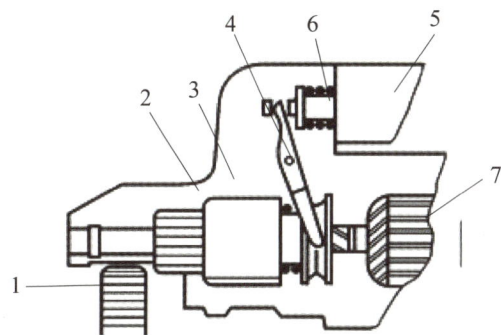

1—飞轮；2—驱动齿轮；3—单向离合器；4—拨叉；5—活动铁芯；6—电磁开关；7—电枢

图 4-1-10　传动机构的工作示意图

机由点火开关控制，发动机工作时，要有控制机构防止点火开关误动作使飞轮再啮合。

❓ **思考：** 起动机传动系统中单向离合器发生故障，会造成哪些影响？

---

3. 控制装置

控制装置主要由吸引线圈、保持线圈、复位弹簧、活动铁芯、接触片等组成。其作用是用来接通和切断起动机与蓄电池之间的电路。

🚗 知|识|点 4 起动机工作原理

起动机的工作过程如图 4-1-11 所示。

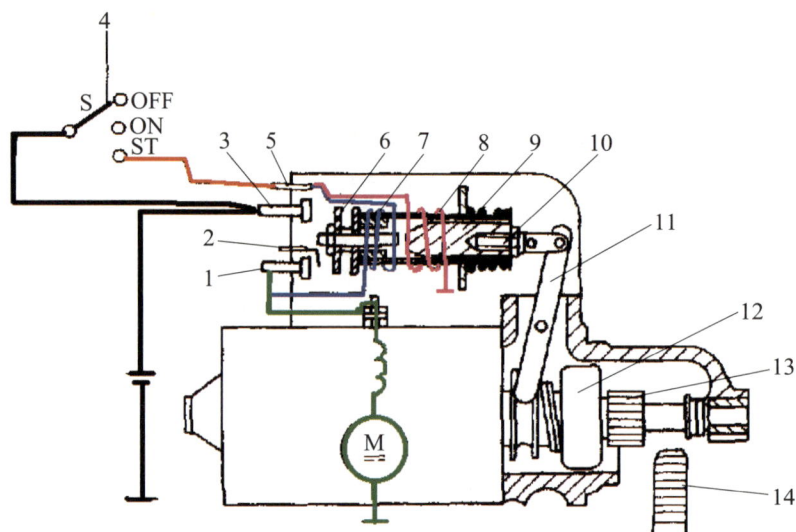

1、3—主接线柱；2—点火线圈附加电阻短路接线柱；4—点火开关；5—启动接线柱；6—接触盘；7—吸引线圈；
8—保持线圈；9—活动铁芯；10—调节螺钉；11—拨叉；12—单向离合器；13—驱动齿轮；14—飞轮

图 4-1-11 起动机工作过程

当点火开关接通启动挡时，其电路为蓄电池正极→主接线柱 3 →点火开关 4 →启动接线柱 5 →吸引线圈和保持线圈线路。

吸引线圈电路：蓄电池正极→主接线柱 3 →点火开关 4 →启动接线柱 5 →吸引线圈 7 →电动机磁场绕组→电枢绕组→搭铁→蓄电池负极。

保持线圈电路：蓄电池正极→主接线柱 3 →点火开关 4 →启动接线柱 5 →保持线圈 8 →搭铁→蓄电池负极。

此时，吸引线圈和保持线圈磁场方向相同，活动铁芯在电磁力作用下克服回位弹簧的作用向前移动，压动推杆使起动机开关接触盘与触点靠近，与此同时带动拨叉将驱动小齿轮一边缓慢旋转，一边推向飞轮齿圈啮合。当驱动小齿轮与飞轮齿圈接近完全啮合时，开关接触盘已将触点接通，在点火线圈附加电阻被短路后起动机主电路接通，直流电动机产生强大转矩，通过接合状态的单向离合器传给发动机飞轮齿圈，起动发动机。

主开关接通后，吸引线圈被主开关短路，活动铁芯在保持线圈电磁力作用下保持在吸合位置。

当驾驶员松开点火钥匙，点火开关从启动挡自动回到点火挡，启动挡断开。此时开关接触盘仍将触点接通，保持线圈中的电流改经起动机开关与吸引线圈串联形成通路。吸引线圈和保持线圈电流的路径为：蓄电池正极→主接线柱 3 →接触盘→主接线柱 1 →吸引线圈 7 →启动接线柱 5 →保持线圈 8 →搭铁→蓄电池负极。此时两线圈电流方向相反，产生的电磁力相互削弱，故在回位弹簧的作用下，活动铁芯等可移动部件自动回位，开关接触盘与触点断开，电动机主电路即被切断，起动机停止工作。驱动齿轮未退出前，单向离合器起"飞散"保护作用。

知识点 5　起动机的型号

在科技强国发展道路上，对企业生产制造工艺，不仅要不断创新，更要有一定的行业标准做指引，根据国家行业标准，起动机编号规则如下。

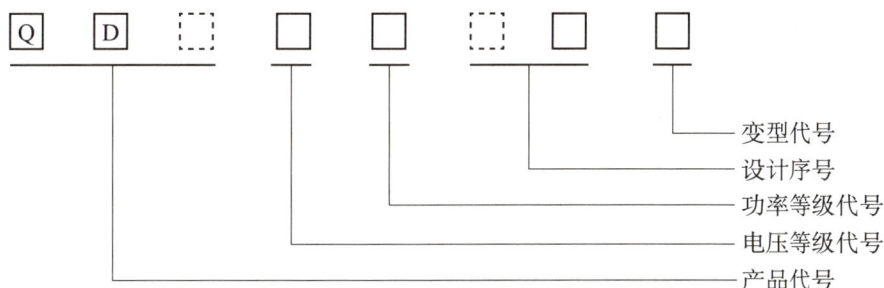

起动机编号规则示意图：
- Q D □ □ □ □ □ □
- 变型代号
- 设计序号
- 功率等级代号
- 电压等级代号
- 产品代号

（1）产品代号：有 QD、QDJ、QDY 三种，分别表示普通电磁式起动机、减速式起动机、永磁式起动机或永磁式减速起动机。字母"Q、D、J、Y"分别为汉字"起、动、减、永"汉语拼音的第一个大写字母。

（2）电压等级代号：用一位阿拉伯数字表示，如表 4-1-1 所示。

表 4-1-1　起动机的电压等级代号

电压等级代号	1	2	3	4	5	6
电压等级 / V	12	24	—	—	—	6

（3）功率等级代号，如表 4-1-2 所示。

表 4-1-2　起动机的功率等级代号

功率等级代号	1	2	3	4	5	6	7	8	9
功率 /kW	<1	1~2	2~3	3~4	4~5	5~6	6~7	7~8	>8

（4）设计序号按产品设计先后顺序，以 1~2 位阿拉伯数字组成。

（5）变型代号：主要电气参数和基本结构不变的情况下，一般电气参数的变化和某些结构改变称为"变型"，以汉语拼音大写字母 A、B、C……顺序表示。

❓ 思考：通过知识点 5 的学习，完成下面起动机型号的识读。

例：QD1225

课中实践

一 能力测评

二 工作任务

1.任务分组

班级		组号		指导老师	
组长		承担任务			
组员及分工	姓名			承担任务	

2.任务实践

作业内容	图 解	技术提要	记录
1 准备工作		1.工作场景：丰田卡罗拉教学用车 2.主要设备：教学用车、工具车、多媒体设备、工作台 3.辅助材料：翼子板布和前格栅布、三件套、抹布	
2 车辆的基本防护和安全检查		1.将车辆停放于水平地面，安装好车轮挡块 2.安装_____、_____和_____	

续表

作业内容	图　解	技术提要	记录
3 从蓄电池负极端子断开电缆		1. 关闭点火开关 2. 用＿＿扳手松开负极电缆	
4 举升车辆		1. 车辆举升到合适高度 2. 车辆举升过程中严禁周围站人或在其周围走动	
5 拆下端子盖		用＿＿撬开端子盖，露出螺栓	
6 拆下起动机正极螺母		选择适合的工具拆下螺栓	
7 取下端子	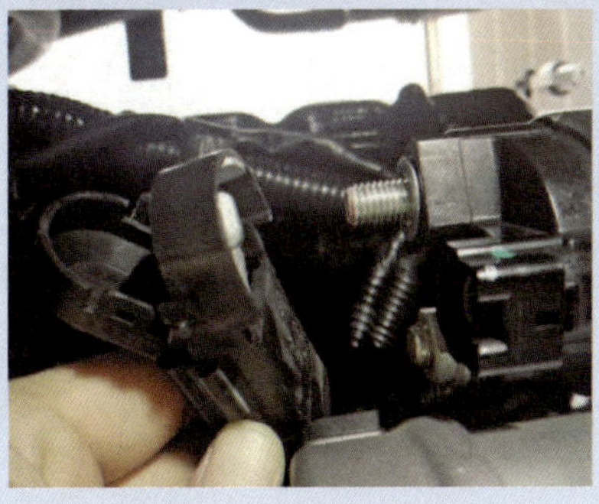	拆下螺栓后，取下端子	

续表

作业内容	图　解	技术提要	记录
8 断开 连接器		拔下连接起动机的插接器，注意插接器的拆卸方法	
9 拆下2个 螺栓		1. 选择合适的工具拆下两个固定螺栓 2. 螺栓松掉时需用手拖住起动机	
10 取下起 动机		取下起动机放在工具车上	
11 安装起动 机（与拆 起动机步 骤相反）		1. 更换新的起动机，将起动机按照规定扭矩安装在车上 2. 正确安装插接器	
12 工作场地 整理		1. 依次收起＿＿＿＿和＿＿＿＿＿，收齐后放回原位 2. 收回车轮挡块 3. 清洁车身、地面等 4. 整理车间，关闭用电设备开关 5. 对垃圾进行分类处理 6. 通过5S整理，养成良好的职业素养	

3. 实施总结

组内的分工	
熟练地运用	
存在的问题	
改进的措施	

三　学习目标达成情况

序号	学习内容（知识、技能、行为习惯、职业素养）	评价标准			
		了解知道	理解掌握	指导下操作	独立操作

课后延伸

一　理论测试

二　任务实施巩固

要求：对操作过程用思维导图方法进行总结，并写出更换起动机的注意事项。

任务 2 起动机的性能检测

任务案例

一辆通用雪佛兰科鲁兹轿车现无法启动，而用蓄电池测量仪测量蓄电池后，显示蓄电池电量充足。即使尝试多次启动发动机，起动机也无法运转。维修人员怀疑车上起动机损坏，针对此故障需要对起动机进行相关检测。

课前导入

同学们，为了完成本次工作任务，请在课前利用多种途径查阅资料，预习相关知识点，也可扫一扫右侧的"课前学习资料"二维码进行学习，掌握本工作任务中涉及的应知应会知识点。

课前学习资料

知识点 1 起动机保养

为保证起动机工作顺利，需要对起动机定期进行保养，保养内容如下。

（1）检查清洗起动机，拆下防尘带，检查换向器表面与炭刷的接触情况。换向器表面应平滑、清洁，接触面应大于85%，炭刷高度不应低于新电刷高度的2/3，炭刷弹簧压力应足够。炭刷弹簧压力太小时，应调整或更换。

（2）检查电磁开关触点表面，若有烧坏或有黑斑，应用0号砂纸磨掉。

（3）检查励磁线圈及线路状况，查看内部转动有无碰击。

❓ 思考：起动机有更换周期吗？起动机常见的故障现象是什么？

_____

_____

知识点 2 起动机使用注意事项

❓ 思考：发动机起动时起动机出现打齿现象，是什么原因？使用时应如何避免此类现象？

_____

_____

_____

（1）每次的启动时间不超过 5s，再次启动间隔不少于 15s，如连续三次不能启动，应停机进行检查，排除故障后再启动。

（2）若启动时驱动齿轮未进入齿圈啮合而出现打齿的噪声，应迅速停止启动，待电动机停转后再启动。

（3）发动机着火后应立即松开按钮，使驱动齿轮退回原位。

（4）严禁挂挡后离合器未分离就运转起动机，利用起动机驱动车辆移动。

课中实践

一　能力测评

二　工作任务

1. 任务分组

班级		组号		指导老师	
组长		承担任务			
组员及分工	姓名			承担任务	

2. 任务实践

作业内容	图　解	技术提要	记录
1 准备工作		1. 工作场景：起动机性能检测仪、连接电缆、起动机、工作台、110V 电源转换器 2. 主要设备：起动机、起动机性能检测仪 3. 辅助材料：抹布、挂历白纸、白板笔、卡片纸、喷胶	

作业内容	图　解	技术提要	记录
2 安装 110V 电源转换 器插头		牢固安装____V 电源转换器插头，插上____V 电源插头	
3 打开 110V 电源转换 器开关		电源先插上___V 电源转换器开关	
4 打开起动 机检测仪 开关		打开起动机检测仪开关	
5 打开测试 开关		检查测试开关指示灯亮不亮	
6 牢固放置 起动机		放置起动机时，应保证较牢固地固定在支架上	

作业内容	图　解	技术提要	记录
7 连接起动 机测试 线束		对照电路图将起动机各端子可靠连接 线束	
8 选择语言 类型		选择操作语言类型	
9 选择"Test Starter"（起 动机测试）		选择起动机测试系统，需熟悉起动机英 文全称	
10 选择 "New Unit"（新 单元）		选择新单元，看清选项	
11 选择 "OTC Part"（OTC 配件号）		选择 OTC 配件号进入测试系统	

续表

作业内容	图　解	技术提要	记录
12 选择起动机型号		查询起动机型号，进入该型号开始测试	
13 检查连线是否正确，按"Continue"（继续）	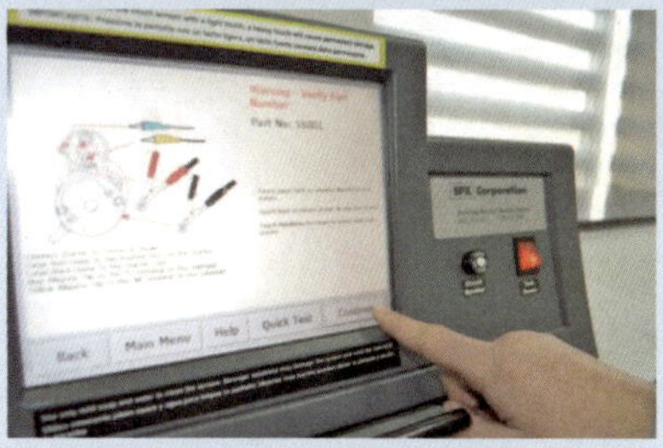	根据仪器上显示，认真查看安装位置是否正确，确保无误后继续下一步	
14 按"OK"确定测试	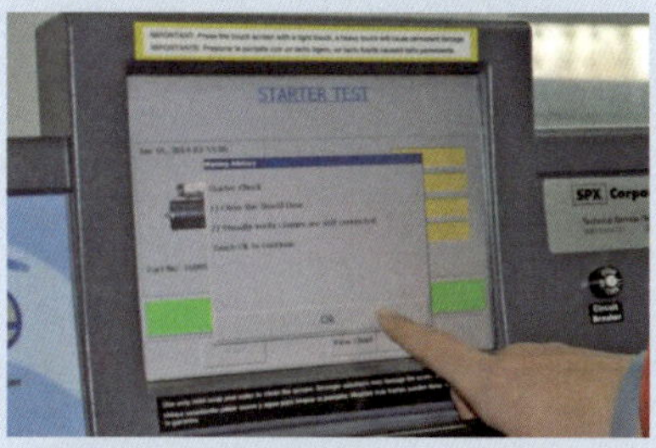	按"OK"键进行测试	
15 关闭测试仪护盖		在开始测试之前应先将_____关闭	
16 按"Touch to START Test"（开始测试）	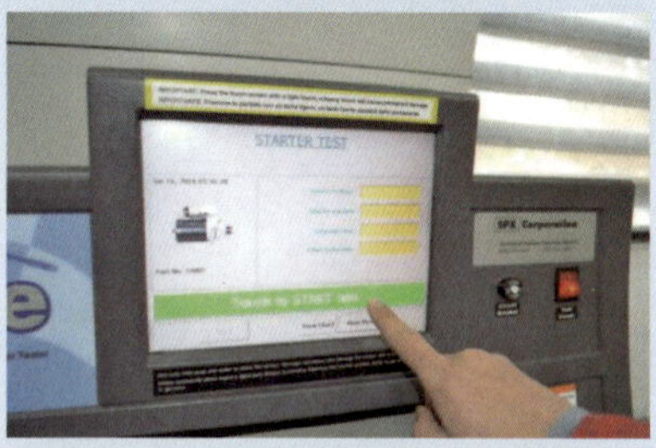	点击开始测试按键，在开始点击时应该检查周围环境，确保安全操作	
17 结果显示	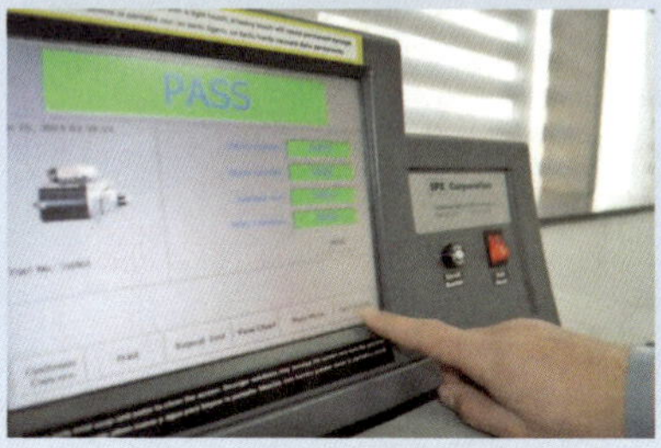	查看显示结果，点击数据显示进入下一步	

续表

作业内容	图　解	技术提要	记录
18 记录数据		查看后详细记录测试数据并学会分析	
19 工作场地 整理		1. 整理车间，关闭用电设备开关 2. 对垃圾进行分类处理 3. 通过 5S 整理，养成良好的职业素养	

3. 实施总结

组内的分工	
熟练地运用	
存在的问题	
改进的措施	

三　学习目标达成情况

序号	学习内容（知识、技能、行为习惯、职业素养）	评价标准			
		了解知道	理解掌握	指导下操作	独立操作

课后延伸

一 理论测试

二 任务实施巩固

要求：对任务点的内容和知识点进行总结，写出需要改进的地方。

项目 ❺
汽车点火系统检修

项目描述

通过学习汽车点火系统检修的知识，理解点火系统的功用及要求和点火系统的分类及组成，说出电控点火系统的工作原理，分析爆震传感器和点火模块的控制电路，能够对爆震传感器和点火模块的控制电路进行检测。

学习目标

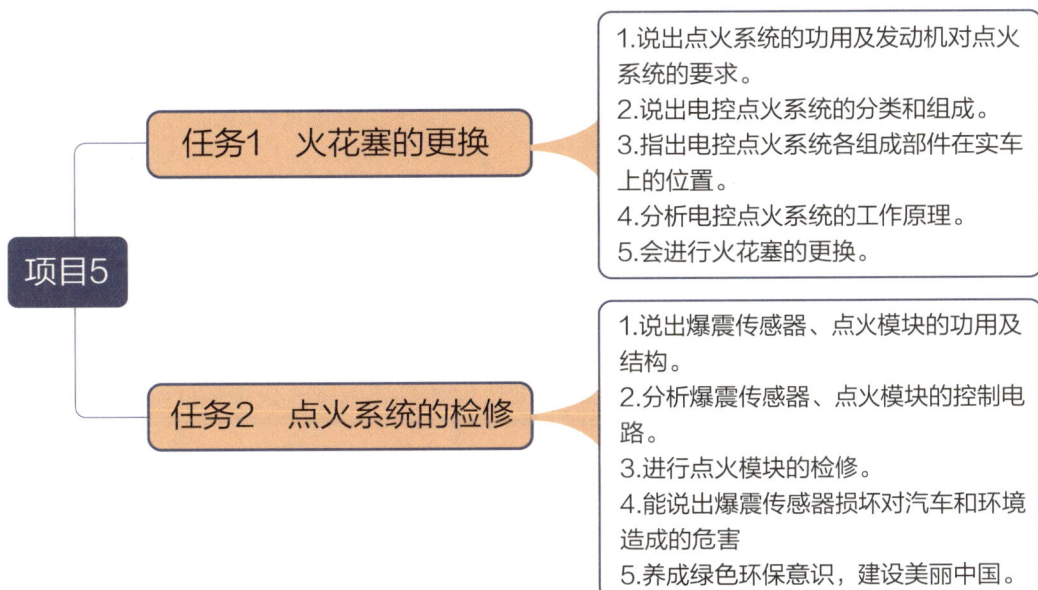

任务1　火花塞的更换	1.说出点火系统的功用及发动机对点火系统的要求。 2.说出电控点火系统的分类和组成。 3.指出电控点火系统各组成部件在实车上的位置。 4.分析电控点火系统的工作原理。 5.会进行火花塞的更换。
项目5	
任务2　点火系统的检修	1.说出爆震传感器、点火模块的功用及结构。 2.分析爆震传感器、点火模块的控制电路。 3.进行点火模块的检修。 4.能说出爆震传感器损坏对汽车和环境造成的危害 5.养成绿色环保意识，建设美丽中国。

任务 1　火花塞的更换

任务案例

　　丰田卡罗拉品牌 4S 店的维修部接到一辆轿车维修业务，该车车主反映最近车辆经常出现难启动、无故熄火的情况，有时候在车辆行驶的过程中出现抖动的情况。经检查，技术人员确认该车火花塞出现故障，针对此故障需要将火花塞从车上取出，并进行相关检测。

课前导入

　　同学们，为了完成本次工作任务，请在课前利用多种途径查阅资料，预习相关知识点，也可扫一扫右侧的"课前学习资料"二维码进行学习，掌握本工作任务中涉及的应知应会知识点。

课前学习资料（视频）　　课前学习资料

知识点 1　点火系统的功用及要求

1. 点火系统的功用

　　点火系统的功用是将汽车的低电压变为高压电，并适时送到点火缸火花塞，击穿火花塞间隙，点燃混合气，使发动机做功。

2. 发动机对点火系统的要求

（1）能产生足以击穿火花塞间隙的电压

　　火花塞电极击穿而产生火花时所需要的电压称为"击穿电压"。点火系统产生的次级电压必须高于击穿电压，才能使火花塞跳火。

（2）火花应具有一定的能量

　　发动机正常工作时，由于混合气压缩终了的温度接近其自燃温度，仅需要 1～5MJ 的火花能量。

（3）点火时间应适应发动机的工况

　　点火系统应按发动机的工作顺序进行点火。

　　实际点火提前角 = 初始点火提前角 + 基本点火提前角 ± 修正点火提前角

　　❓ 思考：点火提前角大小的影响因素有哪些？

_____

_____

　　（1）如果点火过迟，即活塞到达上止点时才点火，则混合气的燃烧主要在活塞下行过程中完成，即燃烧过程在容积增大的情况下进行，使炽热的气体与气缸壁接触的面积增大，转变为有效功的热量相对减少，气缸内最高燃烧压力降低，导致发动机过热，功率下降。

（2）如果点火过早，由于混合气的燃烧完全在压缩过程进行，气缸内的燃烧压力急剧升高，在活塞到达上止点之前即达到最大，使活塞受到反冲，发动机做负功，不仅使发动机的功率降低，还有可能引起爆燃和运转不平稳现象，加速运动部件和轴承的损坏。

实践证明，燃烧最大压力出现在上止点后 10°～15° 时，发动机的输出功率最大，此时所对应的点火提前角为最佳点火提前角。使用中，随发动机工况的变化，最佳点火提前角会相应改变。因此，必须随使用情况及时调整点火提前角。

点火提前角的主要影响因素如下。

（1）发动机转速。随转速增加，压缩过程所用时间缩短，散热及漏气损失减少，压缩终了工质的温度和压力较高，使曲轴转角的着火落后期增长。为此，在转速增加时，应自动增大点火提前角，以保证燃烧过程在上止点附近完成。

（2）发动机负荷。转速一定时，随负荷减小，进入气缸的新鲜混合气量减少，而残余废气量基本不变，这使残余废气所占比例相对增加，而残余废气对燃烧反应起阻碍作用，故使燃烧速度减慢。为保证燃烧过程在上止点附近完成，需增大点火提前角。

总结：用思维导图对点火提前角的影响因素进行总结。

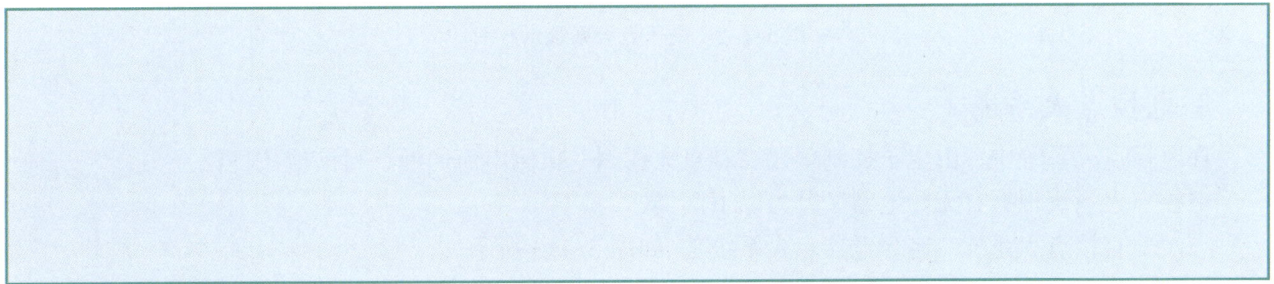

知识点 2　点火系统的分类

1. 传统点火系统

断电器触点开闭控制点火线圈一次侧电流通断，其基本组成如图 5-1-1 所示，目前已被淘汰。

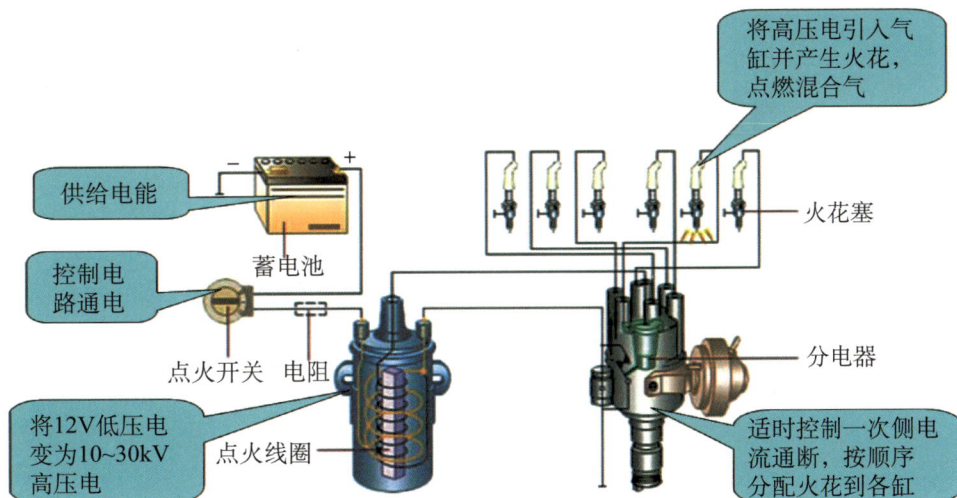

图 5-1-1　传统点火系统示意图

2. 电子点火系统

电子点火器中的大功率三极管控制点火线圈一次侧电流通断，其基本组成如图 5-1-2 所示，正在被淘汰。

点火器：控制一次侧电流通断

信号发生器：产生脉冲电压信号

1—电源；2—点火开关；3—点火线圈；4—中央高压线；5—分电器；
6—分缸高压线；7—火花塞；8—信号发生器；9—点火控制器

图 5-1-2 电子点火系统示意图

3. 电控点火系统

在电控点火系统中，由电子控制单元控制点火线圈一次侧电流通断，目前应用广泛。
电控点火系统根据有无分电器又分为以下两类：
（1）非直接点火系统（有分电器点火系统），如图 5-1-3 所示。
（2）直接点火系统（无分电器点火系统），如图 5-1-4 所示。

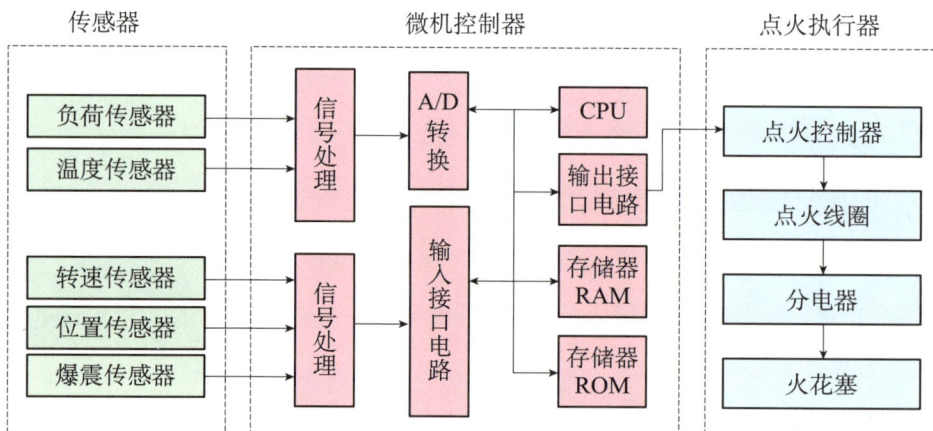

图 5-1-3 微机控制非直接点火系统示意图

现在多数轿车上已使用电控直接点火系统，其与电控发动机相匹配。因此，在本项目学习过程中主要介绍电控直接点火系统。

❓ 思考：通过查询资料，试分析电控点火系统的优点。

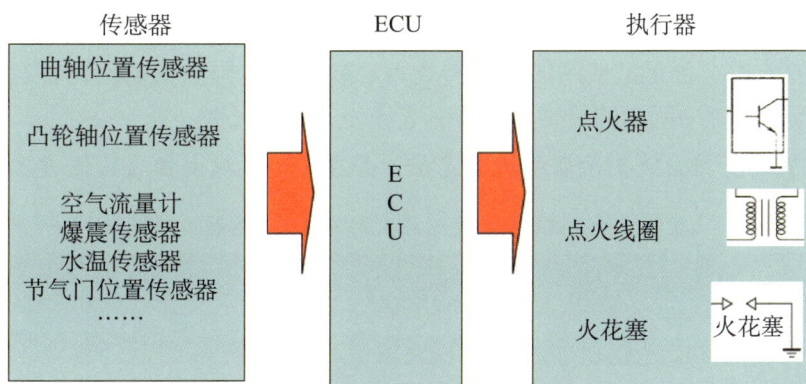

图 5-1-4　微机控制直接点火系统示意图

❓ 思考：结合实车，判断某一车型点火系统的类型，并在实车上找到各组成部分。

知识点 3　电控直接点火系统的基本组成

微机控制直接点火系统主要由电源、传感器、电控单元（ECU）、点火线圈、点火器和火花塞等组成。下面以丰田卡罗拉 IZR-FE 发动机点火系统为例进行介绍，如图 5-1-5 所示。

1. 传感器

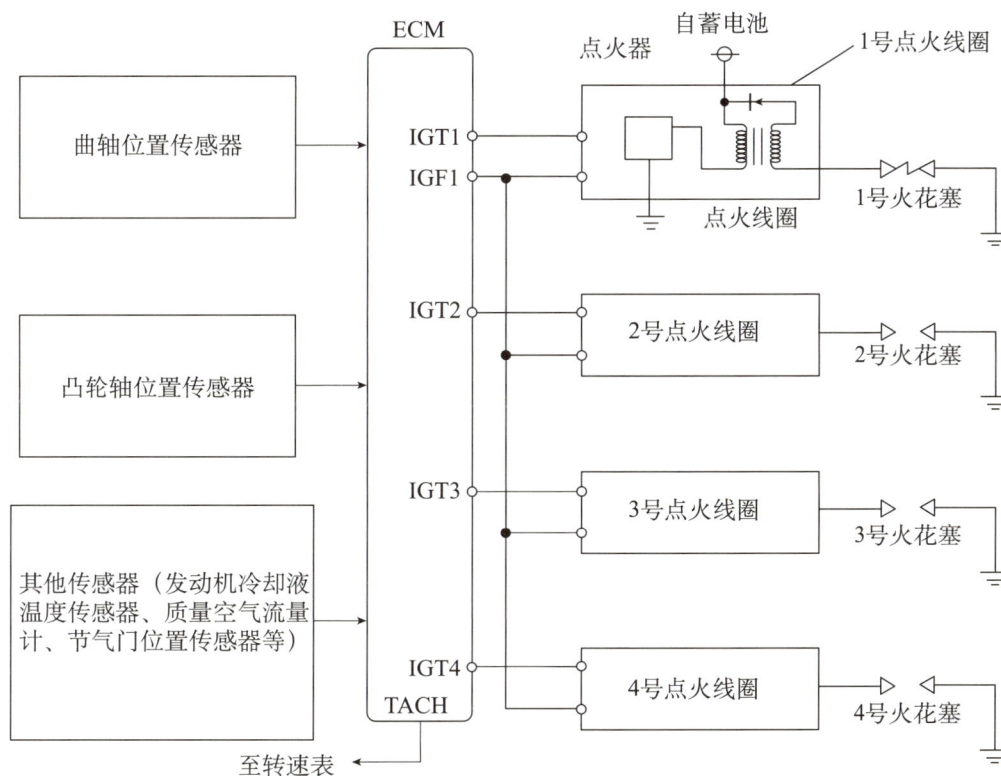

图 5-1-5　丰田卡罗拉 IZR-FE 发动机点火系统组成

传感器用来不断地检测与点火有关的发动机工作状况信息，并将检测结果输入电控单元，作为运算和控制点火时刻的依据。各车型使用的传感器类型、数量、结构及安装位置各有不同，但其作用大同小异。电控直接点火系统中所用的传感器主要有表 5-1-1 所列几种。

❓ 思考：通过查询资料，将下面表格填写完整，并在实车中找出相应的传感器位置。

表 5-1-1　微机控制直接点火系统中各传感器的作用

传感器	作用
曲轴位置传感器	
凸轮轴位置传感器	
空气流量计	
爆震传感器	
冷却液温度传感器	
氧传感器	
节气门位置传感器	
车速传感器	
空调开关	
进气温度传感器	
点火开关	

2. 电控单元（ECU）

电控单元（ECU）的作用是根据发动机传感器的输入信息及内存数据，进行运算、处理、判断，然后输出指令（信号），控制执行器的动作，达到快速、准确控制发动机的工作目的。

电控单元的基本构成如图 5-1-6 所示，它包括输入回路、输出回路、A/D 转换器、微型计算机以及电源电路、备用电路等。

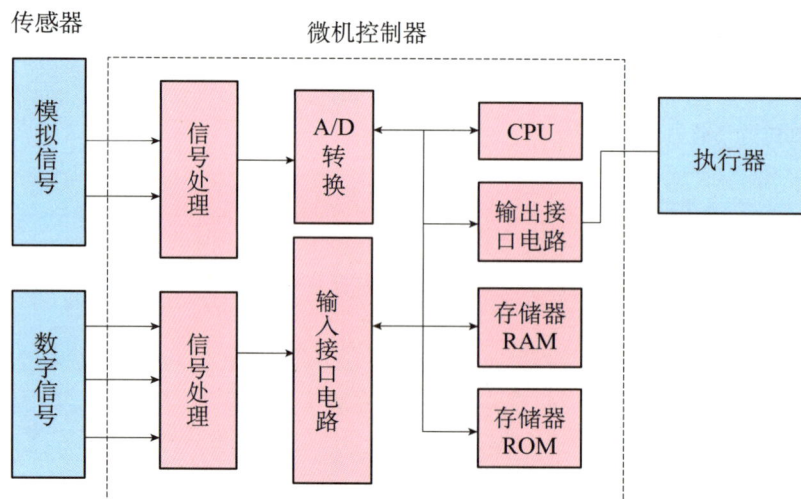

图 5-1-6　电控单元基本组成

？ 思考：数字信号与模拟信号的区别是什么？举例说明。

_____

_____

_____

_____

3. 点火器

点火器是综合控制的执行器之一，点火器的作用是根据ECU的指令，通过内部的大功率三极管的导通和截止，控制一次侧电流的通断，完成点火工作。

提示：各种发动机的点火器结构各不相同，有的点火器除接通、切断一次侧电路的功能外，还有恒流控制、闭合角控制、气缸判别、点火监视等功能。也有的发动机不设点火器，将控制一次侧电路的大功率三极管设在控制器（ECU）内部。

拓展知识

三极管具有放大特性，而在汽车上常用的是其开关特性。三极管的开关特性具有两种状态：导通和截止。相当于开关的ON和OFF。三极管的导通和截止取决于基极有没有电流通过。

①导通（ON）：IB≠0，三极管基极有电流通过，达到其导通电流，三极管导通。

②截止（OFF）：IB=0，三极管基极无电流通过，三极管截止。

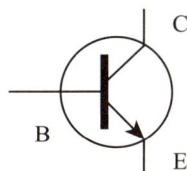

4. 点火线圈

（1）作用和组成

点火线圈主要由初级绕组、次级绕组和铁芯等组成。在点火系统中，利用点火线圈将低压电12V变为几千甚至几万伏的高电压，使火花塞产生电火花。

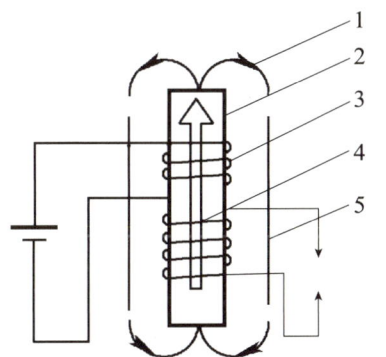

1—磁力线；2—铁芯；3—初级绕组；
4—次级绕组；5—导磁钢套

图5-1-7　开磁路点火线圈的磁路

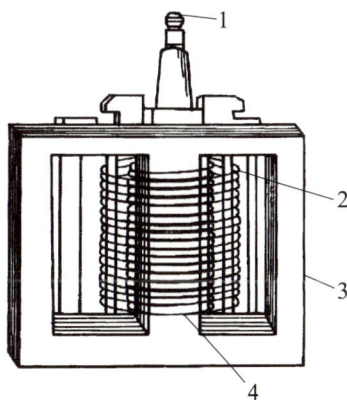

1—中央高压线接线柱；2—次级绕组；
3—铁芯；4—初级绕组

图5-1-8　闭磁路点火线圈的结构

（2）分类

点火线圈按铁芯形状不同可分为开磁路式（见图5-1-7）和闭磁路式（见图5-1-8和图5-1-9）。与微机控制电子点火系统所匹配的点火线圈为专用高能点火线圈，一般采用闭磁路式，其能量损失小，对外电磁干扰小。

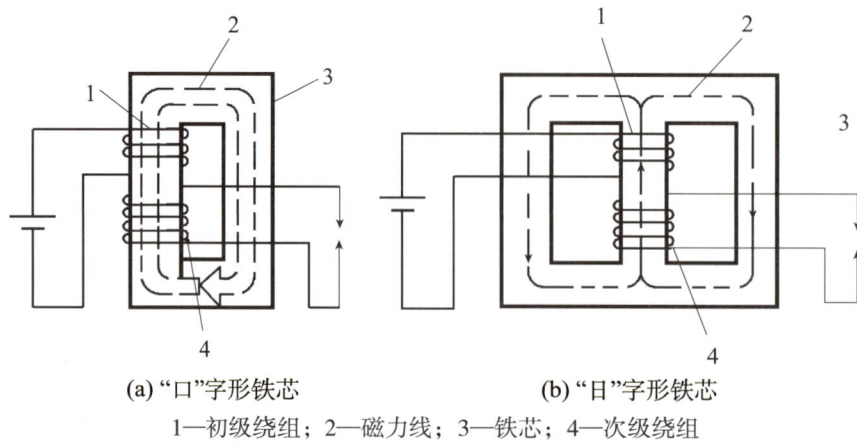

(a) "口"字形铁芯　　　　　　(b) "日"字形铁芯

1—初级绕组；2—磁力线；3—铁芯；4—次级绕组

图 5-1-9　闭磁路点火线圈的磁路

（3）工作原理

点火线圈之所以能将车上低压电变成高压电，是由于有与普通变压器相同的形式，且初级绕组与次级绕组的匝数比大，如图 5-1-10 所示。但点火线圈工作方式却与普通变压器不一样，普通变压器是连续工作的，而点火线圈则是断续工作的，它根据发动机不同的转速以不同的频率反复进行储能及放能。

图 5-1-10　点火线圈匝数

当初级绕组接通电源时，随着电流的增长四周产生一个很强的磁场，铁芯储存了磁场能；当开关装置使初级绕组电路断开时，初级绕组的磁场迅速衰减，次级绕组就会感应出很高的电压。初级绕组的磁场消失速度越快，断开瞬间的电流越大；两个绕组的匝数比越大，则次级绕组感应出来的电压越高。

5. 火花塞

❓ 思考：请查询至少三种不同车辆所使用的火花塞类型，并完成以下表格。

车辆名称			
火花塞类型			
使用寿命			
价格			
优点			
缺点			

（1）作用

其功用是将高压电引入燃烧室，产生电火花，点燃混合气。

（2）对火花塞的要求

①火花塞必须有足够的机械强度。

②它应有足够的绝缘强度，能承受 30kV 高压。

③火花塞不但要耐高温，而且还要能承受温度剧变，不出现局部过冷或过热。

④火花塞要耐腐蚀。

⑤要有合适的电极间隙。

⑥火花塞安装位置要合适，以保证有合理的着火点。

（3）火花塞的结构

火花塞主要由接触头、瓷绝缘体、中心电极、侧电极和壳体等部分组成，如图 5-1-11 所示。

（4）火花塞的热特性

在发动机运转的全工况中，若火花塞绝缘体裙部能保持在自净温度和上限温度之间，则火花塞对该发动机是适应的，超过此温度范围，火花塞将失去功能。这种性能称为火花塞的"热特性"。一般用热值来表示火花塞的热特性。热值分为"热型"和"冷型"。热值数字越高，表明火花塞越冷。冷型和热型火花塞特点及适用场合如表 5-1-2 所示，其结构区别如图 5-1-12 所示。

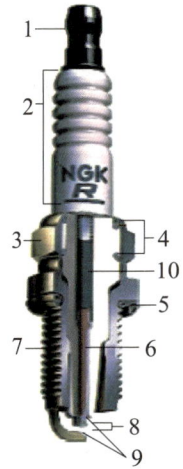

1—接线螺母；2—高氧化铝陶瓷绝缘体；3—钢质壳体（六角形）；4—内垫圈（密封导热）；5—密封垫圈；6—中心电极导电杆；7—火花塞裙部螺纹；8—电极间隙；9—中心电极和侧电极；10—去干扰电阻

图 5-1-11　火花塞的结构

表 5-1-2　冷型与热型火花塞的特点及适用场合

火花塞类型	特点	适用场合
冷型	裙部较短，吸热少，散热易，温度低	适用于大功率、高压缩比、高转速的发动机
热型	裙部较长，吸热多，散热难，温度高	适用于功率、转速和压缩比较低的发动机

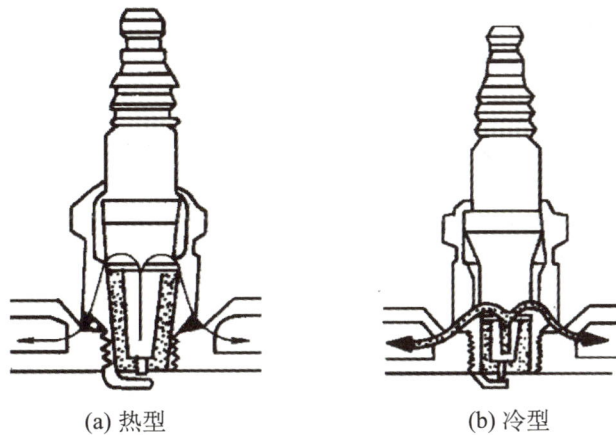

(a) 热型　　　　　　　　(b) 冷型

图 5-1-12　冷型和热型火花塞

📢)) 提示：

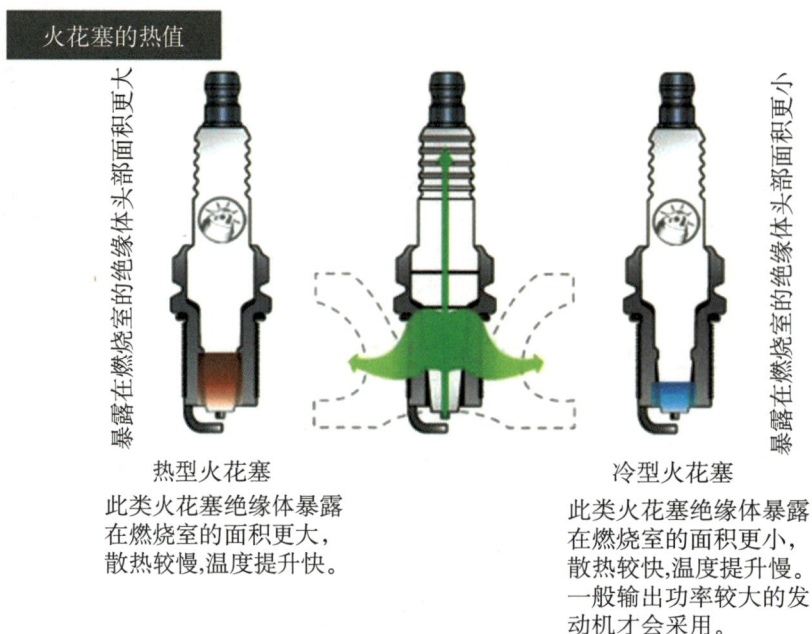

火花塞的热值

暴露在燃烧室的绝缘体头部面积更大

热型火花塞
此类火花塞绝缘体暴露
在燃烧室的面积更大，
散热较慢,温度提升快。

冷型火花塞
此类火花塞绝缘体暴露
在燃烧室的面积更小，
散热较快,温度提升慢。
一般输出功率较大的发
动机才会采用。

暴露在燃烧室的绝缘体头部面积更小

热值代号 1、2、3 为热型火花塞；

热值代号 4、5、6 为中型火花塞；

热值代号 7、8、9、10、11 为冷型火花塞

（5）火花塞的类型

火花塞大体上有如图 5-1-13 所示的几种类型。

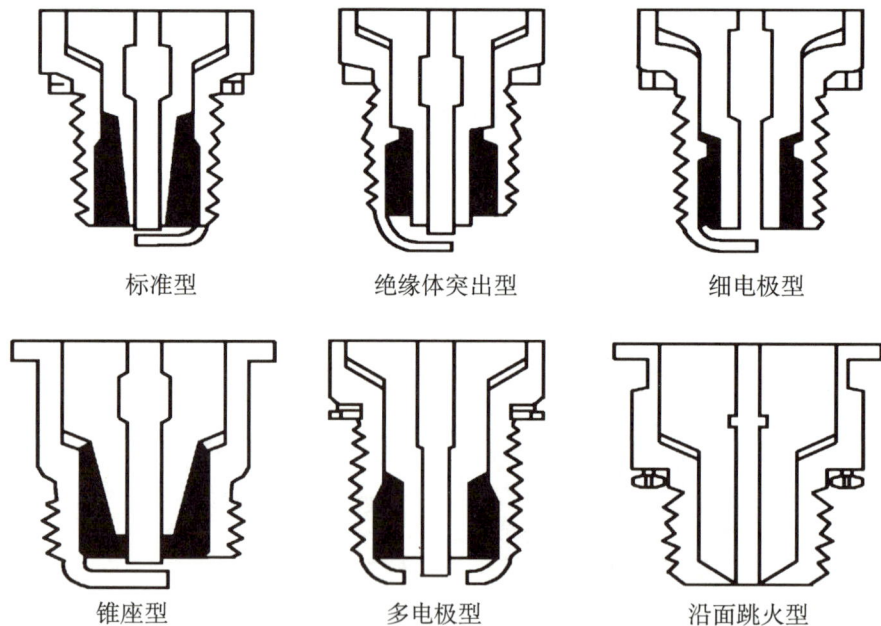

标准型　　　　　　绝缘体突出型　　　　　　细电极型

锥座型　　　　　　多电极型　　　　　　沿面跳火型

图 5-1-13　火花塞的类型

①标准型火花塞。其绝缘体裙部略缩入壳体端面，侧电极在壳体端面以外，是使用最广泛的一种。

②绝缘体突出型火花塞。绝缘体裙部较长，突出于壳体端面以外。它具有吸热量大、抗污能力好

等优点，且能直接受到进气的冷却而降低温度，因而也不易引起炽热点火，故适应范围广。

③细电极型火花塞。其电极很细，特点是火花强烈，点火能力好，在严寒季节也能保证发动机迅速可靠地起动，热范围较宽，能满足多种用途。

④锥座型火花塞。其壳体和旋入螺纹制成锥形，因此不用垫圈即可保持良好密封，从而缩小了火花塞体积，对发动机的设计更为有利。

⑤多电极型火花塞。侧电极一般有两个或两个以上，优点是点火可靠，间隙不需经常调整，故在电极容易烧蚀和火花塞间隙不能经常调节的一些汽油机上常常采用。

⑥沿面跳火型火花塞。即沿面间隙型，它是一种最冷型的火花塞，其中心电极与壳体端面之间的间隙是同心的。

（6）火花塞间隙

传统点火系统的火花塞间隙一般为 0.6~0.8mm，现在微机控制点火系统的火花塞间隙一般为 1.0~1.2mm，如图 5-1-14 所示。火花塞的间隙可用厚薄规进行测量。

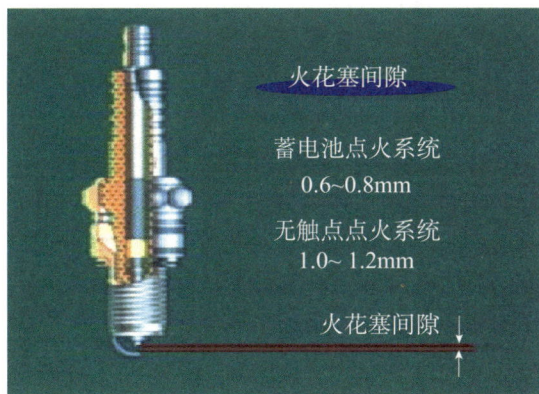

图 5-1-14　火花塞间隙

❓ 思考：在进行火花塞更换的时候，是不是越贵的火花塞越好，如果不是，应该考虑哪些因素？请写出你的调查。

_____

_____

_____

知识点 4　电控直接点火系统的工作原理

如图 5-1-15 所示，微机控制直接点火系统的工作原理可归纳为三步：

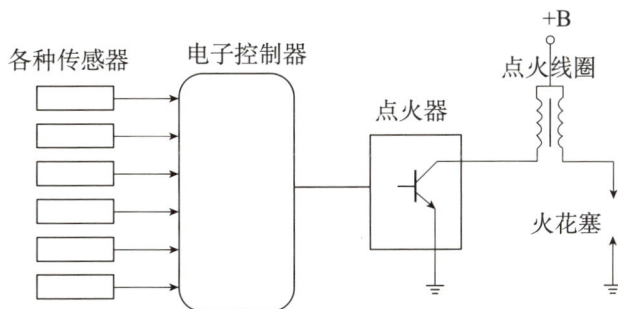

图 5-1-15　微机控制直接点火系统的工作原理示意图

（1）初级绕组通电。各种传感器把检测的信号传递给电控单元（ECU），ECU 经过分析，当该缸不需要点火时，则给点火器的基极加高电平的电（$I_B \neq 0$），点火器（三极管）导通，初级绕组通电，无次级高压。

（2）初级绕组断电，次级绕组产生高压电。当该缸要点火时，ECU 经过计算、分析，得出最佳的点火提前角，控制点火器基极，给点火器基极加低电平（$I_B=0$），点火器（三极管）截止，初级绕组断电，在此瞬间次级绕组产生高压电。

（3）击穿火花塞间隙，点燃可燃混合气。

知识点 5 典型车型微机控制直接点火系统分析

以丰田卡罗拉车型为例，系统分析点火系统的控制原理，如图5-1-16所示。

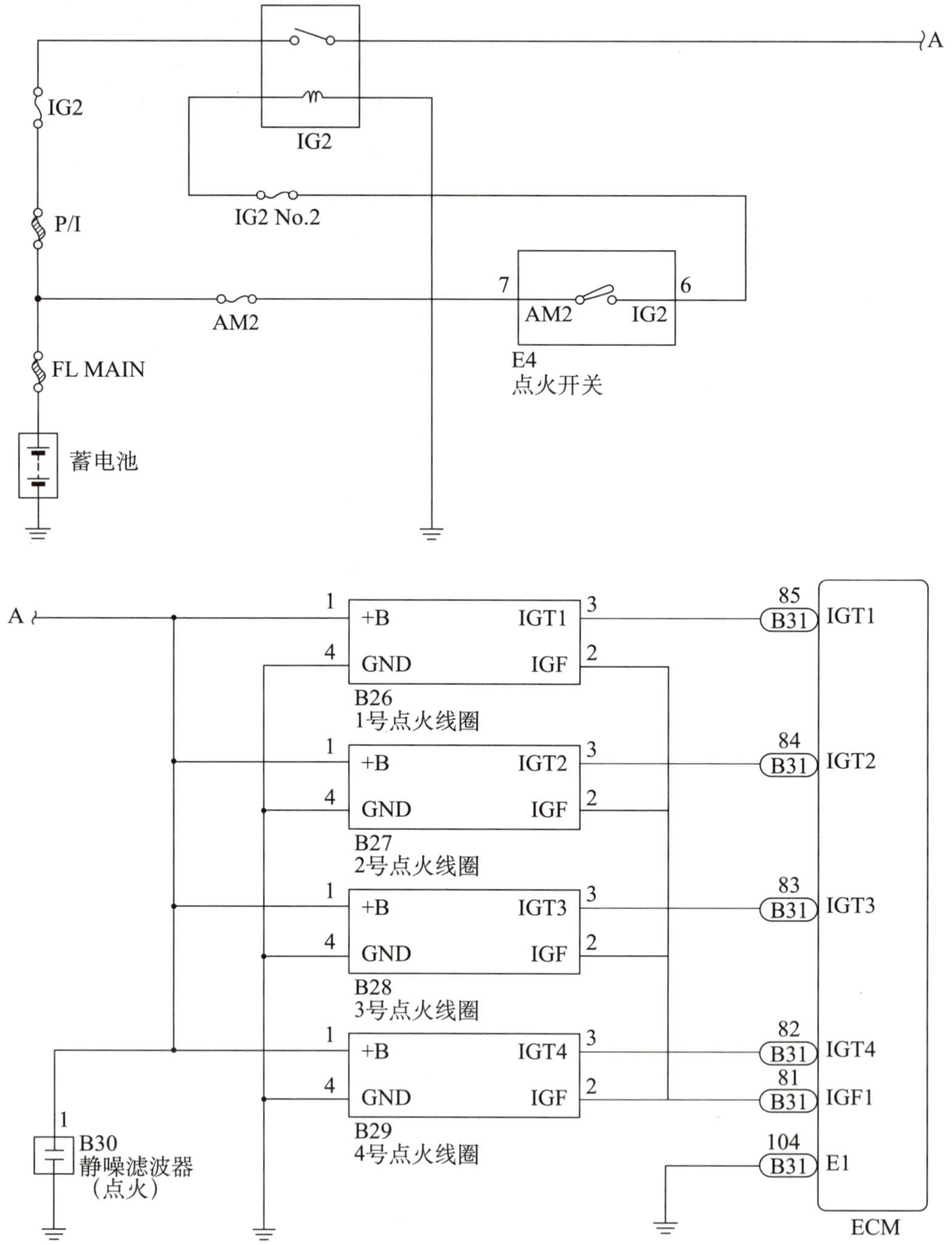

图5-1-16　丰田卡罗拉点火系统控制电路图

本车使用直接点火系统（DIS）。DIS是单缸点火系统，其中每一个气缸由一个点火线圈点火，火花塞连接在各个次级绕组的末端。次级绕组中产生的高电压直接作用到各个火花塞上。火花塞产生的火花通过中央电极到达搭铁电极。

　　结合上图，以点火线圈为中心，该点火系统的控制电路接线如表 5-1-3 所示。电源系统给点火线圈 1 通电，通过各传感器把检测的信号传递给电子控制单元 ECM，在 ECM 确定点火正时并向每个气缸发送点火信号（IGT）。ECM 根据 IGT 信号接通或关闭点火器内的功率晶体管（三极管）的电源。功率晶体管进而接通或断开流向初级绕组的电流。当初级绕组中的电流被切断时，次级绕组中产生高压。此高压被施加到火花塞上并使其在气缸内部产生火花。一旦 ECM 切断初级绕组电流，点火器会将点火确认信号（IGF）发送回 ECM，用于各气缸点火。

表 5-1-3　丰田卡罗拉点火线圈控制电路连接表

点火线圈针脚号	连接电路
1#	接电源电路
2#	接 ECM 的 IGF 信号
3#	接 ECM 的 IGT 信号
4#	接地

　　◁))) 提示：

　　1. 点火控制信号——IGT

　　IGT 实际上就是点火器中功率晶体管的通断控制信号。它是 ECU 输出到点火组件的点火命令信号，也是点火组件计算闭合角的基准信号。IGT 信号输出后，在活塞位置达到存储器所记忆的最佳点火时间时，IGT 信号消失，也就是发出了点火指令。

　　2. 点火反馈信号——IGF

　　当点火成功后给 ECU 一个信号。当 ECU 接收不到此信号，则立即停止该缸喷油，该缸不工作。

　　⚠ 注意：并非所有车都有点火反馈信号 IGF，可根据车型电路图判断该车型是否有此信号。

课中实践

一　能力测评

二　工作任务

1. 任务分组

班级		组号		指导老师	
组长		承担任务			

续表

组员及分工	姓名	承担任务

2. 任务实施

作业内容	图解	技术提要	记录
1 工作准备		1. 工作场景：雪佛兰科鲁兹教学用车 2. 主要设备：教学用车、工具车、多媒体设备、工作台 3. 辅助材料：翼子板布和前格栅布、三件套、抹布、挂历白纸、白板笔、卡片纸、喷胶	
2 车辆的基本防护和安全检查		1. 将车辆停放于水平地面，安装_____ 2. 安装翼子板布、前格栅布和_____ 3. 安装_____ 4. 检查挡位，变速杆置于___挡；检查驻车制动器，手柄应拉紧	
3 断开蓄电池负极		1. 关闭_____ 2. 将负极电缆放置_____ 所需工具：_____	
4 拆下点火线圈连接器		用手解除连接器的闭锁装置，拆下连接器	

作业内容	图　解	技术提要	记录
5 拆下点火线圈固定螺栓		1. 选择____套筒 2. 拆卸螺母时应选择正确旋转方向 3. 取下螺栓	
6 取出点火线圈		用双手拿住点火线圈，稍微用力往上抬，取出点火线圈	
7 取出火花塞		用专用工具（对应规格）旋松火花塞，从而取出火花塞	
8 火花塞跳火试验		1. 做跳火试验时，应保持发动机表面的清洁，尤其是发动机上应该无机油滴漏在其表面 2. 所用的火花塞不是该缸的火花塞，而需准备一个完好的火花塞 3. 通过观察火花塞的跳火，可判断点火系统的故障。如火花塞跳火情况良好，表明电路部分工作正常；否则电路部分有故障	
9 工作场地整理		1. 依次收起_____和_____，收齐后放回原位 2. 收回车轮挡块 3. 清洁车身、地面等 4. 整理车间，关闭用电设备开关 5. 对垃圾进行分类处理 6. 通过 5S 整理，养成良好的职业素养	

3. 实施总结

组内的分工	
熟练地运用	
存在的问题	
改进的措施	

三 学习目标达成情况

序号	学习内容（知识、技能、行为习惯、职业素养）	评价标准			
		了解知道	理解掌握	指导下操作	独立操作

》》 课后延伸

一 理论测试

二 任务实施巩固

？ 思考：课后收集不同类型火花塞损坏的图片，并查询引起损坏的原因。我们作为未来的汽车维修人员，应该如何进行维修，与小组间进行交流。

任务 2　点火系统的检修

任务案例

通用科鲁兹品牌 4S 店的维修部接到一辆轿车维修业务，该车车主发现车子在怠速情况下有明显的抖动，同时排气管抖动厉害，能够清晰地听到"突突"的声音。经检查，技术人员确认为汽车点火系统故障，针对此故障需要对点火系统的相关组件进行检测。

课前导入

同学们，为了完成本次工作任务，请在课前利用多种途径查阅资料，预习相关知识点，也可扫一扫右侧的"课前学习资料"二维码进行学习，掌握本工作任务中涉及的应知应会知识点。

课前学习资料
（视频）

课前学习资料

知识点 1　爆震传感器的检修

爆震是指燃烧室内的混合气产生自燃的不正常现象。由于爆震会产生高强度的压力波冲击燃烧室，所以不仅能听到尖锐的金属声，还会对发动机的部件产生较大的影响。点火时间过早是产生爆震的主要原因。为了使发动机以最大功率运行，最好能把点火时间提前到发动机刚好不至于发生爆震的范围，所以必须要在点火系统中增设爆震传感器（见图 5-2-1）。它的功用是检测发动机有无爆震现象，并将信号送入发动机 ECU，以便更好控制点火时刻（见图 5-2-2），防止爆震。有爆震则推迟点火时刻，无爆震则提前点火时刻，使点火时刻在任何工况都保持最佳值，如图 5-2-3 所示。

图 5-2-1　爆震传感器

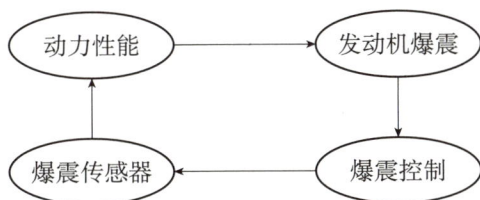

图 5-2-2　爆震传感器作用

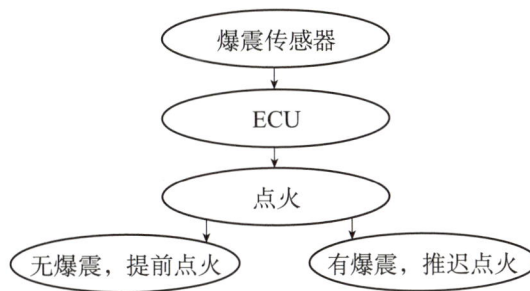

图 5-2-3　爆震控制原理图

❓ 思考：分析发动机在不同转速和负荷下，爆震传感器如何保持最佳的点火时刻。

_____

_____

_____

_____

知识点 2　爆震传感器的结构及工作原理

1. 磁致伸缩式爆震传感器

　　磁致伸缩式爆震传感器的结构如图 5-2-4 所示，内部有永久磁铁、靠永久磁铁激磁的强磁性铁芯以及铁芯周围的线圈。其工作原理是：当发动机的气缸体出现振动时，该传感器在 7kHz 左右处与发动机产生共振，强磁性材料铁芯的导磁率发生变化，致使永久磁铁穿芯的磁通密度也发生变化，从而在铁芯周围的绕组中产生感应电动势，并将这一电信号输入 ECU。

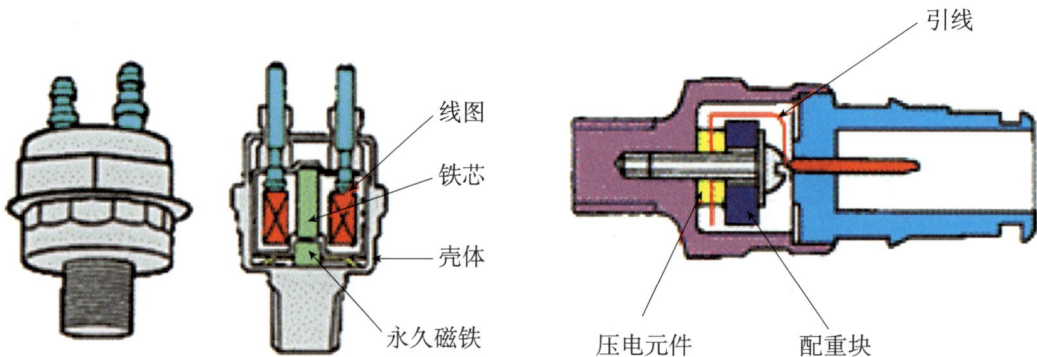

图 5-2-4　磁致伸缩式爆震传感器

图 5-2-5　压电式爆震传感器

2. 压电式爆震传感器

　　压电式爆震传感器的结构如图 5-2-5 所示。这种传感器利用结晶或陶瓷多晶体的压电效应而工作，也有利用掺杂硅的压电电阻效应的。该传感器的外壳内装有压电元件、配重块及引线等。其工作原理是：当发动机的气缸体出现振动传递到传感器外壳上时，外壳与配重块之间产生相对运动，夹在这两者之间的压电元件所受的压力发生变化，从而产生电压。ECU 检测出该电压，并根据其值的大小判断爆震强度。其检测原理如下：

知识点 3　爆震传感器的控制电路

　　以丰田卡罗拉的爆震传感器为例进行分析。该车型的爆震传感器安装在发动机缸体上，采用的是压电式爆震传感器，其控制电路如图 5-2-6 所示。该传感器共有两个接线端：1# 端接地（EKNK）；2# 端接 ECM。爆震传感器把检测的各缸爆震信号传递给 ECM，ECM 经过分析、计算，从而判断是否产生爆震，适当调整点火提前角，使发动机功率达到最大。

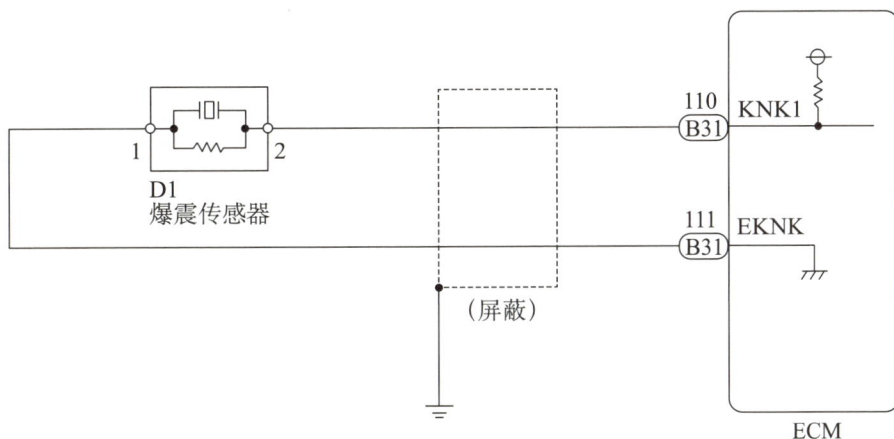

图 5-2-6　丰田卡罗拉爆震传感器控制电路

知识点 4　点火模块的作用及控制电路

1. 点火模块的作用

点火模块主要由初级绕组、次级绕组和铁芯等组成。在点火系统中，利用点火线圈将低压电 12V 变为几千伏甚至几万伏的高电压，使火花塞产生电火花。

下面以丰田卡罗拉点火模块为例进行介绍，其安装位置如图 5-2-7 所示。

图 5-2-7　丰田卡罗拉点火模块的安装位置

2. 点火模块的控制电路

丰田卡罗拉点火系统为单缸直接点火，四缸各对应一个点火模块（分别是 B26、B27、B28、B29），四个点火模块控制电路相同，如图 5-2-8 所示。

每缸点火模块各有四根引出线：1—电源；2—点火反馈信号 IGF，接到电控单元 B31 的 81 号针脚；3—点火控制信号 IGT1（其中 1 代表一缸的点火控制信号线，依次类推），接到电控单元 B31 的 85 号针脚（四个缸的点火控制信号线单独接电控单元 B31，IGT1—B31-85，IGT2—B31-84，IGT3—B31-83，IGT4—B31-82）；4—接地。点火模块四根引出线在实物上的位置如图 5-2-9 所示，其针脚号在插接器上有标明。电控单元 B31 在实车上的位置如图 5-2-10 所示。

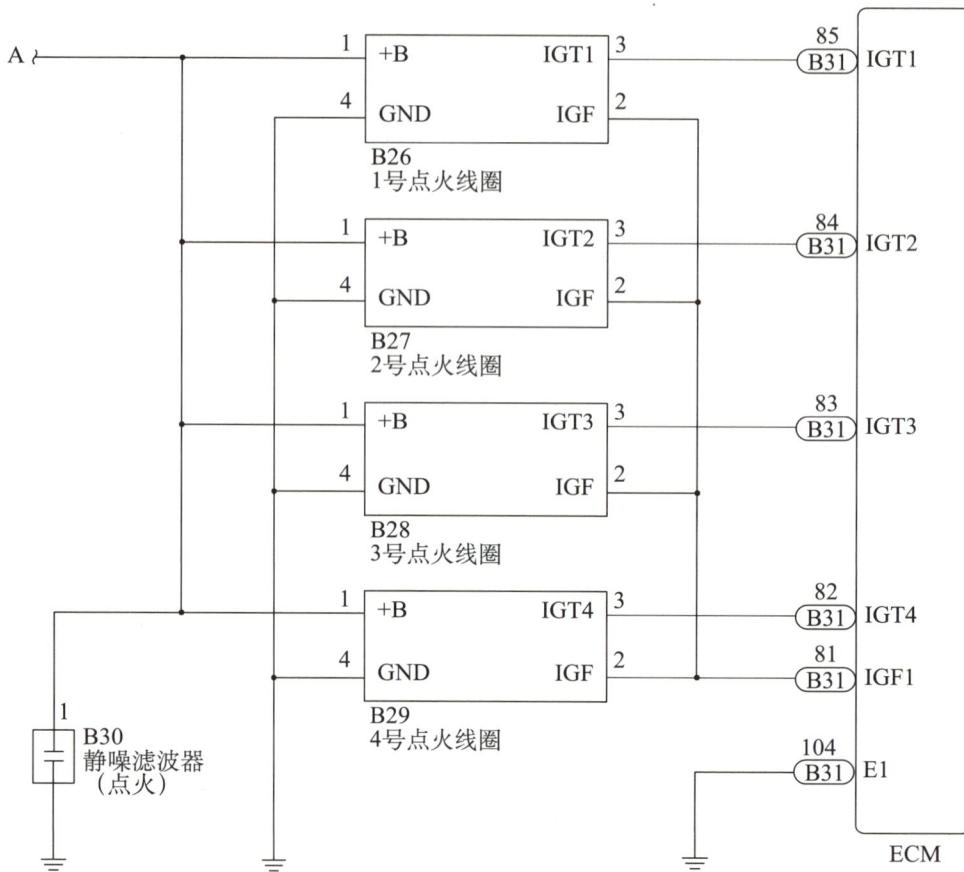

图 5-2-8   丰田卡罗拉点火模块的控制电路

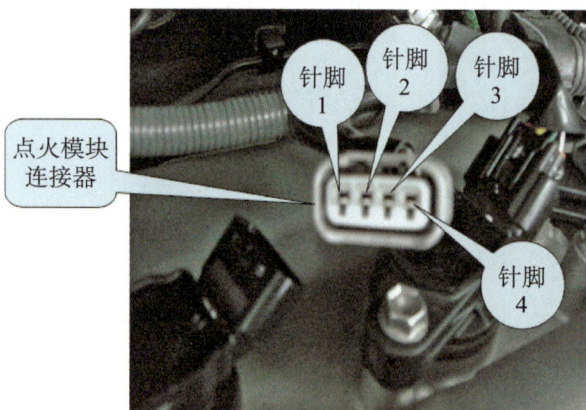

图 5-2-9   丰田卡罗拉点火模块连接器

图 5-2-10   丰田卡罗拉电控单元 B31 位置

❓ 思考：桑塔纳 2000 点火模块控制电路如图 5-2-11 所示。

（1）桑塔纳 2000 采用的是哪一种点火系统？

（2）该点火系统是否有点火反馈信号 IGF？

（3）试分析该点火模块的控制电路。

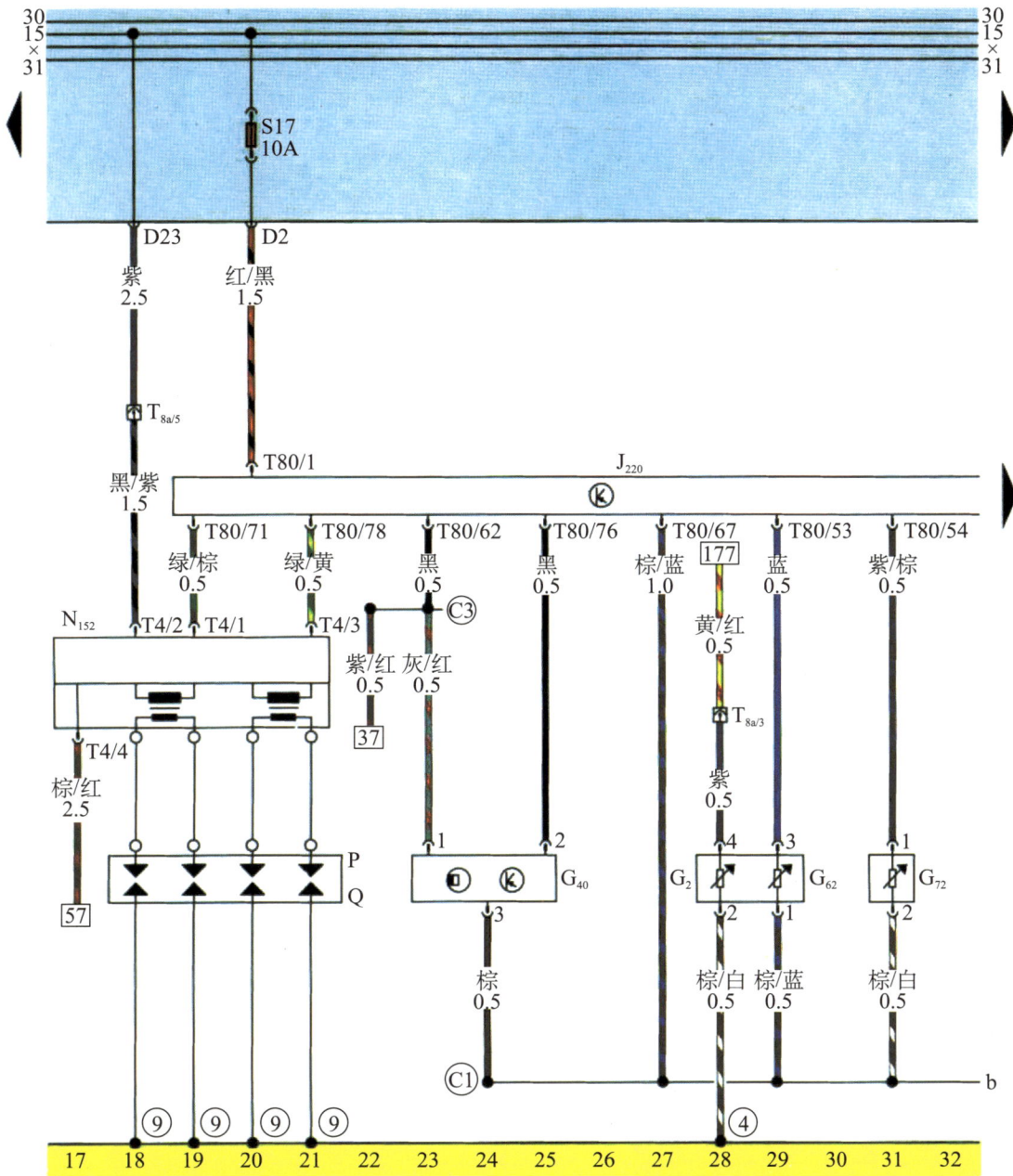

图 5-2-11　桑塔纳 2000 点火系统控制电路

G2 — 水温表传感器
G40 — 霍尔传感器
G62 — 冷却温度传感器
G72 — 进气温度传感器
J220 — Motronic 发动机控制单元
N152 — 点火线圈
P — 火花塞插头
Q — 火花塞
S17 — 发动机控制单元熔丝，10 A
T4 — 前大灯线束与散热风扇控制器插头连接，4针，在散热风扇控制器上
T8a — 发动机线束与发动机右线束插头连接，8针，在发动机舱中间支架上
T80 — 发动机线束、发动机右线束与发动机控制单元插头连接，80针，在发动机控制单元上

④ — 接地点，在离合器壳上的支架上
⑨ — 自身接地
Ⓒ1 — 连接线，在发动机右线束内
Ⓒ3 — +5V 连接线，在发动机右线束内

？ 思考：爆震对发动机是一种非常有害的现象，车内车外基本都能闻到严重的怪味，有时一辆车的污染相当于正常状态下 200 多辆车造成的污染，这不仅严重影响驾乘人员健康，对生态环

境也会造成一定的污染，与党的二十大提出的建设美丽中国目标相悖。请课后查询资料，找出爆震传感器出现故障后的具体危害。

_____

_____

_____

▶▶ 课中实践

一 能力测评

二 工作任务

1. 任务分组

班级		组号		指导老师	
组长		承担任务			
组员及分工	姓名			承担任务	

2. 任务实践

（1）检查爆震传感器

作业内容	图　解	技术提要	记录
1 工作准备		1. 工作场景：丰田卡罗拉教学用车 2. 主要设备：教学用车、工具车、多媒体设备、工作台 3. 辅助材料：翼子板布和前格栅布、三件套、抹布、挂历白纸、白板笔、卡片纸、喷胶	

续表

作业内容	图　　解	技术提要	记录
2 车辆的基本防护和安全检查		1. 将车辆停放于水平地面，安装_____ 2. 安装翼子板布、前格栅布和_____ 3. 安装_____ 4. 检查挡位，变速杆置于_____挡；检查驻车制动器，手柄应拉紧	
3 连接诊断器		1. 关闭点火开关，将诊断仪连接到 DLC3 2. 连接诊断仪时，点火开关应处_____状态	
4 读取故障码		1. 起动发动机，并打开检测仪 2. 使发动机暖机 3. 选择以下菜单项：汽车诊断，然后按下 OK 按钮 4. 驾驶车辆时，读取检测仪上显示的值 正常：数值变化 | 未出现故障 | | | 出现故障 | |	
5 检查ECM（KNK1电压）	线束连接器前视图： （至爆震传感器） 	1. 断开爆震传感器连接器 2. 将点火开关置于 ON 位置 3. 根据下表中的值测量电压 检测仪连接 / 开关状态 / 规定状态 D1-2—D1-1 / 点火开关置于 ON 位置 正常：检查爆震传感器本身； 异常：检查传感器电路	
6 检查爆震传感器	没有线束连接的零部件： （爆震传感器） 	1. 拆下爆震传感器 2. 根据下表中的值测量电阻 检测仪连接 / 条件 / 规定状态 D1-2—D1-1 / 20℃（68 ℉） 正常：更换 ECM 异常：更换爆震传感器	

续表

作业内容	图　解	技术提要	记录
7 检查线束和连接器（ECM—爆震传感器）	线束连接器前视图： （至爆震传感器） D1　1　2 线束连接器前视图： （至ECM） B31 KNK1　EKNK	1. 断开爆震传感器连接器 2. 断开ECM连接器 3. 根据下表中的值测量电阻 标准电阻（断路检查） 表见下 标准电阻（短路经检查） 表见下 正常：更换ECM 异常：维修或更换线束或连接器 （ECM—爆震传感器） 断开ECM连接器时，必须先断开蓄电池	
8 检测爆震传感器信号电压波形	KNK1信号波形　　1 V/格 ◀ GND 1 ms/格	表见下	
9 工作场地整理		1. 依次收起＿＿＿和＿＿＿，收齐后放回原位 2. 收回车轮挡块 3. 清洁车身、地面等 4. 整理车间，关闭用电设备开关 5. 对垃圾进行分类处理 6. 通过5S整理，养成良好的职业素养	

标准电阻（断路检查）

检测仪连接	条件	规定状态
D1-2—B31-110 （KNK1）	始终	
D1-1—B31-111 （EKNK）	始终	

标准电阻（短路经检查）

检测仪连接	条件	规定状态
D1-2 或 B31-110 （KNK1） —车身搭铁	始终	
D1-1 或 B31-111 （EKNK） —车身搭铁	始终	

项目	内容
端子	KNK1—EKNK
设备设置	1V/格 1ms/格
条件	发动机暖机后，将其转速保持在 4 000r/min

（2）检查点火系统

作业内容	图　解	技术提要	记录
1 工作准备		1. 工作场景：丰田卡罗拉教学用车 2. 主要设备：教学用车、工具车、多媒体设备、工作台 3. 辅助材料：翼子板布和前格栅布、三件套、抹布、挂历白纸、白板笔、卡片纸、喷胶	
2 车辆的基本防护和安全检查		1. 将车辆停放于水平地面，安装_____ 2. 安装翼子板布、前格栅布和_____ 3. 安装_____ 4. 检查挡位，变速杆置于___挡；检查驻车制动器，手柄应拉紧	
3 连接诊断仪		关闭点火开关，将诊断仪连接到 DLC3 连接诊断仪时，点火开关应处_____状态	
4 使用智能检测仪读取故障码		1. 点火开关置于_____位置 2. 打开检测仪，选择以下菜单：Powertrain/Engine and ETC/DTC 3. 读取故障码 表格： 结果 / 检查内容 输出一个故障码 / 输出两个或两个以上故障码 /	
5 断开蓄电池负极		1. 关闭点火开关 2. 将负极电缆放置安全的地方（绝缘处）	

作业内容	图　解	技术提要	记录
6 拆下点火线圈连接器		用手解除连接器的闭锁装置后，拆下连接器	
7 拆下点火线圈固定螺栓		1. 选择____套筒 2. 拆卸螺母时应选择正确旋转方向 3. 取下螺栓	
8 取出点火线圈		用双手拿住点火线圈，稍微用力往上抬，取出点火线圈	
9 取检查线束和连接器	线束连接器前视图： （至点火线圈总成） 线束连接器前视图： （至 ECM） 	标准电阻（断路检查）： 表格见下	

标准电阻（断路检查）：

检测仪连接	条件	规定状态
B26-2（IGF）— B31-81（IFF1）	始终	
B27-2（IGF）— B31-81（IFF1）	始终	
B28-2（IGF）— B31-81（IFF1）	始终	
B29-2（IGF）— B31-81（IFF1）	始终	

续表

作业内容	图　解	技术提要	记录
10 取检查 线束和 连接器	 （断路检查）	标准电阻（短路检查）： | 检测仪连接	条件	规定状态
---	---	---
B26-2（IGF）— B31-81（IFF1）	始终	
B27-2（IGF）— B31-81（IFF1）	始终	
B28-2（IGF）— B31-81（IFF1）	始终	
B29-2（IGF）— B31-81（IFF1）	始终			
11 取检查 线束和 连接器	线束连接器前视图： （至点火线圈总成） GND(−) 	标准电阻（断路检查）： | 检测仪连接	条件	规定状态
---	---	---
B26-4（GND）— 车身搭铁	始终	
B27-4（GND）— 车身搭铁	始终	
B28-4（GND）— 车身搭铁	始终	
B29-4（GND）— 车身搭铁	始终			

续表

作业内容	图　解	技术提要			记录
12 检查线束 和连接器	发动机室继电器盒： 线束连接器前视图：（至集成继电器） 1A 1 2 3 4 5 6 7 8	标准电阻（断路检查）： 	检测仪连接	条件	规定状态
B26-1（+B）—1A-4	始终	
B27-1（+B）—1A-4	始终	
B28-1（+B）—1A-4	始终	
B29-1（+B）—1A-4	始终				
13 检查线束 和连接器	线束连接器前视图： （至点火线圈总成） B26 B27 B28 B29 1 2 3 4 +B	标准电阻（短路检查）： 	检测仪连接	条件	规定状态
B26-1（+B）—1A-4—车身搭铁	始终	
B27-1（+B）—1A-4—车身搭铁	始终	
B28-1（+B）—1A-4—车身搭铁	始终	
B29-1（+B）—1A-4—车身搭铁	始终				
14 检测点火 器 IGF 信 号波形	2 V/格 CH1 (IGT1 至4)　←GND CH2 (IGF1)　←GND 20 ms/格		ECM 端子名称	IGT（1~4）和 E1 之间 IGF1 和 E1 之间
检测仪量程	2V/ 格，20ms/ 格
条件	怠速运转时			

上述表格因复杂性重新整理如下：

作业内容 12 检查线束和连接器

图解：发动机室继电器盒；线束连接器前视图：（至集成继电器）1A（1 2 3 4 5 6 7 8）

技术提要：标准电阻（断路检查）：

检测仪连接	条件	规定状态
B26-1（+B）—1A-4	始终	
B27-1（+B）—1A-4	始终	
B28-1（+B）—1A-4	始终	
B29-1（+B）—1A-4	始终	

作业内容 13 检查线束和连接器

图解：线束连接器前视图：（至点火线圈总成）B26 B27 B28 B29（1 2 3 4）+B

技术提要：标准电阻（短路检查）：

检测仪连接	条件	规定状态
B26-1（+B）—1A-4—车身搭铁	始终	
B27-1（+B）—1A-4—车身搭铁	始终	
B28-1（+B）—1A-4—车身搭铁	始终	
B29-1（+B）—1A-4—车身搭铁	始终	

作业内容 14 检测点火器 IGF 信号波形

图解：2 V/格；CH1(IGT1至4) ←GND；CH2(IGF1) ←GND；20 ms/格

技术提要：

ECM 端子名称	IGT（1~4）和 E1 之间 IGF1 和 E1 之间
检测仪量程	2V/ 格，20ms/ 格
条件	怠速运转时

续表

作业内容	图　解	技术提要	记录
15 工作场地 整理		1. 依次收起_____和_____，收齐后放回原位 2. 收回车轮挡块 3. 清洁车身、地面等 4. 整理车间，关闭用电设备开关 5. 对垃圾进行分类处理 6. 通过 5S 整理，养成良好的职业素养	

3. 实施总结

组内的分工	
熟练地运用	
存在的问题	
改进的措施	

三　学习目标达成情况

序号	学习内容（知识、技能、行为习惯、职业素养）	评价标准			
		了解知道	理解掌握	指导下操作	独立操作

课后延伸

一　理论测试

二　任务实施巩固

要求：请课后查询资料，找出点火线圈损坏还会有哪些故障现象和故障原因，与同学分享。

项目 ⑥
汽车照明、信号、仪表及报警系统检修

项目描述

按照汽车照明、信号、仪表及报警系统检修的要求，学习汽车照明、信号、仪表及报警系统的基础知识，结合维修手册制订汽车照明、信号、报警及仪表维修方案，规范进行常见故障的检测与维修。

学习目标

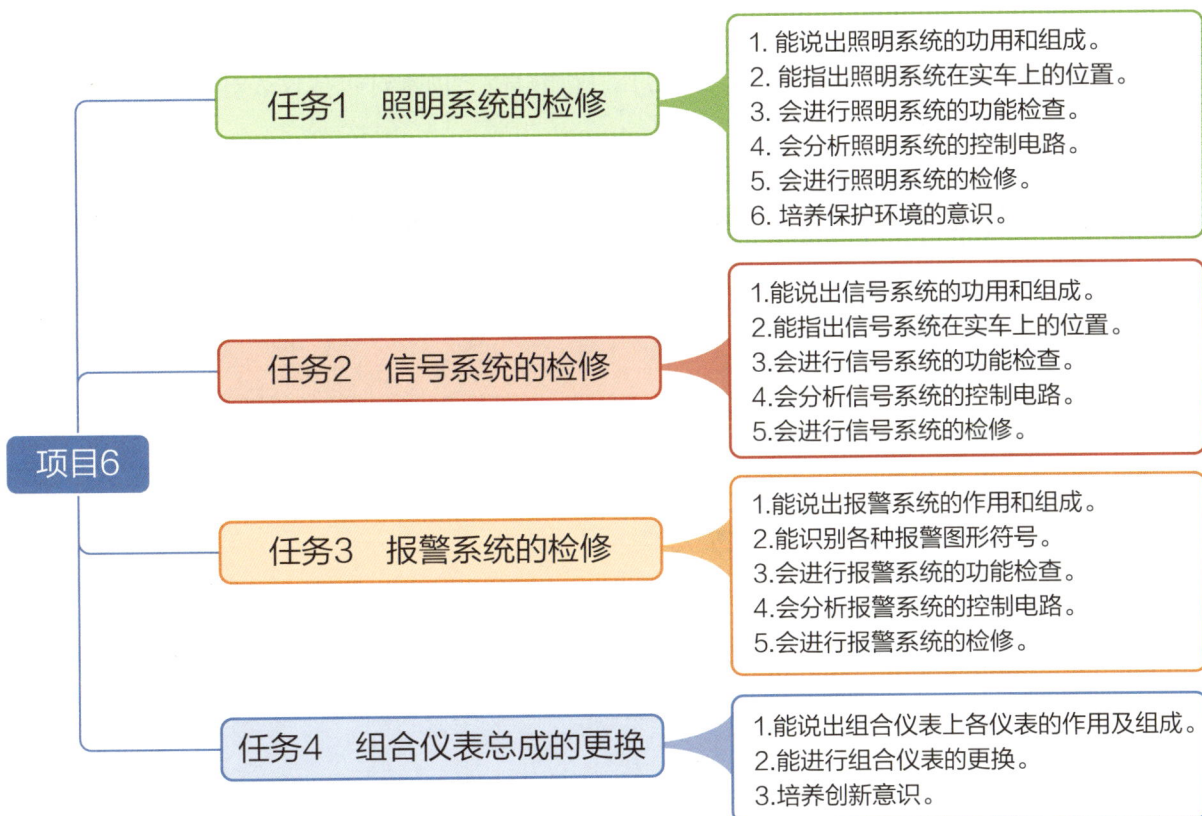

项目6	任务1　照明系统的检修	1. 能说出照明系统的功用和组成。 2. 能指出照明系统在实车上的位置。 3. 会进行照明系统的功能检查。 4. 会分析照明系统的控制电路。 5. 会进行照明系统的检修。 6. 培养保护环境的意识。
	任务2　信号系统的检修	1.能说出信号系统的功用和组成。 2.能指出信号系统在实车上的位置。 3.会进行信号系统的功能检查。 4.会分析信号系统的控制电路。 5.会进行信号系统的检修。
	任务3　报警系统的检修	1.能说出报警系统的作用和组成。 2.能识别各种报警图形符号。 3.会进行报警系统的功能检查。 4.会分析报警系统的控制电路。 5.会进行报警系统的检修。
	任务4　组合仪表总成的更换	1.能说出组合仪表上各仪表的作用及组成。 2.能进行组合仪表的更换。 3.培养创新意识。

任务 1　照明系统的检修

任务案例

通用 4S 店的维修部接到一辆轿车维修业务，该车在夜间行车时打开照明开关，但左前近光灯不亮，车主无法在夜晚正常驾驶。经检查，技术人员确认该车左前近光灯灯泡损坏，针对此故障需要将左前近光灯灯泡取出，并进行相关检测。

课前学习资料：前照灯灯泡的更换

课前学习资料：前照灯总成的更换

课前导入

同学们，为了完成本次工作任务，请在课前利用多种途径查阅资料，预习相关知识点，也可扫一扫右侧的"课前学习资料"二维码进行学习，掌握本工作任务中涉及的应知应会知识点。

课前学习资料：照明系统的功能检查（视频）

课前学习资料：照明系统的功能检查

课前学习资料：照明系统的检修

知识点 1　汽车照明系统的组成和功用

汽车照明系统主要用于夜间行车照明、车厢照明、仪表照明及检修照明等。照明系统由照明设备、电源和线路（包括控制开关）组成。控制部分包括各种灯光开关、继电器等。照明设备包括外部灯、内部灯和工作照明灯。外部灯包括前照灯、雾灯、牌照灯等；内部灯包括仪表灯、顶灯、阅读灯等；工作照明灯包括行李舱灯、发动机罩灯等。

❓ 思考：车辆前部有哪些照明灯呢？分别有几个？

照明灯名称	灯光颜色	灯光数量

知识点 2　前照灯的基本要求

❓ 思考：前照灯过亮或过暗对汽车行驶有什么影响？

前照灯也称大灯，安装于汽车头部两侧，如图 6-1-1 所示，主要用于夜间行车时道路照明，包括近光灯和远光灯。

由于汽车前照灯的照明效果对夜间行车安全影响很大，所以世界各国多以法律的形式规定了前照灯的照明标准。

（1）前照灯应保证明亮而均匀的照明，使驾驶员能看清车前 100m 内路面上的物体。随着车速增高，照明距离应达到 200～250m。

（2）前照灯应具备防眩目的功能。

图 6-1-1　汽车前照灯

知识点 3　前照灯的组成

1. 灯泡

目前汽车前照灯的灯泡有三种，即充气灯泡、卤钨灯泡、LED 灯泡，其构造如图 6-1-2 所示。

(a) 充气灯泡　　　　(b) 卤钨灯泡　　　　(c) LED灯泡

图 6-1-2　前照灯的灯泡构造

❓ 思考 1：请查查以下车型所使用的前照灯灯泡类型，并写在下方表格。

车型	前照灯灯泡类型
丰田卡罗拉	
别克威朗	
宝马 320Li	

❓ 思考 2：废弃的卤钨灯泡如何处置？可以随意丢入垃圾桶吗？

根据灯丝数量的不同，汽车前照灯的灯泡又可分为单丝灯泡和双丝灯泡两种，如图 6-1-3 和图 6-1-4 所示。

2. 反射镜（反光镜）

反射镜如图 6-1-5 所示，反射镜最大限度地将灯泡发出的光线聚合成强光束以增加照射距离。反射镜一般用薄钢板冲压而成，其表面形状大都是旋转抛物

图 6-1-3　单丝灯泡　　　　图 6-1-4　双丝灯泡

面，灯丝位于反射镜焦点处，灯丝发出的大部分光线经过反射镜的聚合变成平行光束射向前方，从而提高发光强度，如图 6-1-6 所示。

图 6-1-5 反射镜

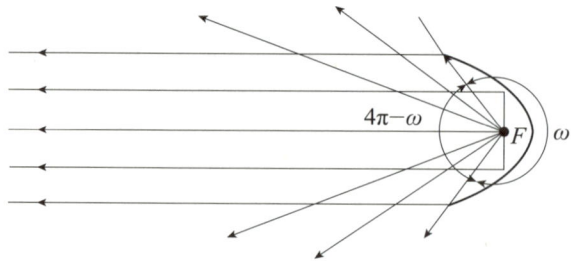

图 6-1-6 反射镜反射光线的情况

3. 配光镜（散射玻璃）

灯泡外面的透明玻璃叫作配光镜。它是由透明玻璃压制成的棱镜和透镜的组合体。配光镜实物如图 6-1-7 所示。配光镜的作用是将反射镜反射出来的平行光束进行折射，使车前的路面有良好而均匀的照明，如图 6-1-8 和图 6-1-9 所示。

图 6-1-7 配光镜

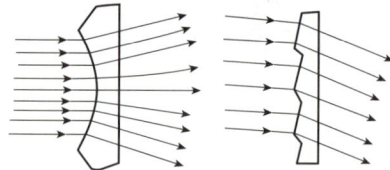

图 6-1-8 配光镜的作用

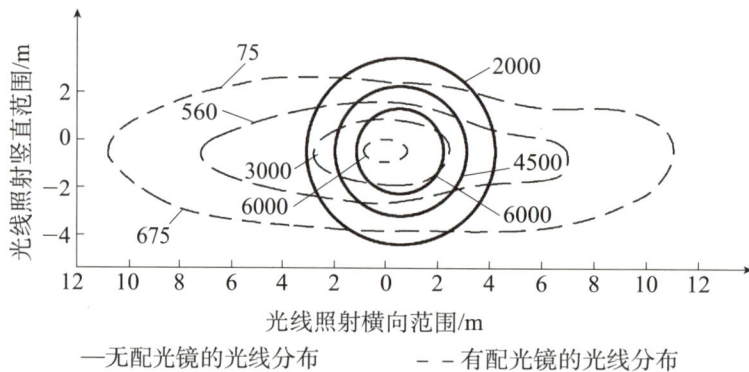

—无配光镜的光线分布　　－－有配光镜的光线分布

图 6-1-9 配光镜的光线分布

知识点 4 前照灯的防眩目方法

1. 采用双丝灯泡

一个灯丝为远光灯丝，位于反射镜的焦点位置，射出的光线较亮而且射程较远；另一个为近光灯丝，位于反射镜焦点的上方或前方，且射程较远。当对面来车时，使用近光灯，由于光线较弱，经反射后的光线大部分射向车前的下方，所以可避免使对面驾驶员眩目，如图 6-1-10 所示。

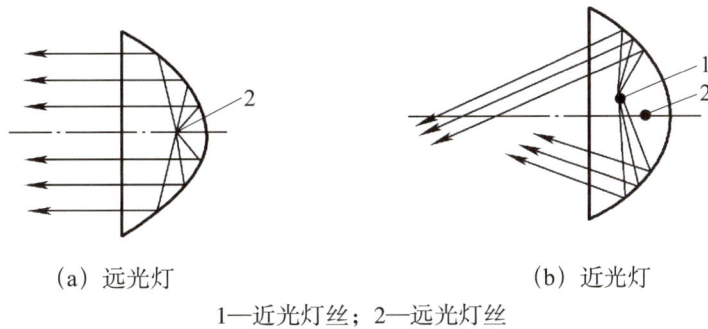

(a) 远光灯　　　　　　　　　　　(b) 近光灯

1—近光灯丝；2—远光灯丝

图 6-1-10　双丝灯泡的远、近光束

2. 加装配光屏

配光屏可以分为对称式和非对称式配光。

（1）对称式配光

采用带配光屏的双丝灯泡。当使用近光灯时，配光屏能将近光灯丝射向反射镜下部的光线遮挡住，使其无法反射，增强防眩目效果，目前这种双丝灯泡广泛使用在汽车上，如图 6-1-11（a）所示。

（2）非对称式配光

远光灯丝位于反射镜焦点位置，近光灯丝位于焦点前方且稍高于轴线，下方装有配光屏。安装时将配光屏偏转一定的角度，使其近光的光形有一条明显的明暗截止线，将近光灯右侧光线倾斜升高 15°，如图 6-1-12（b）所示。若明暗截止线呈 Z 形，称为"Z 形配光"，可以防止对面来车驾驶员与非机动车人员眩目，Z 形光形是目前较先进的光形，如图 6-1-12（c）所示。

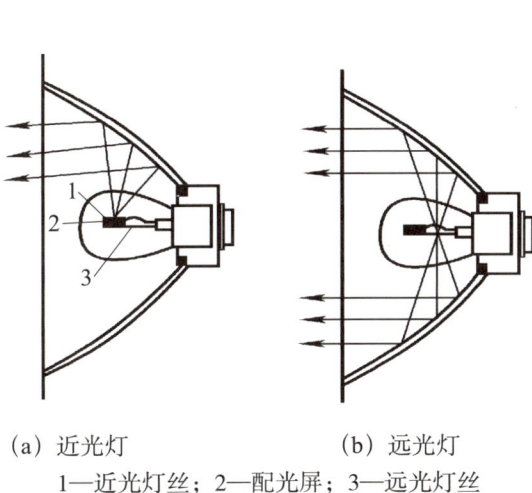

(a) 近光灯　　　　　　(b) 远光灯

1—近光灯丝；2—配光屏；3—远光灯丝

图 6-1-11　带配光屏的双丝灯泡

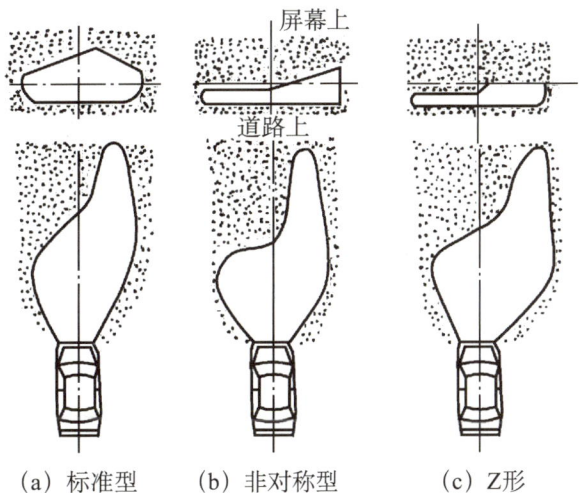

(a) 标准型　　　(b) 非对称型　　　(c) Z 形

图 6-1-12　前照灯配光光形

知识点 5　前照灯电路

前照灯电路由灯光开关、变光开关、远光指示灯和前照灯等组成。前照灯控制电路如图 6-1-13 和图 6-1-14 所示。

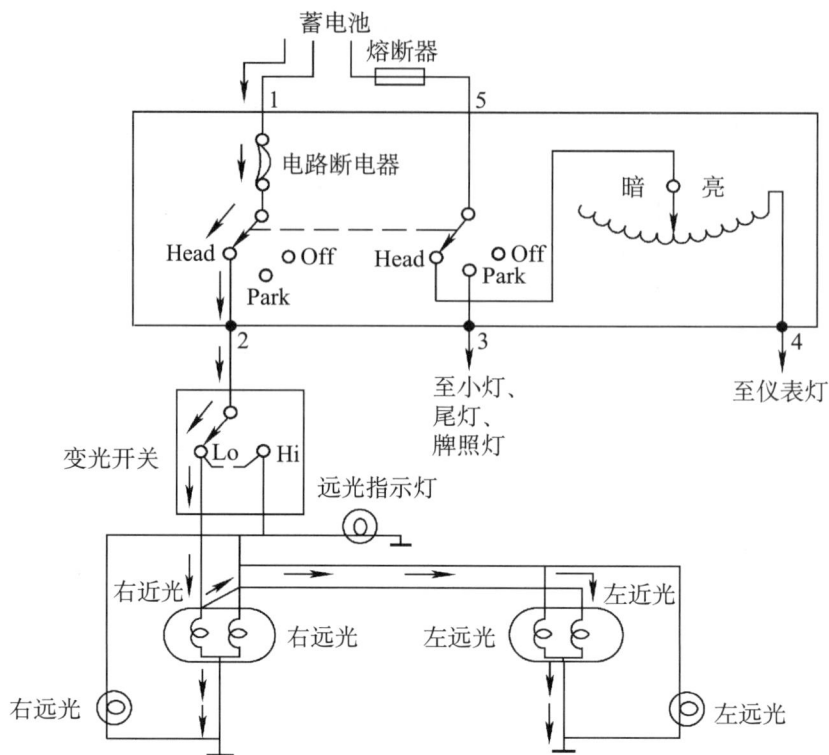

图 6-1-13　前照灯电路——变光开关在 Lo（近光）挡

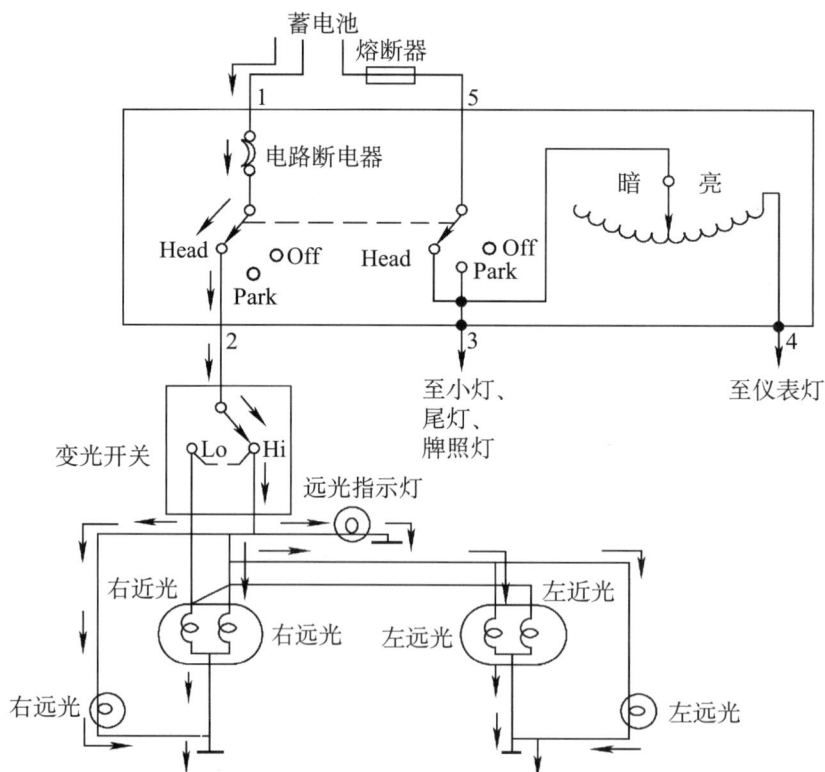

图 6-1-14　前照灯电路——变光开关在 Hi（远光）挡

　　灯光开关可以装在仪表板上，也可装在转向柱上。灯光开关的结构原理如图 6-1-15 所示。灯光开关共有三个挡位：Off——关闭挡，所有的灯都不亮；Park——小灯挡，这时小灯、尾灯、牌照灯、仪表灯均亮，前照灯不亮；Head——大灯挡，当灯光开关打在 Head 挡位时，不仅前照灯（大灯）亮，小灯挡位所涉及的灯都亮。

变光开关大多数安装在转向柱上，串接在前照灯电路中，当灯光开关打到 Head 挡时，驾驶员可通过变光开关控制前照灯的远光和近光，如图 6-1-16 所示。变光开关共有两个挡位：Lo——近光挡；Hi——远光挡。通过变光开关的挡位变换，实现远、近光的变换，从而实现不同行车条件的需求。

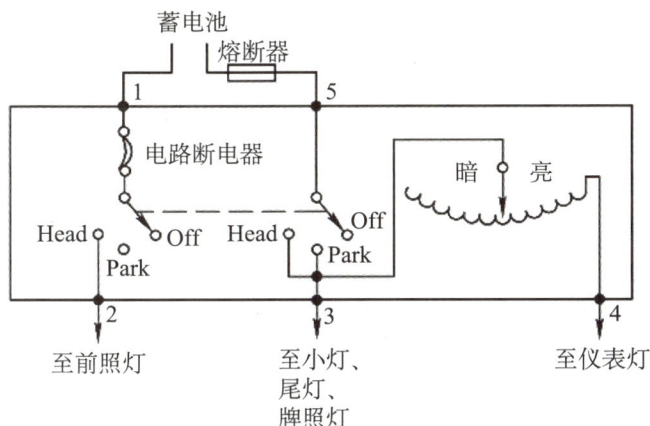

图 6-1-15　灯光开关的结构原理　　　　　　图 6-1-16　变光开关挡位

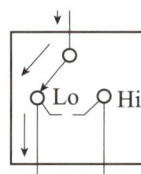

？ 思考：结合图 6-1-13 和图 6-1-14，分别写出前照灯远、近光的控制过程。

_____

_____

_____

_____

知识点 6　雾灯的认知

雾灯是在有雾、下雪、暴雨或尘土弥漫的行驶条件下使用的，是为改善照明条件，提高能见度而设置的照明设备，与此同时也可起到信号标志灯的作用，如图 6-1-17 所示。雾灯多使用穿透力强的黄色灯，其灯泡或配光镜制成黄色。雾灯的结构与前照灯相近。

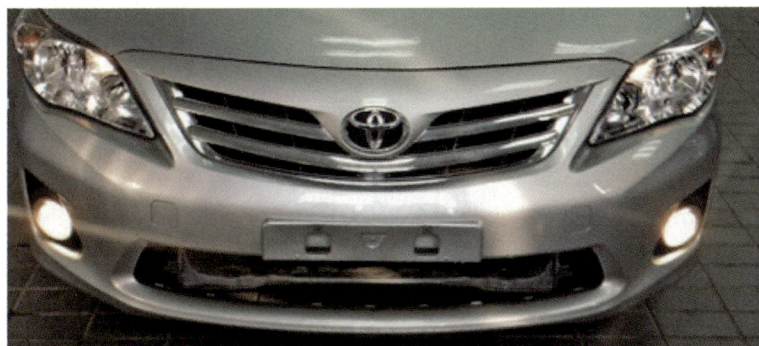

图 6-1-17　雾灯

? 思考：后雾灯是什么颜色？后雾灯属于照明灯吗？

_____

_____

知识点 7 仪表照明灯的认知

仪表照明灯为仪表、车速里程表、收音机和其他控制钮等提供照明。仪表照明灯的电源由灯光开关控制，如图 6-1-18 所示。

图 6-1-18 仪表照明灯

? 思考：灯光开关打在以下挡位时，仪表照明灯是否点亮？

灯光开关挡位	仪表照明灯是否点亮
小灯挡	
近光灯挡	
远光灯挡	

课中实践

一 能力测评

二　工作任务

1. 任务分组

班级		组号		指导老师	
组长		承担任务			
组员及分工	姓名			承担任务	

2. 任务实践

（1）前照灯总成的更换

作业内容	图　解	技术提要	记录
1 工作准备		1. 工作场景：雪佛兰科鲁兹教学用车 2. 主要设备：教学用车、工具车、多媒体设备、工作台 3. 辅助材料：翼子板布和前格栅布、三件套、抹布、挂历白纸、白板笔、卡片纸、喷胶	
2 做好车辆前期准备工作		1. 安装车轮挡块，车轮挡块可放置在_____的前后 2. 安装尾排 3. 安装驾驶室三件套（_____、_____和方向盘套） 4. 检查挡位，变速杆应置于___；检查驻车制动器，手柄应拉紧	
3 拆卸前照灯插接器		用手解锁前照灯插接器闭锁装置	

续表

作业内容	图 解	技术提要	记录
4 拆卸前照 灯防尘罩		用手拆卸前照灯防尘罩	
5 拆卸前照 灯卡扣		用手往里捏紧卡扣,卡扣自动脱离前照 灯灯座	
6 拆卸前 照灯		用手旋动灯座,使得灯座卡扣脱离,从 而取出灯泡	
7 更换前照 灯灯泡		更换新的前照灯灯泡,进行安装	
8 安装 前照灯		用手旋动灯座,使得灯泡卡在灯泡座的 卡槽里	
9 安装前照 灯防尘罩		安装前照灯防尘罩	

续表

作业内容	图　解	技术提要	记录
10 安装前照灯插接器		用手把前照灯插接器安装到位，实现闭锁	
11 工作场地整理		1. 依次收起＿＿＿和＿＿＿＿，收齐后放回原位 2. 收回车轮挡块 3. 清洁车身、地面等 4. 整理车间，关闭用电设备开关 5. 对垃圾进行分类处理 6. 通过 5S 整理，养成良好的职业素养	

（2）前照灯总成的更换

作业内容	图　解	技术提要	记录
1 工作准备		1. 工作场景：雪佛兰科鲁兹教学用车 2. 主要设备：教学用车、成套组合工具车、多层零件车、工作台、世达工具、多媒体设备 3. 辅助材料：翼子板布和前格栅布、三件套、抹布、挂历白纸、白板笔、卡片纸、喷胶	
2 操作前准备		1. 安装＿＿＿＿，车轮挡块可放置在任意车轮的前后 2. 安装尾排 3. 安装驾驶室三件套（脚垫、座椅套和方向盘套） 4. 检查挡位，变速杆应置于 P 位；检查＿＿＿＿，手柄应拉紧	
3 拆卸前保险杠上装饰板卡扣		用撬板撬起装饰扣，并取下	

续表

作业内容	图　解	技术提要	记录
4 拆卸前保险杠装饰板螺栓	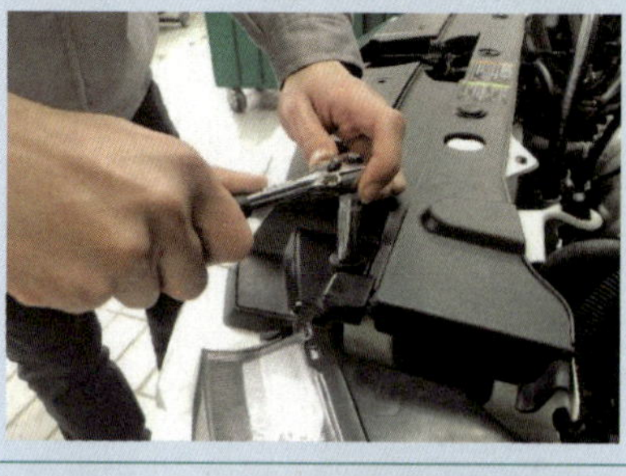	使用工具拆卸前保险杠装饰板上螺栓 所需工具：_____	
5 拆卸前保险杠	 	用_____撬开前保险杠卡扣，并拿下前保险杠	
6 拆卸大灯螺栓	  	使用工具拆下大灯上固定螺栓 所需工具： _____	

续表

续表

作业内容	图　解	技术提要	记录
7 释放大灯 外边缘定 位器凸舌		向前拉动大灯外边缘，以向上和向下释 放大灯背面的定位器凸舌	
8 灯内边缘 定位器		向前拉动大灯外边缘，以向上 / 向下释放 内侧定位器	
9 断开大灯 电气连接	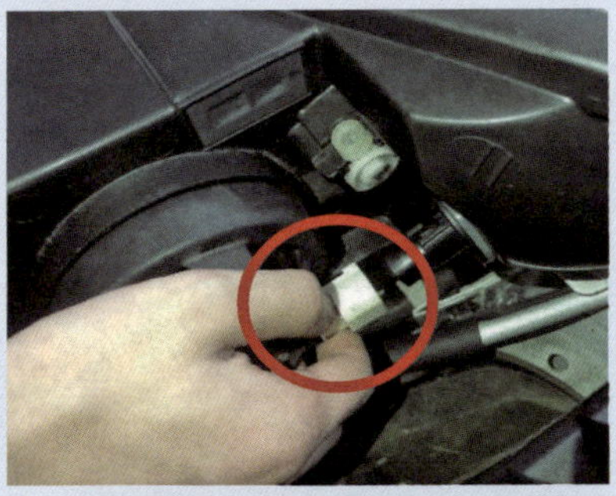  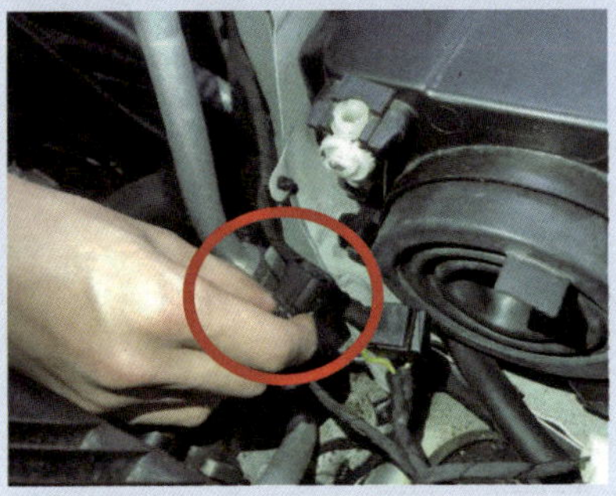	1. 向前拉大灯总成至足以接近电气连接 2. 将大灯电气连接器从前端照明线束连 　接器上断开	

续表

续表

作业内容	图 解	技术提要	记录
10 拆下大灯总成		拆下大灯总成	
11 工作场地整理		1. 依次收起____和_____，收齐后放回原位 2. 收回车轮挡块 3. 清洁车身、地面等 4. 整理车间，关闭用电设备开关 5. 对垃圾进行分类处理 6. 通过 5S 整理，养成良好的职业素养	

3.实施总结

组内的分工	
熟练地运用	
存在的问题	
改进的措施	

三　学习目标达成情况

序号	学习内容（知识、技能、行为习惯、职业素养）	评价标准			
		了解知道	理解掌握	指导下操作	独立操作

课后延伸

一　理论测试

二　任务实施巩固

要求：对操作过程用流程图的方法进行总结。

（1）前照灯灯泡的更换

（2）前照灯总成的更换

任务2 信号系统的检修

任务案例

丰田4S店的维修部接到一辆轿车维修业务，该车在踩刹车时，尾部两侧的制动灯不亮，导致车主无法在道路上正常行驶。经检查，技术人员确定该车制动灯损坏，针对此故障需要检查该车的制动灯。

课前导入

同学们，为了完成本次工作任务，请在课前利用多种途径查阅资料，预习相关知识点，也可扫一扫右侧的"课前学习资料"二维码进行学习，掌握本工作任务中涉及的应知应会知识点。

课前学习资料：信号系统的功能检查

课前学习资料：信号系统的检修

知识点 1 信号系统的功用和组成

1. 信号系统作用

汽车信号系统的作用是通过声、光信号向其他车辆的驾驶员和行人发出有关车辆运行状况或状态的信息，以引起车辆、行人注意，确保车辆行驶的安全。

2. 信号系统组成

汽车信号系统由声响信号装置和灯光信号装置组成。

声响信号装置包括气喇叭、电喇叭和蜂鸣器等。灯光信号装置包括转向灯、制动灯和倒车灯等，在汽车起步、超车或倒车、转向时，能够提醒行人和其他车辆注意。

❓ 思考：车辆的声响信号还有哪些？

_____

_____

知识点 2 喇叭的认知

1. 气喇叭

气喇叭是利用气流使金属膜片振动发声，多用在装有气压制动的载重汽车上。

2. 电喇叭

电喇叭的声音清脆悦耳，其音量不超过 105dB，因而被广泛应用于各种类型的汽车。

❓ 思考：听一听气喇叭和电喇叭的声音，他们的音色有什么区别，你能区分吗？

（1）电喇叭的结构与工作原理

电喇叭由振动机构和电路断续机构两个部分组成，从外形不同可分为筒形、螺旋形和盆形电喇叭。由于盆形电喇叭具有尺寸小、质量轻、指向性好等特点，被现代汽车普遍采用。盆形电喇叭的结构如图 6-2-1。

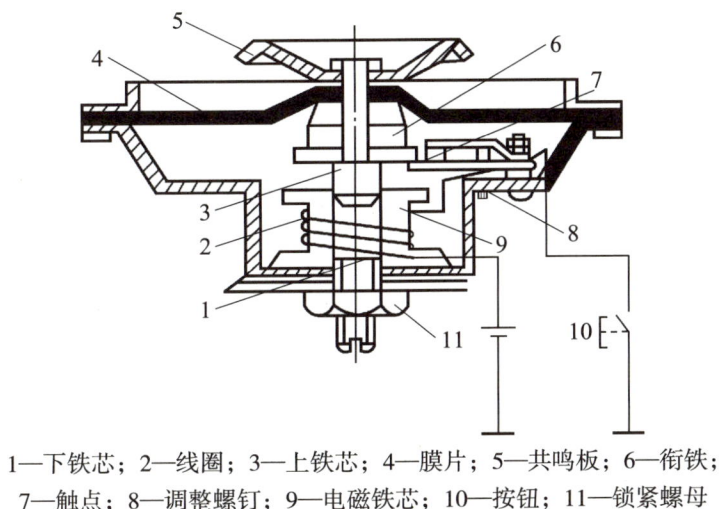

1—下铁芯；2—线圈；3—上铁芯；4—膜片；5—共鸣板；6—衔铁；
7—触点；8—调整螺钉；9—电磁铁芯；10—按钮；11—锁紧螺母

图 6-2-1　盆形电喇叭的结构图

其工作原理：当按下喇叭按钮 10 时，工作电流由蓄电池正极→线圈 2 →触点 7 →喇叭按钮 10 →搭铁→蓄电池负极构成回路。线圈 2 通电后产生电磁吸力，吸动上铁芯 3 及衔铁 6 下移，使膜片 4 向下拱曲，衔铁 6 下移中将触点 7 断开，线圈 2 电路被切断，其电磁力消失，上铁芯 3、衔铁 6 在膜片 4 弹力的作用下复位，触点 7 又闭合。如此反复一通一断，使膜片及共鸣板连续振动辐射发声。

（2）电喇叭的维护和调整

喇叭的安装固定方法对其发音影响较大。为了保证喇叭声音正常，喇叭不做刚性安装，在喇叭与固定架之间装有片状弹簧或橡胶垫。

性能良好的喇叭，发音响亮清晰而无沙哑声。喇叭触点应保持清洁且接触良好。电喇叭的调整包括音调和音量的调整。

①音调调整：音调的高低取决于膜片的振动频率。减小喇叭上、下铁芯间的间隙，则提高音调；增大间隙则音调降低。调整方法：松开锁紧螺母 11，如图 6-2-1 所示，转动下铁芯，使上、下铁芯间的间隙调至合适量，通常为 0.5～1.5mm，拧紧锁紧螺母即可。

②音量调整：音量的强弱取决于通过喇叭线圈的电流大小，电流大则音量强。线圈电流可通过调整螺钉 8 改变喇叭触点 7 的接触压力来调整，如图 6-2-1 所示。若触点的接触压力增大，则喇叭的音量变大。

❓ 思考：你了解双音喇叭吗？相比单音喇叭，它有什么优点？

🚗知识点 3 转向信号灯的认知

转向灯系统一般由转向信号灯、转向指示灯、转向开关、闪光器等组成。当汽车要向左或右转向时，通过操纵转向开关，使车辆左边或右边的转向信号灯经闪光器通电而闪烁发光。转向后，回转转向盘，转向盘控制装置可自动使转向开关回位，进而使转向灯熄灭。此外，驾驶员还可以通过操纵危险警报开关使全部转向灯闪亮，发出警示。

转向信号灯一般应具有一定的频闪，国标中规定 $60 \sim 120$ 次 / min。

转向信号灯的频闪由闪光器控制。闪光器主要有电热式、电容式和晶体管式三种类型。电热式闪光器结构简单，制造成本低，但闪光频率不够稳定，使用寿命短，已被淘汰。而电容式闪光器闪光频率稳定，晶体管式闪光器具有性能稳定、可靠等优点，故得到广泛应用。图 6-2-2 是一种简单的无触点电子闪光器，其工作原理如下：

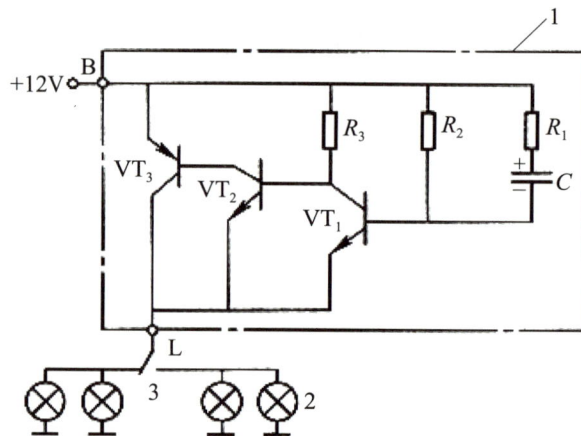

1—闪光器；2—转向信号灯；3—转向灯开关

图 6-2-2　国产 SG131 型无触点闪光器

接通转向灯开关，VT_1 因正向偏压而饱和导通，VT_2、VT_3 则截止。由于 VT_1 的发射极电流很小，故转向灯较暗。同时，电源通过 R_1 对 C 充电，使得 VT_1 的基极电位下降，当低于其导通所需正向偏置电压时 VT_1 截止。VT_1 截止后，VT_2 通过 R_3 得到正向偏置电压而导通，VT_3 也随之饱和导通，转向灯变亮。此时，C 经 R_1、R_2 放电，使 VT_1 仍保持截止，转向信号灯继续发亮。随着 C 放电电流减小，VT_1 基极电位又逐渐升高，当高于其正向导通电压时，VT_1 又导通，VT_2、VT_3 又截止，转向信号灯又变暗。随着电容的充放电，VT_3 不断地导通、截止，如此循环，使转向灯闪烁。

❓ 思考：转向灯灯丝烧断，会使转向灯闪烁频率变快吗，为什么？

知识点 4 危险警报灯的认知

危险报警电路一般由左、右转向灯、闪光器、危险报警开关等组成，如图6-2-3所示。当危险报警开关闭合时，左、右转向灯同时闪烁。

知识点 5 制动信号灯的认知

❓ 思考：车辆有几个制动灯？是什么颜色？

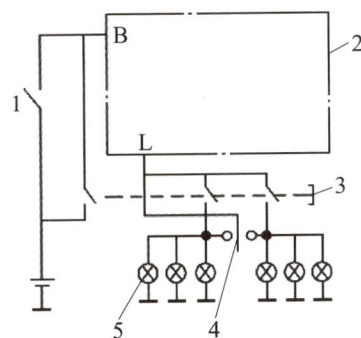

1—点火开关；2—闪光器；3—危险报警开关；4—转向灯开关；5—转向信号灯及转向指示灯

图6-2-3 危险报警灯信号电路

制动信号灯是与汽车制动系统同步工作的，它通常由制动信号灯开关控制。

1. 液压式制动信号灯开关

液压式制动信号灯开关用于采用液压制动系统的汽车上，装在液压制动主缸的前端或制动管路中。

2. 气压式制动信号灯开关

气压式制动信号灯开关如图6-2-4所示，用于采用气压制动系统的汽车上，通常被安装在制动系统的气压管路中。

制动时，制动压缩空气推动橡皮膜片上拱，使触点闭合，接通制动灯电路。

3. 弹簧式制动信号灯开关

弹簧式制动信号灯开关是一种较为常用的制动开关，装在制动踏板的后面，如图6-2-5所示。

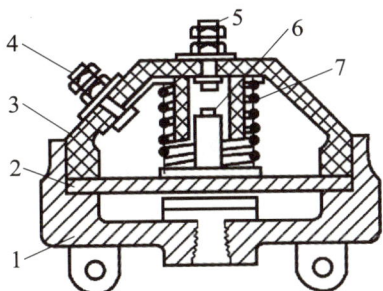

1—壳体；2—膜片；3—胶木盖；4、5—接线柱；6—触点；7—弹簧

图6-2-4 气压式制动信号灯开关

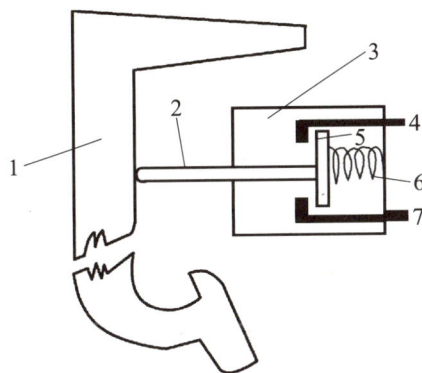

1—制动踏板；2—推杆；3—制动信号灯开关；4、7—接线柱；5—接触桥；6—回位弹簧

图6-2-5 弹簧式制动信号灯开关

4. 制动信号灯电路

（1）采用三灯的组合式尾灯

在这种组合式尾灯中，采用单丝灯泡，每个灯泡只有一个功能，随着功能的增加，尾灯灯泡的数量还要增加，如图6-2-6所示。

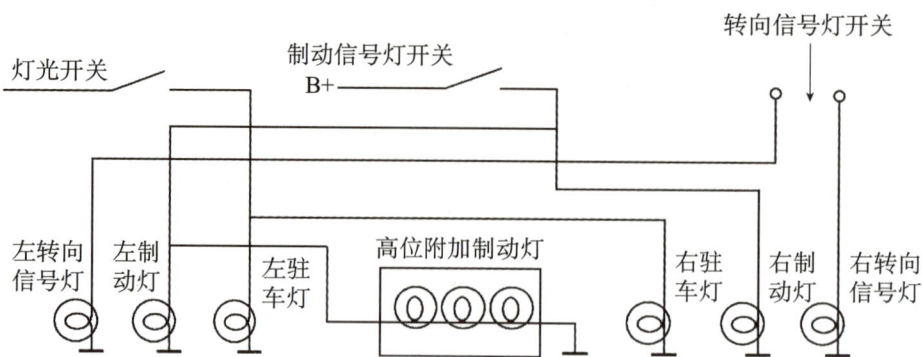

图 6-2-6　三灯组合式尾灯

（2）采用双丝灯的尾灯

在此双丝灯泡中，大功率的灯丝既用于制动信号灯，也用于转向信号灯，图 6-2-7 所示为美国福特汽车公司所采用的双丝灯尾灯的电路。

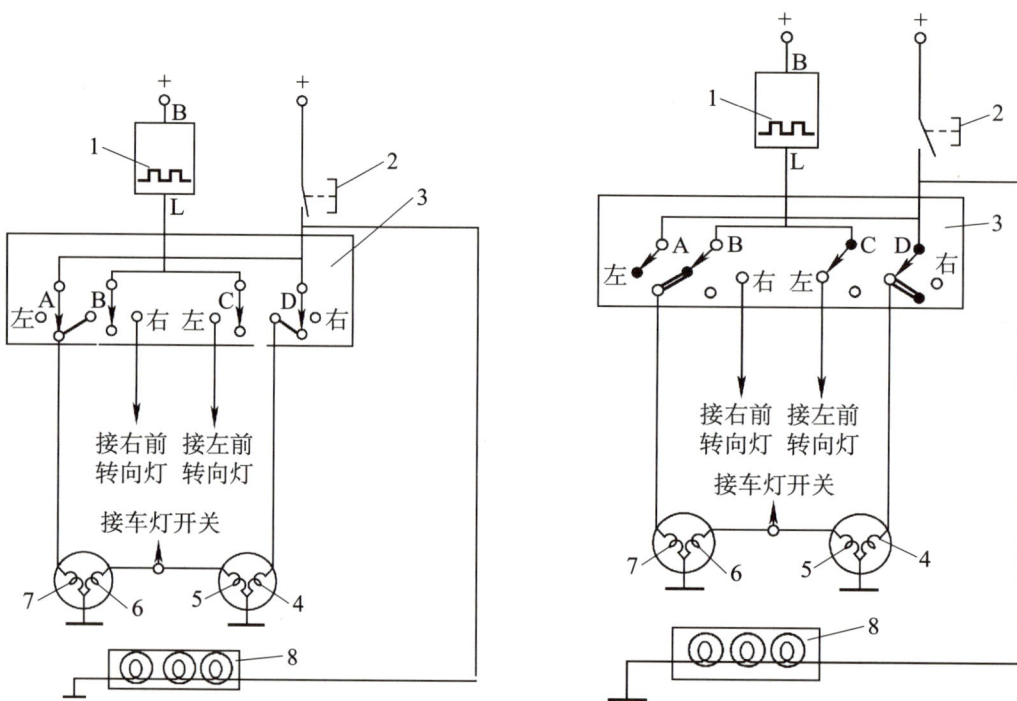

（a）在打转向信号时，踩制动踏板的双丝灯尾灯的电路　（b）在打转向信号时，踩制动踏板的尾灯电路

1—闪光器；2—制动信号灯开关；3—转向灯开关；4—右后转向及右制动灯丝；

5—右后驻车灯丝；6—左后驻车灯丝；7—左后转向及左制动灯丝；8—高位附加制动灯

图 6-2-7　美国福特汽车公司所采用的双丝灯尾灯的电路

知识点 6　倒车信号灯的认知

1. 倒车灯开关

倒车信号装置由倒车灯开关控制。倒车信号开关的结构如图 6-2-8 所示。

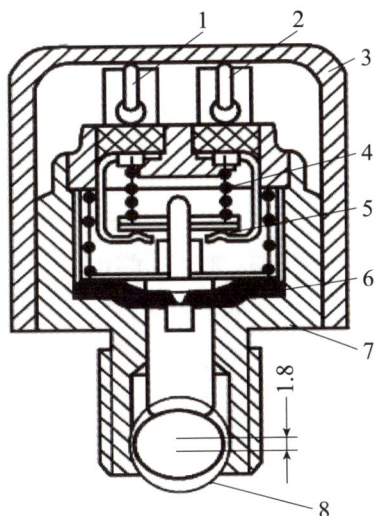

1、2—接线柱；3—外壳；4—弹簧；5—触点；6—膜片；7—底座；8—钢球

图 6-2-8　倒车灯开关

2. 倒车信号灯电路

倒车信号灯控制电路如图 6-2-9 所示，其工作原理：倒车时，倒车信号开关触点接通倒车信号灯电路，倒车信号灯亮。与此同时，倒车蜂鸣器利用电容的充电和放电，使线圈 L_1 和 L_2 的磁场时而相加、时而相减，使触点 4 时开时闭，从而控制电磁振动式蜂鸣器间歇发声，以引起行人和其他车辆的驾驶员注意。

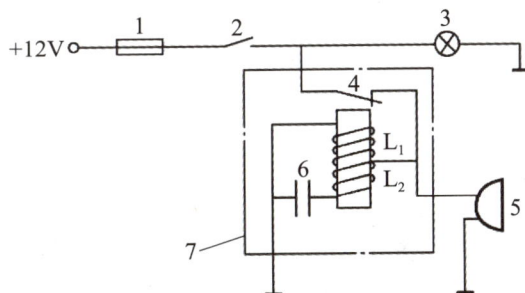

1—熔断器；2—倒车灯开关；3—倒车灯；4—触点；5—蜂鸣器；6—电容器；7—继电器

图 6-2-9　倒车信号灯电路

❓ 思考：根据图 6-2-8 倒车灯开关示意图，请写出倒车灯的工作过程。

▶▶ 课中实践

一 能力测评

二 工作任务

1. 任务分组

班级		组号		指导老师	
组长		承担任务			
组员及分工	姓名			承担任务	

2. 任务实践

作业内容	图 解	技术提要	记录
1 工作准备		1. 工作场景：丰田卡罗拉教学用车 2. 主要设备：教学用车、工具车、多媒体设备、工作台 3. 辅助材料：翼子板布和前格栅布、三件套、抹布、挂历白纸、白板笔、卡片纸、喷胶	
2 做好车辆前期准备工作		1. 安装车轮挡块，车轮挡块可放置在任意车轮的前后 2. 安装尾排 3. 安装驾驶室三件套（脚垫、座椅套和方向盘套） 4. 检查挡位，变速杆应置于 P 位；检查驻车制动器，手柄应拉紧	

作业内容	图　解	技术提要	记录
3 检查 近光灯		1.将灯光控制开关旋至二挡 2.检查近光灯是否正常点亮	
4 检查 远光灯		1.将变光器开关向前推开 2.检查远光灯是否正常点亮	
5 检查大灯 闪光		1.把变光器开关向后拉 2.检查大灯指示灯是否正常亮或闪 3.检查闪光器是否变光	
6 检查左右 转向灯		1.把变光器开关向上移动，检查左转向 　信号灯是否正常亮或闪 2.把变光器开关向下移动，检查右转向 　信号灯是否正常亮或闪	
7 检查转向 开关自动 回正		1.转向开关向下拨动 2.向左打方向 90° 3.回正方向盘，检查转向开关是否自动 　回位 4.右转检查方法同上	

续表

作业内容	图　解	技术提要	记录
8 检查危险 警告灯		1. 按下危险信号开关 2. 检查危险警告灯指示灯是否正常亮 3. 检查危险警告灯是否正常亮或闪烁	
9 检查 制动灯		1. 踩住制动踏板 2. 检查制动灯是否正常亮 3. 检查低位制动灯是否正常亮 **安全警告** 挡位一定要确保在＿＿挡	
10 检查 倒车灯		1. 踩制动踏板时，同时挂到倒挡 2. 检查倒车灯是否正常亮	
11 检查喇叭		1. 点火开关要在＿＿＿挡位 2. 按下喇叭按钮，喇叭应＿＿＿＿＿ 　　＿＿＿，而无沙哑声	
12 工作场地 整理		1. 依次收起＿＿和＿＿＿，收齐后放回 　　原位 2. 收回车轮挡块 3. 清洁车身、地面等 4. 整理车间，关闭用电设备开关 5. 对垃圾进行分类处理 6. 通过 5S 整理，养成良好的职业素养	

3. 实施总结

组内的分工	
熟练地运用	
存在的问题	
改进的措施	

三　学习目标达成情况

序号	学习内容（知识、技能、行为习惯、职业素养）	评价标准			
		了解知道	理解掌握	指导下操作	独立操作

课后延伸

一　理论测试

二　任务实施巩固

要求：对信号系统的检查过程用流程图的方法进行总结。

任务 3　报警系统的检修

任务案例

丰田 4S 店的维修部接到一辆轿车维修业务，该车启动后，仪表盘上有一个红色的灯常亮，车主无法判断车辆是否有问题。经检查，技术人员发现该车指示灯常亮，针对此故障需要检查该车指示灯常亮的原因，并进行相关检测。

课前导入

同学们，为了完成本次工作任务，请在课前利用多种途径查阅资料，预习相关知识点，也可扫一扫右侧的"课前学习资料"二维码进行学习，掌握本工作任务中涉及的应知应会知识点。

课前学习资料

知识点 1　报警系统的作用和组成

1. 报警系统作用

为了保证行车安全、提高车辆可靠性，在汽车仪表板上还安装了许多报警装置。

2. 报警系统组成

（1）报警灯开关

报警灯由报警开关控制，当被监测的系统或总成不工作时，对应的报警开关闭合，使该系统的报警灯亮。

（2）报警灯

灯泡：功率为 1～4W，前设有滤光片，片上有标准图形符号。

发光二极管：结构简单、寿命长、耗电少、易于识别。

知识点 2　报警信号灯的符号及作用

报警信号灯的符号及作用如表 6-3-1 所示。

表 6-3-1　报警信号灯的符号及作用

名称	图形符号	作用
雾灯指示灯		该指示灯用来显示前后雾灯的工作状况，当前后雾灯点亮时，该指示灯相应的标志就会点亮。关闭雾灯后，相应的指示灯熄灭

续表

名称	图形符号	作用
手刹指示灯		该指示灯用来显示车辆手刹的状态，平时为熄灭状态。当手刹被拉起后，该指示灯自动点亮。手刹被放下时，该指示灯自动熄灭。有的车型在行驶中放下手刹会伴随有警告音
水温指示灯		该指示灯用来显示发动机内冷却液的温度，钥匙门打开，车辆自检时，会点亮数秒，后熄灭。水温指示灯常亮，说明冷却液温度超过规定值，须立刻暂停行驶。水温正常后熄灭
ABS 指示灯		该指示灯用来显示 ABS 工作状况。当打开钥匙门，车辆自检时，ABS 灯会点亮数秒，随后熄灭。如果未闪亮或者启动后仍不熄灭，表明 ABS 出现故障
燃油指示灯		该指示灯用来显示车辆内储油量的多少，当钥匙门打开，车辆进行自检时，该指示灯会短时间点亮，随后熄灭。如启动后该指示灯点亮，则说明车内油量已不足
蓄电池指示灯		该指示灯用来显示电瓶使用状态。打开钥匙门，车辆开始自检时，该指示灯点亮。启动后自动熄灭。如果启动后该指示灯常亮，说明该蓄电池出现了使用问题，需要更换
机油压力报警灯		该指示灯用来显示发动机内机油的压力状况。打开钥匙门，车辆开始自检时，指示灯点亮，启动后熄灭。该指示灯常亮，说明该车发动机机油压力低于规定标准，需要维修
气囊指示灯		该指示灯用来显示安全气囊的工作状态，当打开钥匙门，车辆开始自检时，该指示灯自动点亮数秒后熄灭，如果常亮，则说明安全气囊出现故障
发动机自检灯		该指示灯用来显示车辆发动机的工作状况，当打开钥匙门，车辆自检时，该指示灯点亮后自动熄灭，如常亮则说明车辆的发动机出现了机械故障，需要维修
车门指示灯		该指示灯用来显示车辆各车门状况，当车门未关上，或者未关好时，相应的车门指示灯会点亮，提示车主车门未关好，当车门关闭或关好时，相应车门指示灯熄灭
清洗液指示灯		该指示灯用来显示车辆所装玻璃清洗液的多少，平时为熄灭状态，该指示灯点亮时，说明车辆所装载玻璃清洗液已不足，需添加玻璃清洗液。添加玻璃清洗液后，指示灯熄灭
远光指示灯		该指示灯用来显示车辆远光灯的状态。通常情况下该指示灯为熄灭状态。当车主打开远光灯时，该指示灯会同时点亮，以提示车主，车辆的远光灯处于开启状态
示宽指示灯		该指示灯用来显示车辆示宽灯的工作状态，平时为熄灭状态，当示宽灯打开时，该指示灯随即点亮。当示宽灯关闭或者关闭示宽灯打开大灯时，该指示灯自动熄灭

续表

名称	图形符号	作用
TCS 指示灯		该指示灯用来显示车辆 TCS（牵引力控制系统）的工作状态，多出现在日系车上。当该指示灯点亮时，说明 TCS 系统已被关闭
转向指示灯		该指示灯用来显示车辆转向灯工作状态。通常为熄灭状态。当车主打开转向灯时，该指示灯会同时点亮相应方向的转向指示灯，转向灯熄灭后，该指示灯自动熄灭
安全带指示灯		该指示灯用来显示安全带是否处于锁止状态，当该灯点亮时，说明安全带没有及时地扣紧。有些车型会有相应的提示音。当安全带被及时扣紧后，该指示灯自动熄灭
内循环指示灯		该指示灯用来显示车辆空调系统的工作状态，平时为熄灭状态。当按下内循环按钮，车辆关闭外循环，空调系统进入内循环状态时，该指示灯自动点亮。内循环关闭时熄灭

❓ 思考：你知道以下报警灯的名称及作用吗？

_____   _____

▶▶ **课中实践**

一 能力测评

二 工作任务

1.任务分组

班级		组号		指导老师	
组长		承担任务			

	姓名	承担任务
组员及分工		

2. 任务实践

作业内容	图　解	技术提要	记录
1 工作准备		1. 工作场景：丰田卡罗拉教学用车 2. 主要设备：教学用车、工具车、多媒体设备、工作台 3. 辅助材料：翼子板布和前格栅布、三件套、抹布、挂历白纸、白板笔、卡片纸、喷胶	
2 做好车辆前期准备工作		1. 安装车轮挡块，车轮挡块可放置在任意车轮的前后 2. 安装尾排 3. 安装驾驶室三件套（脚垫、座椅套和方向盘套） 4. 检查挡位，____应置于 P 位；检查驻车制动器，手柄应拉紧	
3 观察组合仪表警告灯		将点火开关转到____，检查所有的警告灯是否点亮，如放电警告灯、故障指示灯、油压警告灯等	
4 检查仪表板照明灯		1. 将钥匙打到 ON 挡位 2. 检查仪表板照明灯是否点亮	

续表

作业内容	图　解	技术提要	记录
5 控制开关旋至示宽灯挡位		1. 将钥匙打到 ON 挡位 2. 将控制开关旋至示宽灯挡位	
6 工作场地整理		1. 依次收起____和_____，收齐后放回原位 2. 收回车轮挡块 3. 清洁车身、地面等 4. 整理车间，关闭用电设备开关 5. 对垃圾进行分类处理 6. 通过 5S 整理，养成良好的职业素养	

3.实施总结

组内的分工	
熟练地运用	
存在的问题	
改进的措施	

三　学习目标达成情况

序号	学习内容（知识、技能、行为习惯、职业素养）	评价标准			
		了解知道	理解掌握	指导下操作	独立操作

课后延伸

一 理论测试

二 任务实施巩固

要求：对操作过程用思维导图方法进行总结。

任务 4　组合仪表总成的更换

任务案例

　　丰田 4S 店的维修部接到一辆轿车维修业务，该车在行驶过程中，车速表一直显示为 0km/h，故车主无法判断车辆的车速。经检查，技术人员发现该车车速表出现故障，针对此故障需要检查该车的组合仪表。

课前导入

　　同学们，为了完成本次工作任务，请在课前利用多种途径查阅资料，预习相关知识点，也可扫一扫右侧的"课前学习资料"二维码进行学习，掌握本工作任务中涉及的应知应会知识点。

课前学习资料

知识点 1　仪表系统的作用

　　仪表系统的作用是为了便于驾驶员随时了解汽车各个主要系统的工作情况，以正确使用汽车，及时发现问题、采取措施，保证汽车可靠而安全地行驶，故汽车上安装了仪表系统，该系统用来反映汽车的一些重要运行状态参数。

　　现代汽车大多采用组合仪表，组合仪表一般由面罩、边框、表芯、印制电路板、插接器、报警灯、指示灯及仪表灯等部件组成，有些仪表还带有电源稳压器和报警蜂鸣器。不同汽车的组合仪表中的仪表个数不同，图 6-4-1 所示为组合仪表。

图 6-4-1　组合仪表

❓ 思考：现在组合仪表的发展趋势是什么？打开创新思维，写一写你理想中汽车仪表能实现的功能。

知识点 2　组合仪表组成

汽车上较常用的仪表有机油压力表、冷却液温度表（简称水温表）、燃油表、转速表及车速里程表等。

1. 机油压力报警灯

机油压力报警灯安装在组合仪表内，用来指示发动机润滑系统机油压力的大小，如图 6-4-2 所示。

图 6-4-2　机油压力报警灯

2. 冷却液温度表

由冷却液温度表和冷却液温度传感器两部分组成，用于显示冷却液温度。冷却液温度表安装在组合仪表内，冷却液温度传感器安装在发动机气缸盖的冷却水套上，有电热式和电磁式两种。冷却液温度表与冷却液温度报警灯同时使用。如图 6-4-3 所示，为电热式冷却液温度表与电热式冷却液温度传感器的工作电路。

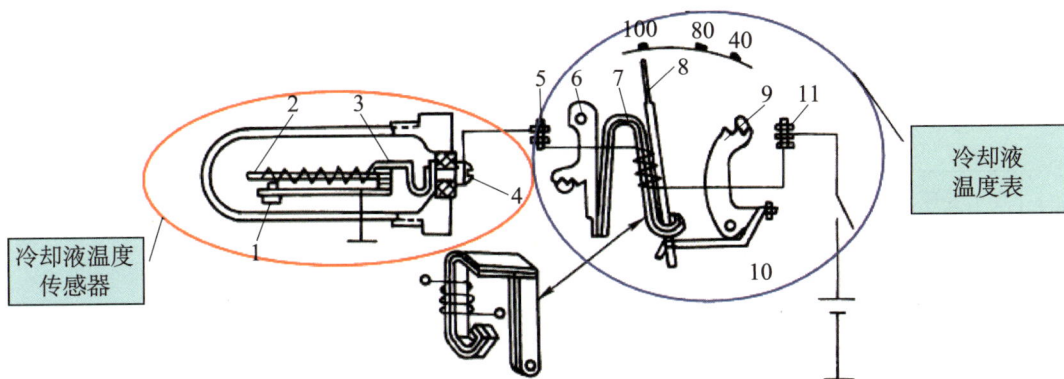

1—固定触点；2—双金属片；3—连接片；4—冷却液温度传感器接线柱；
5、11—冷却液温度表接线柱；6、9—调节齿扇；7—双金属片；8—指针；10—弹簧片

图 6-4-3　电热式冷却液温度表与电热式冷却液温度传感器的工作电路

如图 6-4-3 所示，电路电流的走向：电源正极→开关→接线柱 11→线圈（双金属片 7）→接线柱 5→接线柱 4→连接片 3→双金属片 2→固定触点 1→搭铁。当冷却液温度较低时，电热式冷却液温度传感器的温度也较低，双金属片 2 的变形量小，触点闭合的时间长，而打开时间短，通过指示表电热线圈的平均电流值大，使指示表双金属片 7 因温度较高而弯曲程度大，指针 8 偏转角度很大，冷却液温度表指针指向低温。反之，当冷却液温度较高时，电热式冷却液温度传感器的温度也较高，双金属片 2 的变形量大，触点闭合的时间短，而打开时间长，通过指示表电热线圈的平均电流值小，使指示表双金属片 7 因温度较低而弯曲程度小，指针 8 偏转角度很小，冷却液温度表指针指向高温。

3. 燃油表

燃油表用来指示汽车油箱中的油量。燃油传感器安装在油箱中。其工作原理如图6-4-4所示。

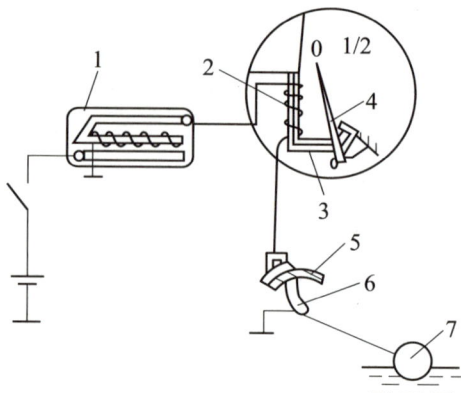

1—电源稳压器；2—加热线圈；3—双金属片；4—指针；5—可变电阻；6—滑片；7—浮子

图6-4-4 电热式燃油表的结构

❓ 思考：根据图6-4-4，写一写电热式燃油表的工作原理。

4. 车速里程表

车速里程表由车速表和里程表两部分组成，用来指示汽车行驶速度和累计行驶里程数。现在汽车上常用的是电子式车速里程表，由车速传感器、电子电路、步进电动机、车速表和里程表等组成，其工作原理如图6-4-5所示。

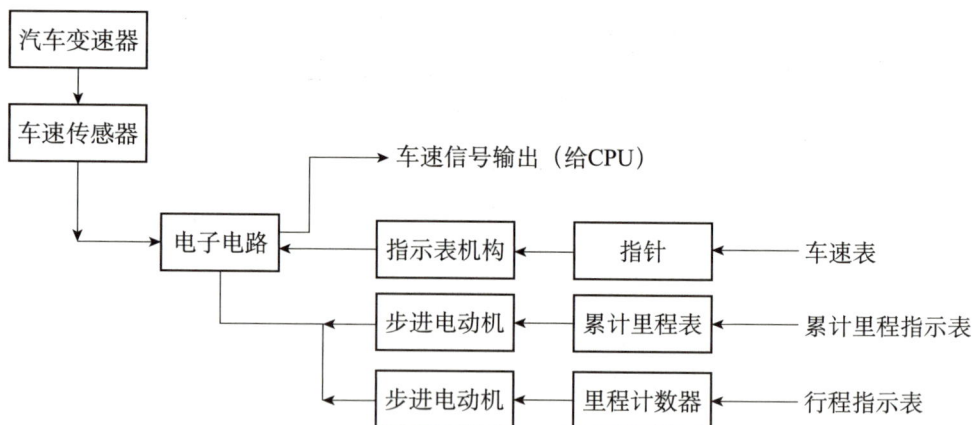

图6-4-5 电子式车速里程表结构框图

5. 发动机转速表

发动机转速表用于指示发动机的运转速度。转速表接收来自点火系统的脉冲信号，火花塞每跳火一次便发出一个脉冲电压。火花塞发火频率与发动机转速成正比。转速表内的电路将点火脉冲信号换成变化的电压，加至作为发动机转速表使用的电压表。

▶▶课中实践

一　能力测评

二　工作任务

1.任务分组

班级		组号		指导老师	
组长		承担任务			
组员及分工	姓名			承担任务	

2.任务实践

作业内容	图　解	技术提要	记录
1 工作准备		1. 工作场景：丰田卡罗拉教学用车 2. 主要设备：教学用车、工具车、多媒体设备、工作台 3. 辅助材料：翼子板布和前格栅布、三件套、抹布、挂历白纸、白板笔、卡片纸、喷胶	
2 做好车辆前期准备工作		1. 安装车轮挡块，车轮挡块可放置在任意车轮的前后 2. 安装尾排 3. 安装驾驶室三件套（脚垫、座椅套和方向盘套） 4. 检查挡位，变速杆应置于P位；检查驻车制动器，手柄应拉紧	

续表

作业内容	图　解	技术提要	记录
3 拆卸仪表板左下装饰板		用专用工具撬开仪表板左下装饰板，待卡爪分离后取下左下装饰板	
4 拆卸仪表板左端装饰板		用专用工具撬开仪表板左端装饰板，待卡爪分离后取下左端装饰板	
5 拆卸组合仪表装饰板总成		1. 操作倾斜度调节杆以降低方向盘总成 2. 在方向盘总成上方位置粘贴保护胶带 3. 分离导销、卡爪和3个卡子，并拆下组合仪表装饰板总成	
6 拆卸组合仪表总成螺钉		1. 用＿＿拆下组合仪表总成上的2个螺钉 2. 分离2个导销	
7 断开组合仪表总成连接器		1. 给组合仪表总成连接器解锁，断开连接器 2. 拆下组合仪表总成	
8 更换组合仪表总成		更换新的组合仪表总成	

续表

作业内容	图　解	技术提要	记录
9 连接组合 仪表总成 连接器		连接组合仪表总成的连接器	
10 安装组合 仪表总成 的螺钉		1. 接合 2 个导销 2. 用___旋紧组合仪表总成上的 2 个螺钉	
11 安装组合 仪表装饰 板总成		1. 接合导销、卡爪和 3 个卡子，并安装 　组合仪表装饰板总成 2. 清除转向柱罩上贴着的_____	
12 安装仪表 板左端装 饰板		安装仪表板左端装饰板	
13 安装仪表 板左下装 饰板		安装仪表板左下装饰板	
14 工作场地 整理		1. 依次收起____和_____，收齐后放回 　原位 2. 收回车轮挡块 3. 清洁车身、地面等 4. 整理车间，关闭用电设备开关 5. 对垃圾进行分类处理 6. 通过 5S 整理，养成良好的职业素养	

续表

3. 实施总结

组内的分工	
熟练地运用	
存在的问题	
改进的措施	

三 学习目标达成情况

序号	学习内容（知识、技能、行为习惯、职业素养）	评价标准			
		了解知道	理解掌握	指导下操作	独立操作

▶▶ 课后延伸

一 理论测试

二 任务实施巩固

要求：对组合仪表的更换过程用思维导图方法进行总结。

项目 ❼
汽车辅助电气设备检修

📝 项目描述

按照汽车辅助电气设备检修的要求，学习刮水器、电动座椅、电动车窗等基础知识，结合维修手册制订辅助电气设备维修方案，规范进行常见故障的检测与维修。

⚙ 学习目标

项目7

任务1 刮水器、洗涤器的检修
1. 能说出雨刮系统的功用和组成。
2. 能进行雨刮系统的功能检查。
3. 能分析雨刮系统的工作原理。
4. 能进行雨刮系统的检修。
5. 能说出刮水器电动机的更换流程。
6. 能进行刮水器电动机的更换。

任务2 电动座椅的检修
1. 能说出电动座椅的功用和组成。
2. 能进行电动座椅的功能检查。
3. 能分析电动座椅的控制电路。
4. 能进行电动座椅的检修。
5. 能提升调研能力和沟通能力。
6. 能了解中国汽车文化，培养学生民族自豪感。

任务3 电动车窗的检修
1. 能说出电动车窗的功用和组成。
2. 能进行电动车窗的功能检查。
3. 能分析电动车窗的控制电路。
4. 能进行电动车窗的检修。
5. 能认识不同国产品牌之间辅助电气的类型，增强民族品牌意识。

任务4 电动后视镜的检修
1. 能说出电动后视镜的功用和组成。
2. 能进行电动后视镜的功能检查。
3. 能分析电动后视镜的控制电路。
4. 能进行电动后视镜的检修。

任务5 中控门锁的检修
1. 能说出中控门锁的功用和组成。
2. 能进行中控门锁的功能检查。
3. 能分析中控门锁的控制电路。
4. 能进行中控门锁的检修。

任务 1　刮水器、洗涤器的检修

任务案例

　　丰田品牌 4S 店的维修部接到一辆轿车维修业务，该车车主反馈，在使用汽车刮水器时，喷水位置偏上，并且挡风玻璃刮洗不干净，故影响驾驶安全。经检查，技术人员确定是雨刮喷嘴位置异常，导致喷射位置不准确。同时初步观察到雨刮片出现老化情况，且胶条硬化并出现裂纹，针对此故障需要对刮水器系统部件拆卸检测，并进行维护和更换。

课前导入

　　同学们，为了完成本次工作任务，请在课前利用多种途径查阅资料，预习相关知识点，也可扫一扫右侧的"课前学习资料"二维码进行学习，掌握本工作任务中涉及的应知应会知识点。

课前学习资料：
刮水器、洗涤
器的检修

课前学习资料：
刮水器电机的
更换

知识点 1　刮水器的作用及分类

1. 刮水器系统的作用

　　为了保证驾驶员在雨天、雪天和雾天有良好的视线，轿车都安装有挡风玻璃刮水器，它具有一个或两个以上的橡胶刷，由驱动装置带着来回摆动，以除去玻璃上的水、雪等。

2. 刮水器的分类

（1）根据安装位置不同：

①前风窗刮水器；

②后风窗刮水器。

（2）根据驱动装置不同：

①真空式：由真空泵驱动；

②气动式：应具有空气气源；

③电动式：结构简单，控制效果好。

　　❓ 思考：汽车刮水器在不同类型的汽车上存在差别，请通过查阅资料、观察车辆等方法，从配备数量、位置、刮擦形式等方面进行总结，并填写在下方表格。

车辆类型	配备数量	安装位置	刮擦形式	其他

知识点 2　刮水器挡位识别

为了保证驾驶员在雨天、雪天和雾天有良好的视线，轿车都安装有挡风玻璃刮水器，驾驶员根据不同的使用场景选择合适的挡位。

❓ 思考：结合图 7-1-1，在实车上操作雨刮组合开关，观察每个挡位雨刮的动作情况，并写出刮水器常见挡位。

①OFF：_____

②INT：_____

③LO：_____

④HI：_____

⑤MIST：_____

图 7-1-1　刮水器挡位开关

知识点 3　刮水器系统的组成

刮水器主要由直流电动机、减速机构、连杆、摆杆、刮臂、刮水片等组成。刮水器的左右雨刮片被刮水刷臂片靠在风窗玻璃外表面上。电动机驱动减速机构旋转，并使驱动杆做往复运动，带动刮水刷臂和雨刮片左右摆动，最终实现对风窗玻璃的清洁。

❓ 思考：查阅相关资料，完成图 7-1-2 所示的刮水器部件名称图，并用卡片写出部件名称贴至实车相应位置。

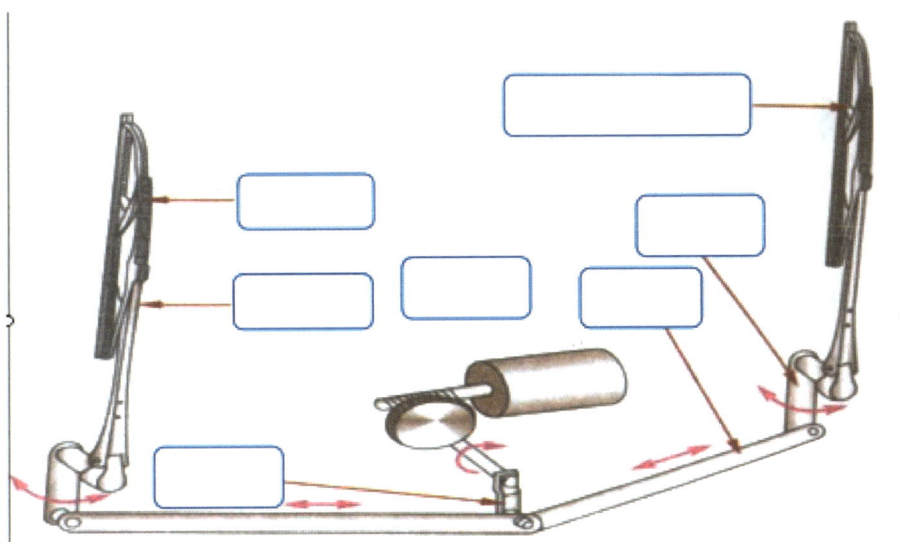

图 7-1-2　刮水器结构图

知识点 4 刮水器的工作原理

1. 刮水器的变速原理

刮水器的变速是利用直流电动机变速原理来实现的，由直流电动机电压平衡方程式可得转速公式为

$$n = \frac{U - IR}{kZ\varphi}$$

式中，U——电动机端电压；

I——通过电枢绕组的电流；

R——电枢绕组的电阻；

k——常数；

Z——正、负电刷间串联的绕组（导体）数；

φ——磁极磁通。

在电压 U 和直流电动机定型的条件下，即 I、R、k 均为常数时，当磁极磁通 φ 增大时转速 n 下降，反之，则转速上升。若两电刷之间的电枢绕组（导体）数 Z 增多时，转速 n 也下降，反之，则上升。所以，刮水器变速是在直流电动机变速的理论基础上，采取改变电动机磁极磁通的强弱，或者改变两电刷之间的导体（绕组）数多少来实现的。

2. 刮水器的工作原理

其工作原理如图 7-1-3 所示。电源开关 2 接通，当刮水器开关 12 置于"Ⅰ"挡时，电刷 4、10 工作，电动机通电，因电刷 4、10 间串联的电枢线圈较多，电枢在永久磁场作用下低速运转。电路为蓄电池正极→电源开关 2→熔丝 3→电刷 4→电枢绕组→电刷 10→刮水器开关 12→搭铁→蓄电池负极。

当刮水器开关 12 置于"Ⅱ"挡时，电刷 4、11 工作，电动机通电，因电刷 4、11 间串联的电枢线圈减少，电枢在永久磁场作用下高速运转。电路为：蓄电池正极→电源开关 2→熔丝 3→电刷 4→电枢绕组→电刷 11→刮水器开关 12→搭铁→蓄电池负极。

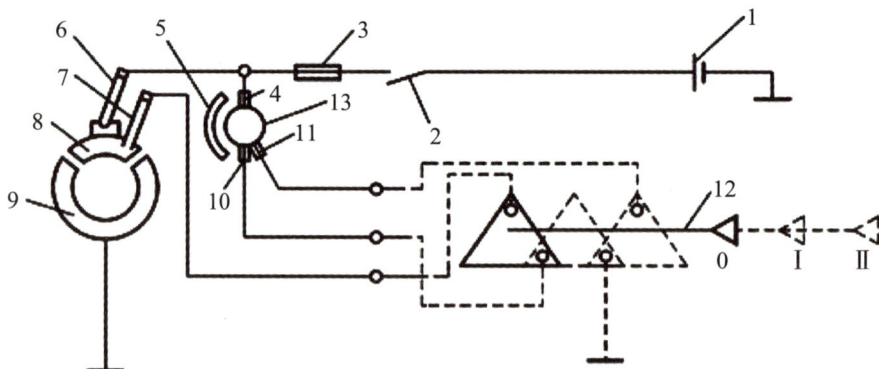

1—蓄电池；2—电源开关；3—熔丝；4、10、11—电刷；5—永久磁铁；6、7—自动复位触片；
8、9—自动复位滑片；12—刮水器开关；13—电枢

图 7-1-3 永磁式双速刮水器控制线路

3. 刮水器的自动复位装置

自动复位是指在切断电动刮水器开关时，刮水片能自动停在驾驶员视野以外的指定位置。自动复位装置及其工作原理有以下两种。

（1）凸轮式自动复位机构

如图 7-1-4 所示，凸轮与电枢轴联动，触点由凸轮控制。当断开刮水器开关时，若刮水片没有停在指定位置，则凸轮继续将触点顶在闭合位置，电动机继续转动，刮水片到达指定位置时，电动机才停止转动。

（2）短路反电动势自动复位机构

如图 7-1-5 所示，刮水片没有到达指定位置时，电动机继续通电转动；刮水片到达指定位置时，电枢被短路，相当于一个发电机，产生一个反电动势，在反电动势制动力矩的作用下，电动机迅速停转。

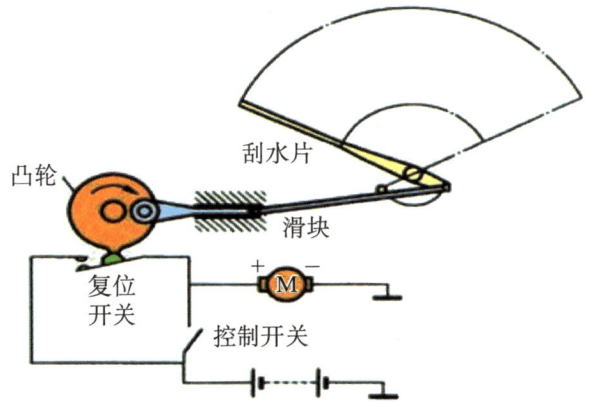

图 7-1-4　凸轮式自动复位机构

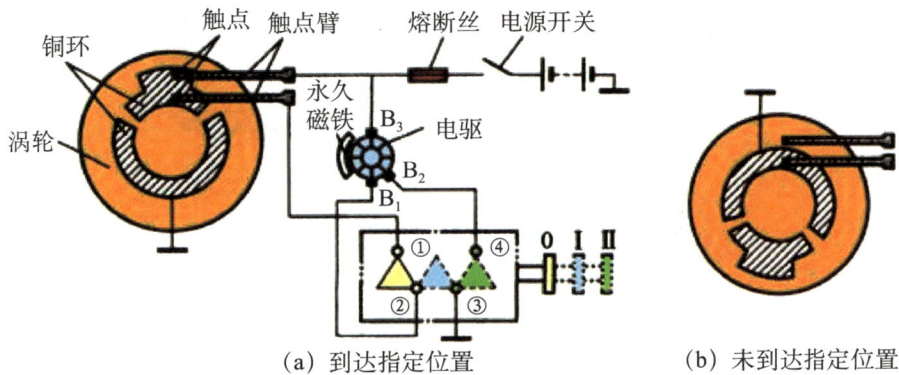

（a）到达指定位置　　　　（b）未到达指定位置

图 7-1-5　短路反电动势自动复位机构

4. 刮水器的间歇控制

刮水器间歇控制的作用，一是在与洗涤器配合使用时，可以达到先洗后刮的循环刮洗工序，从而提高刮洗效果；二是在毛毛细雨时，雨量少，如果刮水器仍按原来那样不断地工作，不仅会引起刮片的颤动，而且也会对玻璃有损伤。

刮水器的间歇控制按其间歇时间能否调节分为可调式和不可调式。

❓ 思考：以某一款车型为例，画出其刮水器的工作原理电路图，并以某一工作为例，叙述其工作原理。

车型：＿＿

电路图：

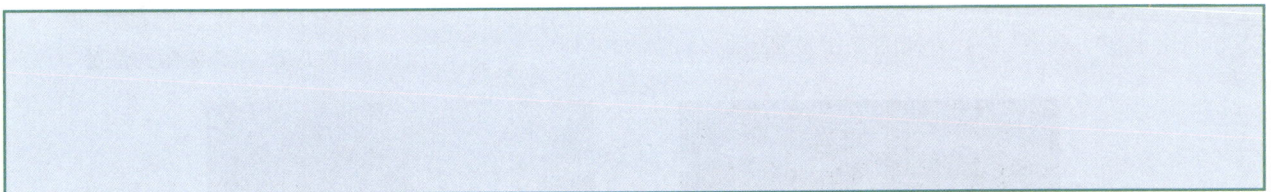

工作原理：＿＿＿＿＿＿＿＿＿＿＿＿＿＿＿＿＿＿＿＿＿＿＿＿＿＿＿＿＿＿＿＿＿＿＿＿＿

＿＿

＿＿

知识点 5 风窗洗涤器的作用及组成

1.洗涤器系统的作用

汽车在灰尘较多的环境中行驶时，一些灰尘飘落在风窗上会影响驾驶员的视线。为此在许多汽车的刮水器系统中增设了清洗装置，必要时向风窗表面喷洒专用清洗液或水，在刮水片配合工作下，保持风窗表面洁净。

2.洗涤器系统的组成

洗涤器系统由洗涤液罐、洗涤泵、软管、三通喷嘴和刮水器开关组成，如图 7-1-6 所示。

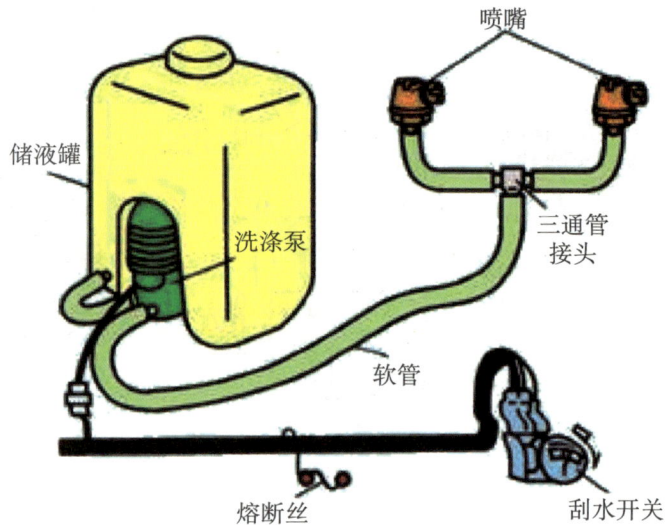

图 7-1-6　洗涤器系统组成

（1）洗涤液罐

洗涤液＝水＋添加剂（防冻剂、去垢剂、缓蚀剂等）。洗涤液罐的位置如图 7-1-7 所示。

（2）洗涤泵

由永磁直流电机和离心式液压泵（吸油、压油）组成一体。

（3）软管

（4）三通喷嘴

喷嘴的喷射压力为 70～80kPa，喷嘴位置在风窗玻璃下面，其方向可调整，如图 7-1-8 和图 7-1-9 所示。

图 7-1-7　洗涤液罐的位置

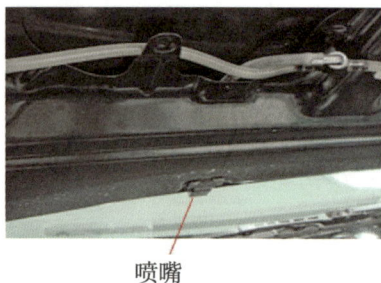

图 7-1-8　丰田卡罗拉洗涤器的喷嘴

图 7-1-9　雪佛兰科鲁兹洗涤器喷嘴

❓ 思考：雨刮器需要配合风窗洗涤液对风窗进行清洁，目前，市场上的风窗洗涤液有很多种类，请查阅相关资料，写出常见的类型。

知识点 6　洗涤器的工作原理及检修

1. 洗涤器的工作原理

洗涤器工作原理如图 7-1-10 所示。洗涤器电路比较简单，一般和刮水器共用一个熔丝。有的车单独设置安装清洗开关，有的则和刮水器开关组合在一起，以便于操作。

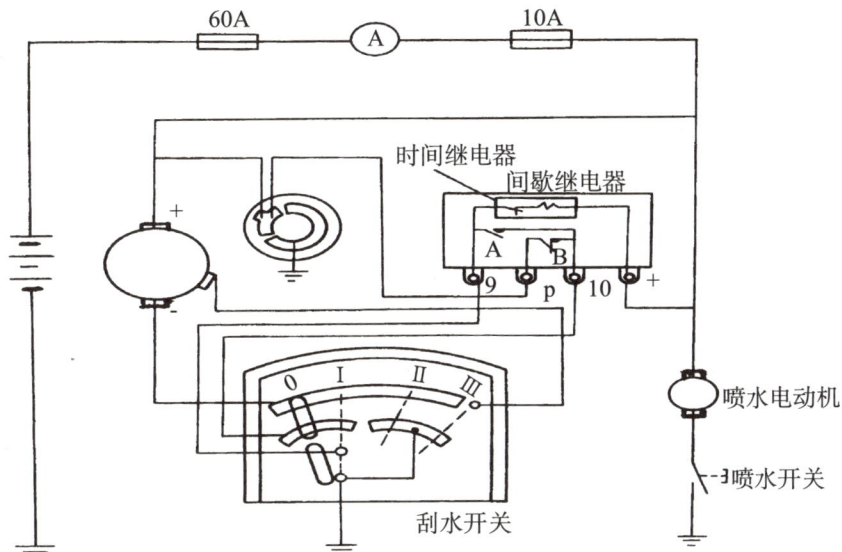

图 7-1-10　洗涤器的工作原理示意图

当清洗开关接通时，清洗电动机带动液压泵转动，将清洗液加压，通过输液管和喷嘴喷洒到风窗玻璃表面。

2. 常见故障诊断与排除

洗涤器系统常见故障有所有喷嘴都不工作和个别喷嘴不工作两种。

主要故障原因：清洗电动机或开关损坏；线路断路；清洗液液面过低或连接管脱落；喷嘴堵塞。

诊断步骤：如果所有喷嘴都不工作，先检查清洗液液面和连接管是否正常；然后检查清洗电动机搭铁线和电源线有无断路、松脱；检查开关和电动机是否正常。如果个别喷嘴不工作，一般是喷嘴堵塞所致。

有些轿车还有前照灯清洗装置，其原理和常见故障及诊断方法与洗涤器相同。

❓ 思考：通过走访汽车维修企业，总结汽车风窗洗涤器系统常见的故障现象，并以某一现象为例，写出故障排除思路。

调研车型：＿＿＿＿＿＿＿＿＿＿＿＿＿＿＿＿＿＿＿＿＿＿＿＿＿＿＿＿＿

故障现象：＿＿＿＿＿＿＿＿＿＿＿＿＿＿＿＿＿＿＿＿＿＿＿＿＿＿＿＿＿

排除思路：＿＿＿＿＿＿＿＿＿＿＿＿＿＿＿＿＿＿＿＿＿＿＿＿＿＿＿＿＿

＿＿＿＿＿＿＿＿＿＿＿＿＿＿＿＿＿＿＿＿＿＿＿＿＿＿＿＿＿＿＿＿＿＿＿

＿＿＿＿＿＿＿＿＿＿＿＿＿＿＿＿＿＿＿＿＿＿＿＿＿＿＿＿＿＿＿＿＿＿＿

＿＿＿＿＿＿＿＿＿＿＿＿＿＿＿＿＿＿＿＿＿＿＿＿＿＿＿＿＿＿＿＿＿＿＿

知识点 7　风窗除霜系统的作用及组成

❓ 思考：气候寒冷的冬天，在挡风玻璃上容易形成雾气，影响驾驶员的视线，分析形成雾气的位置、原因，以及通过汽车自带功能解决此问题的措施。

＿＿＿＿＿＿＿＿＿＿＿＿＿＿＿＿＿＿＿＿＿＿＿＿＿＿＿＿＿＿＿＿＿＿＿

＿＿＿＿＿＿＿＿＿＿＿＿＿＿＿＿＿＿＿＿＿＿＿＿＿＿＿＿＿＿＿＿＿＿＿

＿＿＿＿＿＿＿＿＿＿＿＿＿＿＿＿＿＿＿＿＿＿＿＿＿＿＿＿＿＿＿＿＿＿＿

＿＿＿＿＿＿＿＿＿＿＿＿＿＿＿＿＿＿＿＿＿＿＿＿＿＿＿＿＿＿＿＿＿＿＿

1. 风窗除霜系统的作用

在较冷的季节，有雨、雪或雾的天气，空气中的水分会在冷的风窗玻璃上凝结成细小的水滴甚至结冰，从而影响驾驶员的视线。为了防止水蒸气在风窗玻璃上凝结，设置风窗除霜装置，需要时该装置可以对风窗玻璃加热。

2. 除霜的方法

（1）前风窗玻璃：在汽车空调系统的风道中加设除霜器风门。

（2）后风窗玻璃：采用除霜加热线，利用电阻丝组成的电栅加热除霜。

3. 风窗除霜系统的组成

后风窗除霜系统的组成及原理如图 7-1-11 所示。

后风窗除霜器一般是在玻璃成型过程中，将很细的电阻丝烧结在玻璃表面上。由一组平行的含银陶瓷电阻丝组成，在玻璃两侧有汇流条，各焊有一个接线柱，其中一个用以供电，另一个是搭铁接线柱。这种除霜器的工作电流较大，因此电路中除设有开关外，有的还设有一个定时继电器。这种继电器在通电 10min

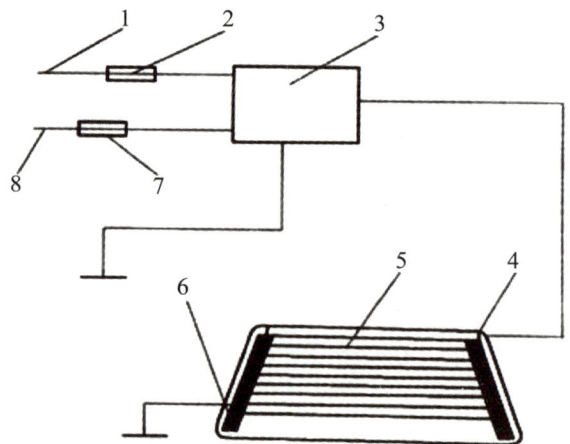

1—接蓄电池；2、7—熔断器；3—开关/定时继电器；
4—供电接线柱；5—后窗电栅；6—搭铁接线柱；
8—接点火开关

图 7-1-11　电热式后风窗除霜电路原理图

后即能自动断电，如霜还没有除净，驾驶员可再次接通开关，但在这之后每次只能通电 5min。

　　除霜器的电阻随温度的变化而变化，具有正温度系数。温度低时，阻值减小，电流增大；温度高时，阻值增大，电流减小。因此，除霜器自身具有一定的调节功能。

　　对电阻丝通电控制方式可分为手动和自动两种。自动控制除霜装置由开关、自动除霜传感器启动除霜控制器、电阻丝电栅等组成，如图 7-1-12 所示。

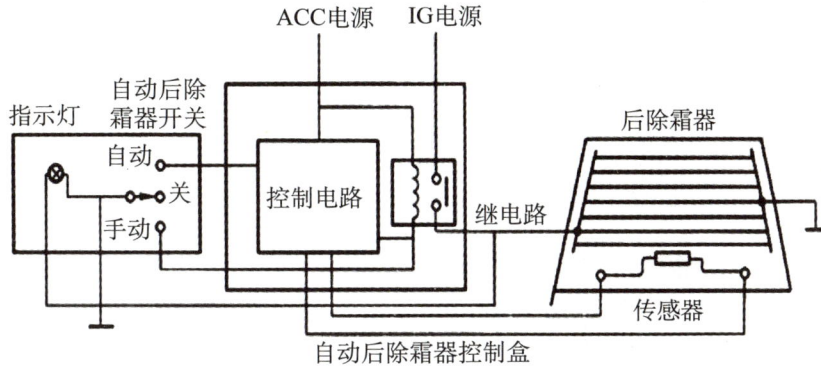

图 7-1-12　后风窗自动控制除霜系统

课中实践

一　能力测评

二　工作任务

1. 任务分组

班级		组号		指导老师	
组长		承担任务			
组员及分工	姓名			承担任务	

2. 任务实践

（1）刮水器和洗涤器的检查调整

作业内容	图　解	技术提要	记录
1 工作准备		1. 工作场景：丰田卡罗拉教学用车 2. 主要设备：教学用车、工具车、多媒体设备、工作台 3. 辅助材料：翼子板布和前格栅布、三件套、抹布、挂历白纸、白板笔、卡片纸、喷胶	
2 做好车辆前期准备工作		1. 安装车轮挡块，车轮挡块可放置在任意车轮的前后 2. 安装尾排 3. 安装驾驶室三件套（脚垫、座椅套和方向盘套） 4. 检查挡位，变速杆应置于 P 位；检查驻车制动器，手柄应拉紧	
3 启动发动机		1. 发动机启动前，要再次确认变速杆是否置于 P 位，拉起驻车制动器手柄 2. 启动发动机	
4 将刮水器开关向上方提一次		将刮水器开关向上方提一次	
5 检查洗涤器喷洒压力是否足够		1. 洗涤器喷射应有力 2. 如果刮水器开动时无清洗液喷出，则刮水器电动机有可能被烧坏	

作业内容	图　解	技术提要	记录
6 检查刮水器是否协同工作		刮水器应协同工作，停止在最__位置	
7 检查洗涤液喷射位置是否正确		洗涤液喷射位置应集中在刮水器工作范围内	
8 调节喷射方向		1. 在喷嘴内插入一根与洗涤器喷嘴孔相匹配的钢丝 2. 调整喷洒的方向，对准喷嘴使洗涤液喷洒在刮水器刮水范围的中间	
9 检查刮水器各挡位工作情况		1. 在发动机怠速运转情况下，操纵刮水器开关，检查刮水器工作情况，分别打到___、___、___挡位 2. 各挡位停留时间要适当，不宜过短	
10 关闭刮水器开关，检查刮水器自动停止位置		当刮水器开关关闭时，刮水器应自动停止在正确位置	

作业内容	图　解	技术提要	记录
11 检查刮水器刮拭状况		1. 刮水器不得产生以下问题： （1）条纹式的刮水痕迹 （2）刮水效果不好 2. 检查完毕应关闭发动机	
12 熄灭发动机		将点火钥匙旋到 OFF 挡，熄灭发动机	
13 检查刮水片是否损坏		检查刮水片是否磨损严重、老化、损坏等，如果是，则更换；检查是否黏附砂砾、昆虫等杂物，如果是，应清洁	
14 更换刮水片		1. 卸下旧的刮水片 2. 安装新的刮水片 3. 安装新刮水片后要再次检查刮水器的刮拭效果	
15 工作场地整理		1. 依次收起____和_____，收齐后放回原位 2. 收回车轮挡块 3. 清洁车身、地面等 4. 整理车间，关闭用电设备开关 5. 对垃圾进行分类处理 6. 通过 5S 整理，养成良好的职业素养	

（2）刮水器电动机的更换

作业内容	图　解	技术提要	记录
1 工作准备		1. 工作场景：丰田卡罗拉教学用车 2. 主要设备：教学用车、工具车、多媒体设备、工作台 3. 辅助材料：翼子板布和前格栅布、三件套、抹布、挂历白纸、白板笔、卡片纸、喷胶	
2 抬起 刮水片		1. 检查刮水片是否损坏，如有损坏，及时更换 2. 检查刮水片摇臂杆是否有弯曲、折断现象，如果有，及时修理更换	
3 取下 刮水片		找到刮水器卡扣，轻轻向里推刮水片，取下刮水片	
4 清洁 刮水片		1. 刮水片放到指定位置，清理干净 2. 仔细检查刮水片是否损坏，如果有，更换新刮水片	
5 取下 塑料盖		使用工具轻轻撬起塑料盖	

作业内容	图　解	技术提要	记录
6 轻放摇臂		将刮水片操作杆轻轻放下	
7 旋松螺栓		1.用中号扳手、套筒、接杆旋松操作杆 　固定螺栓 2.取下固定螺母，放到指定工具车上	
8 取下摇臂		取摇臂杆时将操作杆支起，轻轻用手向 上提起，如果太紧，轻轻晃动便可	
9 取下发动 机舱盖后 挡风雨条		用手拆下发动机舱盖后挡风雨条	
10 取下 装饰板上 装饰扣		轻轻取下螺母，放到指定位置，并及时 清洁螺栓处	

作业内容	图　解	技术提要	记录
11 取下塑料装饰板		1. 打开发动机舱盖，安装前格栅布、翼子板布 2. 取下风窗玻璃下方的塑料装饰板	
12 拔下插接器		按下卡扣、取下刮水器电动机接线插接器	
13 旋松刮水器电动机固定螺栓		选择合适工具旋松刮水器电动机固定螺栓	
14 取下电动机及连杆机构		轻轻从车上取下电动机及连杆机构	
15 拆下刮水器电动机		选择合适的工具从连杆机构上拆下刮水器电动机	

续表

作业内容	图　解	技术提要	记录
16 检查刮水器电机		1.连接导线，检查刮水器电动机是否正常工作 2.检查刮水器电动机是否能够实现低速、高速旋转	
17 安装复位		按照拆除步骤，将刮水电机复位	
18 工作场地整理		1.依次收起____和_____，收齐后放回原位 2.收回车轮挡块 3.清洁车身、地面等 4.整理车间，关闭用电设备开关 5.对垃圾进行分类处理 6.通过 5S 整理，养成良好的职业素养	

3. 实施总结

组内的分工	
熟练地运用	
存在的问题	
改进的措施	

三　学习目标达成情况

序号	学习内容（知识、技能、行为习惯、职业素养）	评价标准			
		了解知道	理解掌握	指导下操作	独立操作

课后延伸

一　理论测试

二　任务实施巩固

要求：课后利用家用车辆进行雨刮条的更换，并对操作流程进行总结。

任务2　电动座椅的检修

任务案例

某汽车美容装潢公司接待组接到一部新车，客户表示购买的车辆座椅为手动调节，想升级为多功能座椅。针对此，需要向客户介绍各种类型的多功能座椅，引导客户进行实车体验及功能的操作。

课前导入

同学们，为了完成本次工作任务，请在课前利用多种途径查阅资料，预习相关知识点，也可扫一扫右侧的"课前学习资料"二维码进行学习，掌握本工作任务中涉及的应知应会知识点。

课前学习资料

知识点 1　电动座椅的作用及组成

1. 电动座椅的作用

为了提高驾驶员和乘客的舒适性，许多轿车安装了电动座椅。它可以满足驾驶员多种姿势情况下的操作和安全的要求，当然也包括对乘客的舒适性和安全性的要求。

2. 电动座椅的组成

电动座椅由座椅开关、电动机、传动机构和控制装置等组成，如图 7-2-1 所示。

（1）电动机

电动机的数量取决于电动座椅的类型，通常两向移动座椅装有 2 个电动机，四向移动的座椅装有 4 个电动机，以此类推。大多数电动座椅使用永磁式电动机，通过开关来操纵电动机按不同方向旋转。为防止电动机过载，大多数永磁电动机内装有断路器。

（2）传动机构

电动机的旋转运动通过传动机构改变座椅的空间位置。

①高度调整机构。高度调整机构由蜗杆

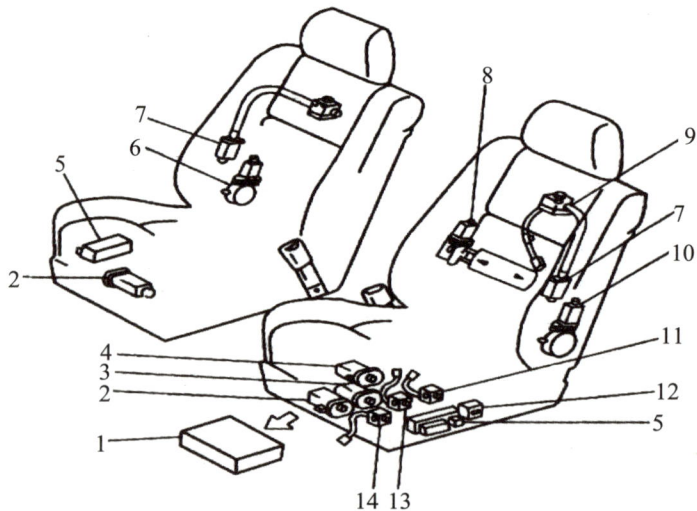

1—电动座椅 ECU；2—前后调节电动机；3—前高度调节电动机；4—后高度调节电动机；5—电动座椅开关；6—倾斜调节电动机；7—头枕调节电动机；8—腰垫调节电动机；9—位置传感器（头枕）；10—倾斜调节电动机和位置传感器；11—位置传感器（后高度）；12—腰垫开关；13—位置传感器（前高度）；14—位置传感器（前后）

图 7-2-1　电动座椅的组成

轴、蜗轮、心轴等组成，如图 7-2-2 所示。调整时蜗杆轴在电动机的驱动下，带动蜗轮转动，从而保证心轴旋进或旋出，进而实现座椅的上升与下降。

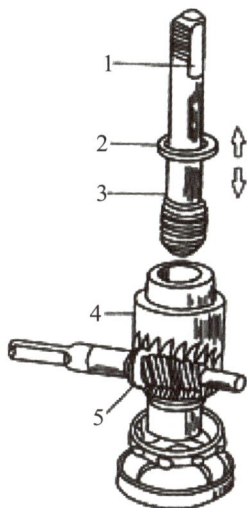

1—铣平面；2—止推垫片；3—心轴；
4—蜗轮；5—挠性驱动蜗杆轴

图 7-2-2　高度调整机构

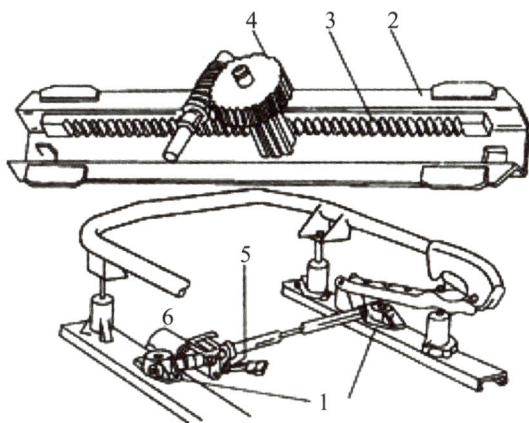

1—支承及导向元件；2—导轨；3—齿条；
4—蜗轮；5—反馈信号电位计；6—调整电动机

图 7-2-3　纵向调整机构

②纵向调整机构。纵向调整机构由蜗杆、蜗轮、齿条、导轨等组成，如图 7-2-3 所示。齿条装在导轨上，调整时，电动机转矩经蜗杆传至两侧的蜗轮 4 上，经导轨上的齿条，带动座椅前后移动。

❓ 思考：通过查阅资料、走访 4S 店、调研汽车改装厂等企业，了解目前电动座椅的功能及配备情况。

功能	配备车型	收集形式	其他

🚗 知 识 点 2　电动座椅的工作原理及检修

1. 电动座椅的基本工作原理

电动座椅最普通的形式是使用三个电动机实现座椅六个不同方向的位置调整：上、下、前、后、前倾、后倾，如图 7-2-4 所示。三个电动机分别称为前高度调节电动机、后高度调节电动机与前后调节电动机。用这三个电动机控制座椅前部高度、后部高度以及座椅的前后移动，实现座椅位置调整。

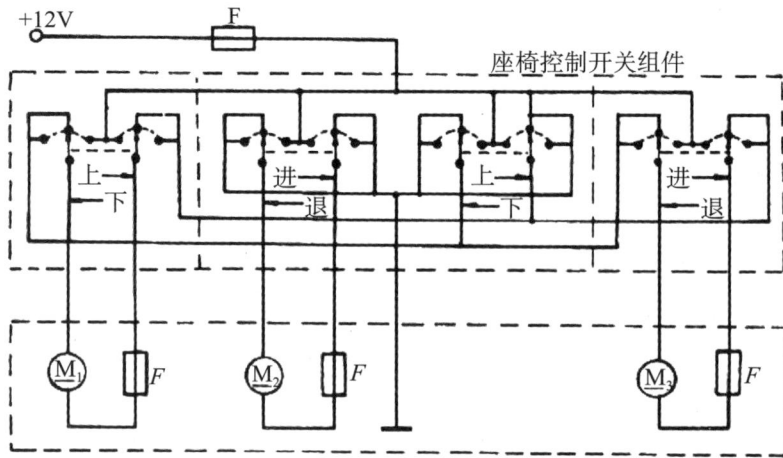

图 7-2-4　电动座椅工作原理示意图

2. 电动座椅的控制电路

以广州本田雅阁轿车驾驶座电动座椅控制电路为例进行分析，如图 7-2-5 所示。该车有 8 种可调方式：前端上、下调节；后端上、下调节；前、后调节；向前、向后倾斜调节。

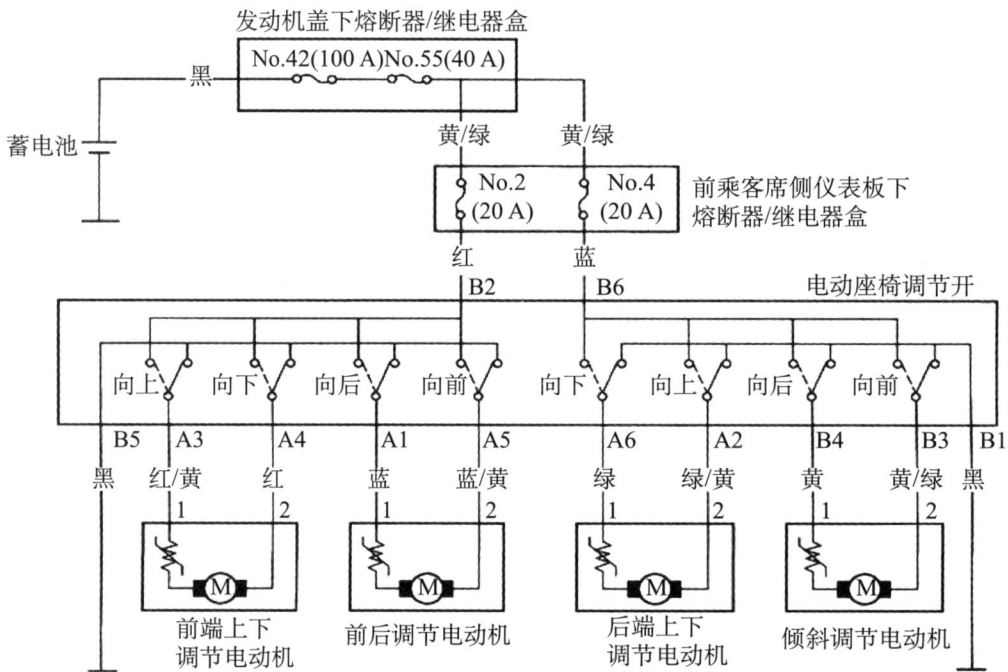

图 7-2-5　本田雅阁电动座椅控制电路

3. 带记忆功能的电动座椅

有些电动座椅系统具有储存功能。通过位置传感器（电位计）来检测座椅的调定位置，座椅的位置固定后，驾驶员按下存储器相应的按钮，存储器就将位置传感器的信息储存起来，作为以后自动调整的依据。需要时，只要按存储器相应的按钮，就能按储存的各个座椅的位置要求自动调整座椅的位置。图 7-2-6 为装有四个调整座椅的电动机和单独存储器的电动座椅系统示意图。

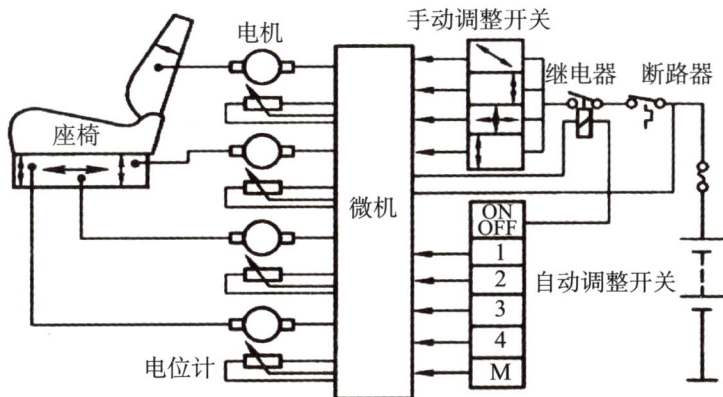

图 7-2-6 装有四个调整座椅的电动机和单独存储器的电动座椅系统示意图

4. 电动座椅常见故障检修

电动座椅常见故障有完全不动作或某个方向不能工作。

（1）电动座椅完全不动作

①主要原因：熔断器断路；线路断路；座椅开关有故障等。

②诊断步骤：首先检查熔断器是否断路，若熔断器良好，则应检查线路连接是否正常，最后检查开关。对于有储存功能的电动座椅系统，还应检查控制单元（ECU）的电源电路和搭铁线是否正常，若开关、线路等都正常，应检查控制单元。

（2）电动座椅某个方向不能工作

①主要原因：该方向对应的电动机损坏；开关、连接导线断路。

②诊断步骤：先检查线路是否正常，再检查开关和电动机。

❓ 思考：以某款车型为例，画出电动座椅的电路图，并描述其向前移动的工作原理。

车型：_____

电路图：

工作原理：_____

_____

_____

_____

❓ 思考：提到豪华汽车品牌，很多人会想到一些国外的品牌车辆，但其实随着国家不断发展，一批优秀的国内企业家在汽车等领域已经取得了非常高的成就，带领国内的汽车品牌走到了世界舞台的前列。尤其党的二十大以来，国家坚持把发展经济的着力点放在实体经济上，推进新型工业化，加快建设制造强国、质量强国、航天强国、交通强国、网络强国、数字中国。国内的汽车行业爆发出新的动力。请课后查询资料，与同学们分享这些名人故事，写出你最喜欢的一位和原因。

_____

_____

_____

▶▶ 课中实践

一 能力测评

二 工作任务

1. 任务分组

班级		组号		指导老师	
组长		承担任务			
组员及分工	姓名			承担任务	

2. 任务实践

作业内容	图　解	技术提要	记录
1 准备工作		1. 安装车轮挡块，车轮挡块可放置在任意车轮的前后 2. 安装驾驶室三件套（脚垫、座椅套和方向盘套） 3. 检查挡位，变速杆应置于 P 位；检查驻车制动器，手柄应拉紧	

续表

作业内容	图 解	技术提要	记录
2 检查电动座椅有无松动	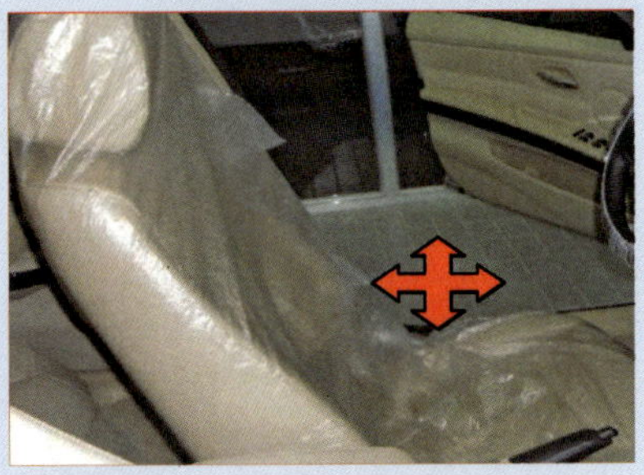	1.用手抓紧电动座椅前后左右轻微地晃动，感觉是否有明显的松动或明显的异响 2.如果有明显的松动，必须紧固电动座椅螺栓，并做进一步的检查	
3 检查电动座椅的纵向、垂直、倾斜移动	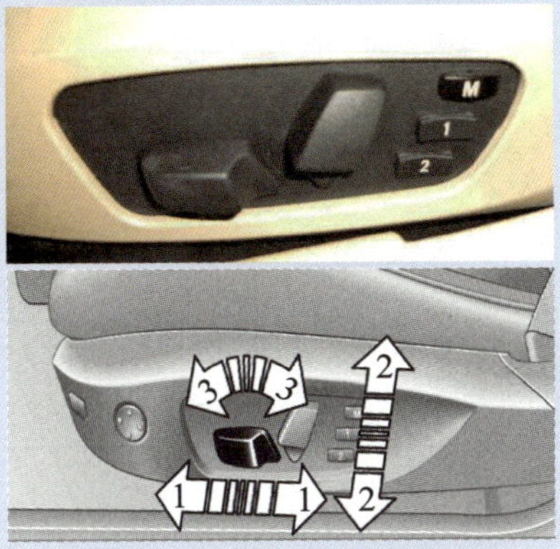	按照图示操作按钮，观察座椅的变化： 1—纵向移动；2—垂直移动；3—倾斜度变化	
4 检查电动座椅靠背调整		按照图示操作按钮，观察座椅靠背的变化	
5 检查电动座椅位置记忆功能	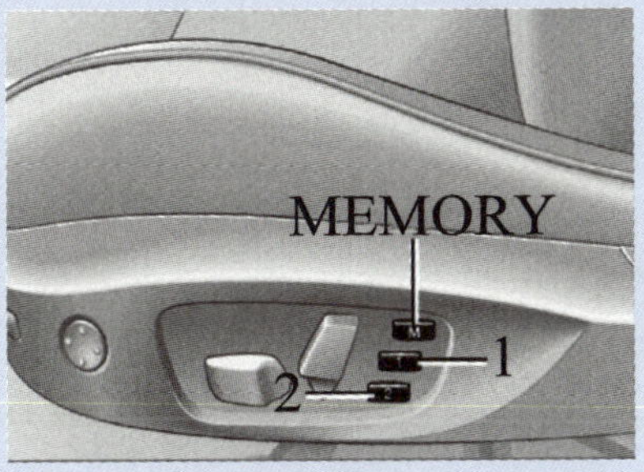	可以存储和调用两个不同的驾驶员座椅位置： 1.接通收音机待机状态和点火装置 2.设置所需要的座椅位置 3.按压按钮 M，按钮内的指示灯亮起 4.按压希望的存储按钮1或2，指示灯熄灭 5.关闭并再打开点火开关，按压住按钮1或2，看座椅是否按照记忆向目标位置自行调整	
6 检查电动座椅头枕功能		1.头枕向上移动：按压按钮，拉头枕 2.头枕向下移动：按压按钮，然后向下按头枕 3.拆卸头枕时：将头枕向上拉至极限位置，按压按钮（箭头1），然后取出头枕	

续表

续表

作业内容	图 解	技术提要	记录
7 工作场地整理		1.依次收起____和_____，收齐后放回原位 2.收回车轮挡块 3.清洁车身、地面等 4.整理车间，关闭用电设备开关 5.对垃圾进行分类处理 6.通过 5S 整理，养成良好的职业素养	

3.实施总结

组内的分工	
熟练地运用	
存在的问题	
改进的措施	

三 学习目标达成情况

序号	学习内容（知识、技能、行为习惯、职业素养）	评价标准			
		了解知道	理解掌握	指导下操作	独立操作

课后延伸

一 理论测试

二　任务实施巩固

要求：对目前市场上电动座椅的多项功能进行总结。

任务 3　电动车窗的检修

任务案例

丰田品牌 4S 店的维修部接到一辆轿车维修业务，该车驾驶员侧可以控制四门车窗玻璃升降，但是右后门侧无法控制门窗玻璃升降。经检查，技术人员确认该车右后侧门窗玻璃升降开关损坏，针对此故障需要结合维修手册、电路图拆卸门窗开关，并进行相关检测。

课前导入

同学们，为了完成本次工作任务，请在课前利用多种途径查阅资料，预习相关知识点，也可扫一扫右侧的"课前学习资料"二维码进行学习，掌握本工作任务中涉及的应知应会知识点。

课前学习资料：车窗功能的检查

课前学习资料：电动车窗的检修

知识点 1　电动车窗的作用及分类

1.电动车窗的作用

为了方便驾驶员和乘客，减轻劳动强度，许多轿车采用了电动车窗，又称自动车窗，即利用电动机来驱动升降器（又称换向器）使车窗上下移动。

2.电动车窗的特点

（1）具有单按系统。

（2）能够在车外关闭门窗。

（3）具有安全控制。

3. 电动车窗的分类

按结构形式可分为交叉臂式、绳轮式和软轴式等。

（1）交叉臂式电动车窗

交叉臂式电动车窗在豪华和高速型轿车上很少使用，但在其他汽车上广泛应用。

（2）绳轮式电动车窗

绳轮式电动车窗主要应用于轿车，其他车上很少使用，如图 7-3-1 所示。

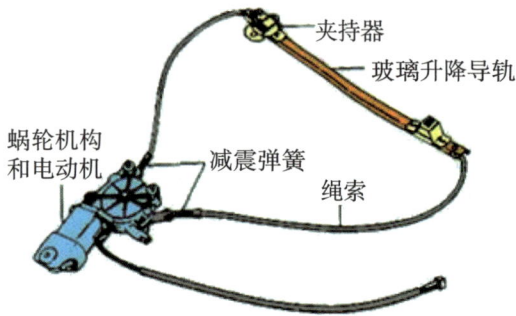

图 7-3-1　绳轮式电动车窗的基本结构

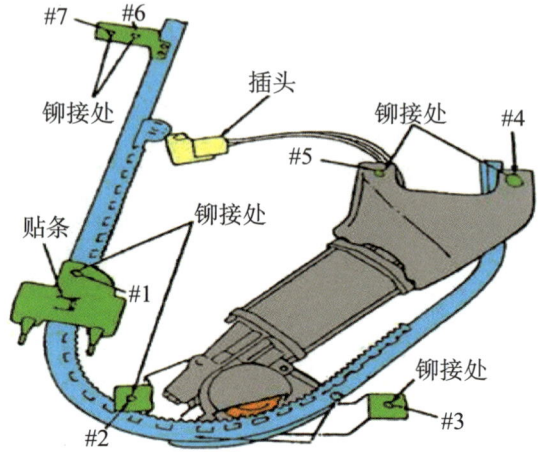

图 7-3-2　软轴式玻璃升降机构

（3）软轴式电动车窗

软轴式电动车窗在各种汽车上均可采用，如图 7-3-2 所示。

❓ 思考：通过查阅资料，梳理汽车车窗控制系统的发展历程。

知识点 2　电动车窗的组成及工作原理

1. 电动车窗的组成

电动车窗主要由车窗升降器、电动机、开关（主控开关、分控开关）等组成。主控开关用于驾驶员操纵电动门窗控制系统，一般安装在左前车门把手上或变速杆附近，如图 7-3-3 所示。

车窗升降器有两种形式。一种是用齿扇来实现换向作用，如图 7-3-4 所示。

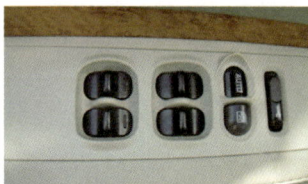

图 7-3-3　电动车窗的主控开关

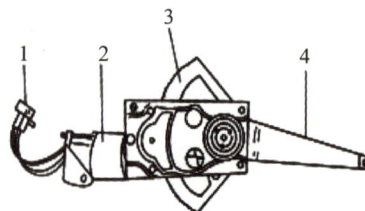

1—电缆接头；2—电动机；3—齿扇；4—推力杆

图 7-3-4　电动车窗齿扇式升降器

另一种是使用柔性齿条和小齿轮，车窗连在齿条的一端，电动机带动轴端小齿轮转动，使齿条移动，以带动车窗的升降器，如图 7-3-2 所示。

2. 电动车窗的基本工作原理

不同汽车所采用的电动车窗的控制电路不同，按电动机的励磁方式不同分为以下两种。

（1）永磁式电动机的电动车窗控制电路

特点是电动机不直接搭铁，电动机的搭铁受开关控制，且通过改变电动机的电流方向来改变电动机的转向，从而实现车窗的升降，如图 7-3-5 所示。

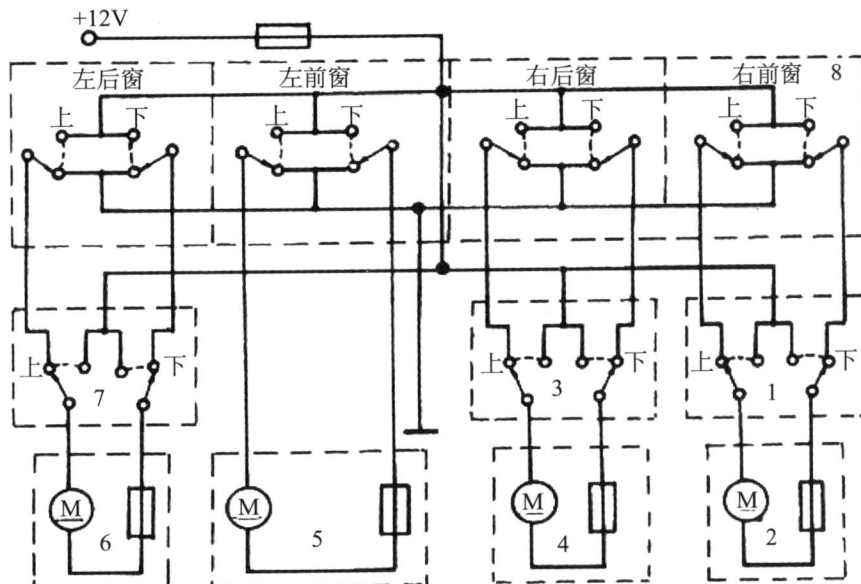

1—右前车窗控制开关；2—右前车窗调节电机；3—右后车窗控制开关；4—右后车窗调节电机；
5—左前车窗调节电机；6—左后车窗调节电机；7—左后车窗控制开关；8—驾驶远程主控开关组件

图 7-3-5　永磁式电动机的电动车窗控制电路

（2）绕线式电动机的电动车窗控制电路

特点是电动机一端直接搭铁，且电动机有两组磁场绕组，通过接通不同的励磁绕组，使电动机的转向不同，从而实现车窗的升降，如图 7-3-6 所示。

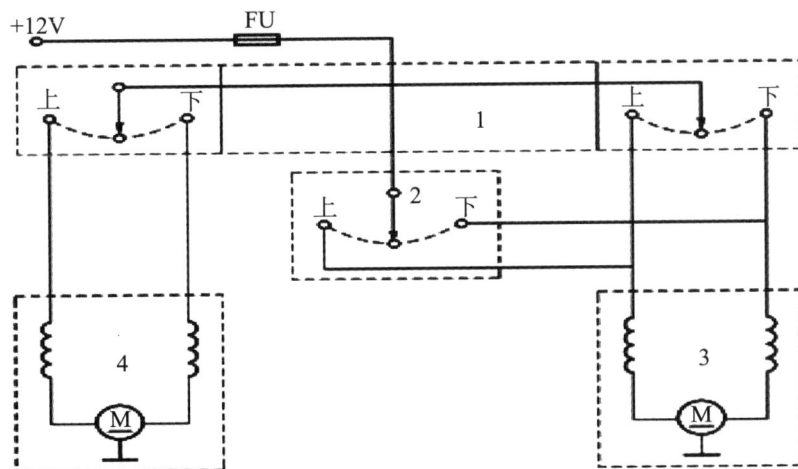

1—驾驶员主控开关组件；2—右前车窗开关；3—右前车窗电动机；4—左前车窗电动机

图 7-3-6　绕线式电动机的电动车窗控制电路

? 思考：在图 7-3-7 中的汽车电动车窗控制电路图上，用箭头标出驾驶员侧车窗降落的控制线路。

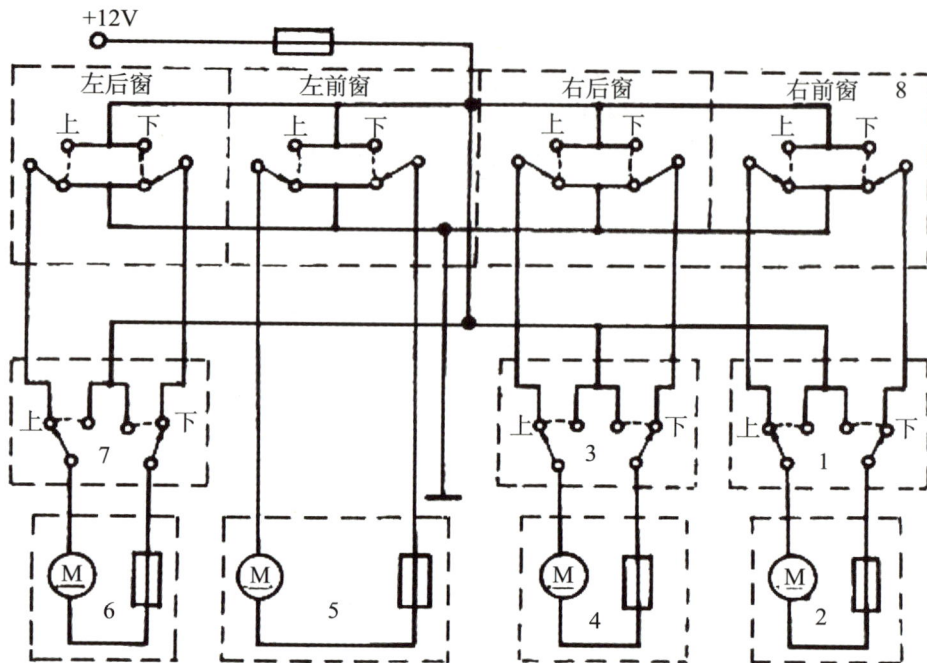

图 7-3-7 电动车窗控制电路图

知识点 3 电动车窗的常见故障检修

电动车窗常见故障有：所有车窗均不能升降、某车窗不能升降或只能一个方向运动。

（1）所有车窗均不能升降

①主要原因：熔断器断路；连接导线断路；有关继电器、开关损坏；电动机损坏；搭铁点锈蚀、松动。

②诊断步骤：首先检查熔断器是否断路。若熔断器良好，则应将点火开关接通，检查有关继电器和开关火线接线柱上的电压是否正常。若电压为零，应检查电源线路；若电压正常，则应检查搭铁线是否良好。若搭铁不良，应清洁、紧固搭铁线；若搭铁良好，应对继电器、开关和电动机进行检测。

（2）某车窗不能升降或只能一个方向运动

①主要原因：该车窗按键开关损坏；该车窗电动机损坏；连接导线断路；安全开关故障。

②诊断步骤：a. 如果车窗不能升降，首先检查安全开关是否工作，该车窗的按键开关工作是否正常，再通电检查该车窗的电动机正反转是否运转稳定。若有故障，应检修或更换新件；若正常，则应检修连接导线。b. 如果车窗只能一个方向运动，一般是按键开关故障或部分线路断路或接错所致，可以先检查线路连接是否正常，再检修开关。

? 思考：通过走访汽车维修企业，总结电动车窗常见的故障现象及排除方法。

💡 思考：在汽车逐渐智能化的现在，单一的电动车窗功能已经不能满足人们的需求，追求舒适的驾乘环境和个性化需求定制成为主流。国产品牌汽车的崛起和发展深刻影响了新一代年轻人的爱国主义、集体主义和社会主义精神，增强了民族自豪感。请选择一个你喜欢的国产品牌车辆，并对其辅助电气设备的智能化做简要分享。

_____

_____

_____

_____

_____

▶▶ 课中实践

一　能力测评

二　工作任务

1. 任务分组

班级		组号		指导老师	
组长		承担任务			
组员及分工	姓名			承担任务	

2. 任务实践

作业内容	图　解	技术提要	记录
1 工作准备		1. 工作场景：丰田卡罗拉教学用车 2. 主要设备：教学用车、工具车、多媒体设备、工作台 3. 辅助材料：翼子板布和前格栅布、三件套、抹布、挂历白纸、白板笔、卡片纸、喷胶	
2 车辆防护		1. 安装车轮挡块，车轮挡块可放置在任意车轮的前后 2. 安装驾驶室三件套（脚垫、座椅套和方向盘套） 3. 检查挡位，变速杆置于 P 位；检查驻车制动器，手柄应拉紧	
3 检查驾驶员侧车窗		1. 打开点火开关 2. 依次按压各按钮，检查对应车窗是否有状态变化 3. 轻按或轻拉开关，查看车窗玻璃是否能够实现点动升降 4. 将开关使劲按到底或者向上拉到底，查看车窗玻璃是否能够实现自动升降 5. 检查车窗在升降过程中有无异响	
4 检查后排车窗安全锁止键		1. 此开关用于避免在行车中乘坐在后排的儿童随意通过后座区的车窗开关打开和关闭车窗而引起的伤害事故。在此安全功能接通时 LED 指示灯亮起 2. 此安全功能接通后，操作后排车窗的开关，车窗没有反应。	
5 检查副驾驶侧及后排车窗		1. 打开点火开关 2. 依次按压各按钮，检查对应车窗是否有状态变化 3. 轻按或轻拉开关，查看车窗玻璃是否能够实现点动升降 4. 将开关使劲按到底或者向上拉到底，查看车窗玻璃是否能够实现自动升降 5. 检查车窗在升降过程中有无异响	

作业内容	图　解	技术提要	记录
6 车窗启动 紧急模式		为了能够无故障地进行设置，首先要保证：车辆停止；足够的蓄电池电压，如有必要，连接充电器；点火钥匙处在收音机挡位或 ON 挡位；所有车门都已关闭	
7 检查电动 天窗		打开点火钥匙到 ON 挡位： 1. 向上按压开关，在活动天窗关闭时它自动升起，同时滑动遮阳板打开一点。在活动天窗打开时它位于自动升起位置。滑动遮阳板保持完全打开状态 2. 向后将开关推到压力作用点，活动天窗和滑动遮阳板同时打开，直至松开开关为止 3. 将开关推过其压力作用点，活动天窗和滑动遮阳板自动运行打开。再按一次开关，打开过程停止 4. 将开关向前推过其压力作用点。活动天窗自动运行关闭 在以上 4 个步骤的操作中观察电动天窗的状态，判断故障点和故障原因	
8 电动天窗 的初始化		断电后可能会发生电动天窗只能升起的现象。这时必须要对该系统进行初始化设置： 1. 打开点火钥匙到 ON 挡位，使天窗处在完全关闭的位置。 2. 向上顶天窗的开关，使天窗自动升起，同时滑动遮阳板打开一点。 3. 再次向上顶住天窗的开关，等待 15～20s，天窗开始自动运行到完全打开，接着继续自动运行到完全关闭的位置。 4. 初始化结束，此时天窗具有自动打开和关闭的功能，还具有防夹功能	
9 工作场地 整理		1. 依次收起_____和_____，收齐后放回原位 2. 收回车轮挡块 3. 清洁车身、地面等 4. 整理车间，关闭用电设备开关 5. 对垃圾进行分类处理 6. 通过 5S 整理，养成良好的职业素养	

3. 实施总结

组内的分工	
熟练地运用	
存在的问题	
改进的措施	

三 学习目标达成情况

序号	学习内容（知识、技能、行为习惯、职业素养）	评价标准			
		了解知道	理解掌握	指导下操作	独立操作

课后延伸

一 理论测试

二 任务实施巩固

要求：以某款车型为例，列出可能出现的故障现象，并整理出故障排除方案。

电动后视镜的检修

任务案例

　　雪佛兰品牌 4S 店的维修部接到一个事故维修业务，右侧后视镜撞到停车场立柱后损坏。经过技术人员检查，需要更换右侧电动后视镜总成，针对此故障需要选择匹配的电动后视镜，并按照维修手册要求规范地完成电动后视镜的更换。

课前导入

　　同学们，为了完成本次工作任务，请在课前利用多种途径查阅资料，预习相关知识点，也可扫一扫右侧的"课前学习资料"二维码进行学习，掌握本工作任务中涉及的应知应会知识点。

课前学习资料

知识点 1　电动后视镜的功能

　　为了便于驾驶员调整后视镜的角度，许多轿车安装了电动后视镜，驾驶员坐在座椅上通过电动机就可以方便快捷地对左右后视镜的后视角度进行调节。

1. 后视镜位置调整功能

通过位置的调整让驾驶员能更全面地观察汽车周围的路况。后视镜位置的调整因人而异。

2. 后视镜的电动伸缩功能

有的电动后视镜还带有伸缩功能，由伸缩开关控制伸缩电动机工作，使整个后视镜回转伸出或缩回。后视镜折叠能节省很大的空间，同时也可避免汽车受"断耳"之痛。

3. 后视镜的加热功能

后视镜的加热功能主要用于冬季和雨天。

❓ 思考：以下是红旗 H7 汽车电动后视镜控制开关，请按照序号的顺序写出开关符号所表示的控制功能。

1—_____；2—_____；3—_____；4—_____

知识点 2 电动后视镜的结构及工作原理

1. 电动后视镜的组成

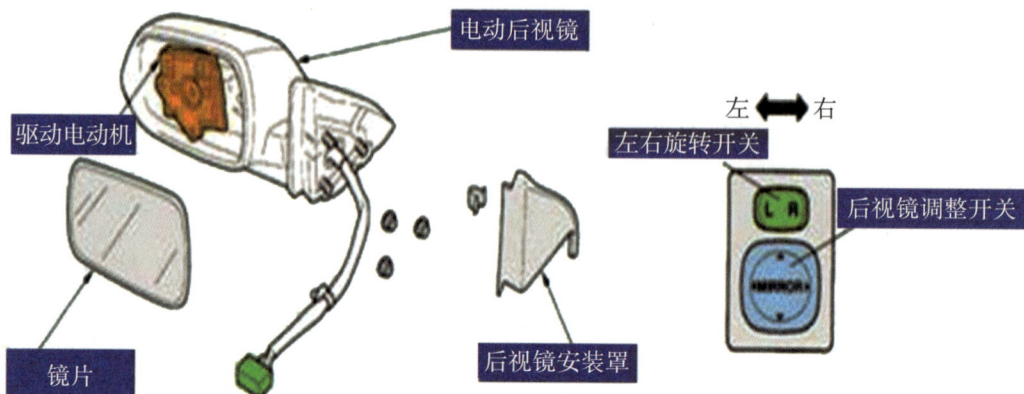

图 7-4-1 电动后视镜的组成

电动后视镜由调整开关、电动机、镜片等组成,如图 7-4-1 所示。电动后视镜的调整开关因车而异,图 7-4-2 和图 7-4-3 是两种典型的后视镜调整开关。

图 7-4-2 丰田威驰电动后视镜调整开关

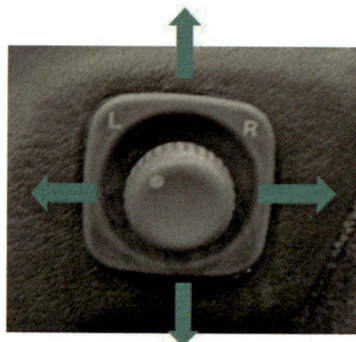

图 7-4-3 桑塔纳 2000 电动后视镜调整开关

电动后视镜的背后装有两套电动机和驱动器,可操纵反射镜上下及左右转动。通常上下方向的转动由一个电动机控制,左右方向的转动由另一个电动机控制。通过改变电动机的电流方向,即可完成后视镜的上下及左右调整。

2. 电动后视镜的控制电路

(1)普通电动后视镜的控制电路

图 7-4-4 为桑塔纳 2000 电动后视镜的控制电路图,主要由电动机(V33、V34、V35、V36)、调整开关 E43、选择开关 E48、熔丝(S128、S18)等组成。其工作原理:通过选择开关 E48 选择调整左后视镜还是右后视镜的位置,通过拨动调整开关 E43 实现后视镜上下、左右四个方向的调整,直到调整到适合驾驶员观察的位置。表 7-4-1 为桑塔纳 2000 轿车电动后视镜各方向调整时的控制开关工作状态表。

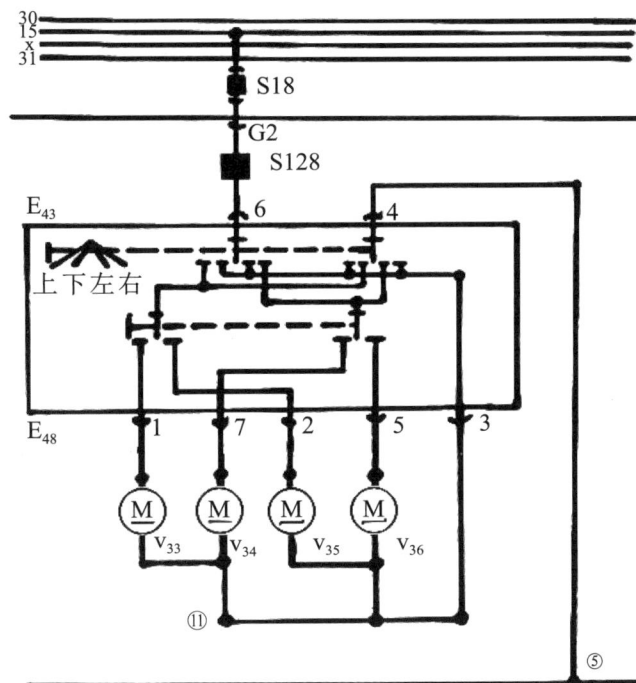

图 7-4-4　桑塔纳 2000 电动后视镜控制电路

表 7-4-1　桑塔纳 2000 电动后视镜控制开关的工作状态表

后视镜	动作	端子号						
		1	2	3	4	5	6	7
左	上	●		●	●		●	
	下	●		●	●		●	
	左			●	●		●	●
	右			●	●		●	●
右	上		●	●	●		●	
	下		●	●	●		●	
	左				●	●	●	
	右			●	●	●	●	

（2）带电动伸缩功能的电动后视镜的控制电路

图 7-4-5 为带电动伸缩功能的电动后视镜的控制电路图，其工作原理：当驾驶员需要把电动后视镜收缩起来减小车辆宽度时，驾驶员按下后视镜伸缩控制开关，这时伸缩电动机控制电路被接通，伸缩电动机工作，后视镜收缩。

（3）带加热功能的电动后视镜的控制电路

电动后视镜的加热功能控制电路图如图 7-4-6 所示。当驾驶员需要对后视镜进行加热时，按下除雾器开关（见图 7-4-7），后视镜里的除雾器（加热片）（见图 7-4-8）电路接通，后视镜开始加热除雾。

点火开关
2号收音机保险
电动镜开关
控制开关
后视镜伸缩控制开关

9 7
ACC

AM1

ALT

蓄电池

左上 向上 向下 左 右
左下 右

左/右调整开关

4 3 2 7 5 8 6

2(3) 3(5) 2(3) 3(5)

左侧镜电动机
伸缩电动机
控制继电器
伸缩电动机
右侧电动机

1(4) 1(4)

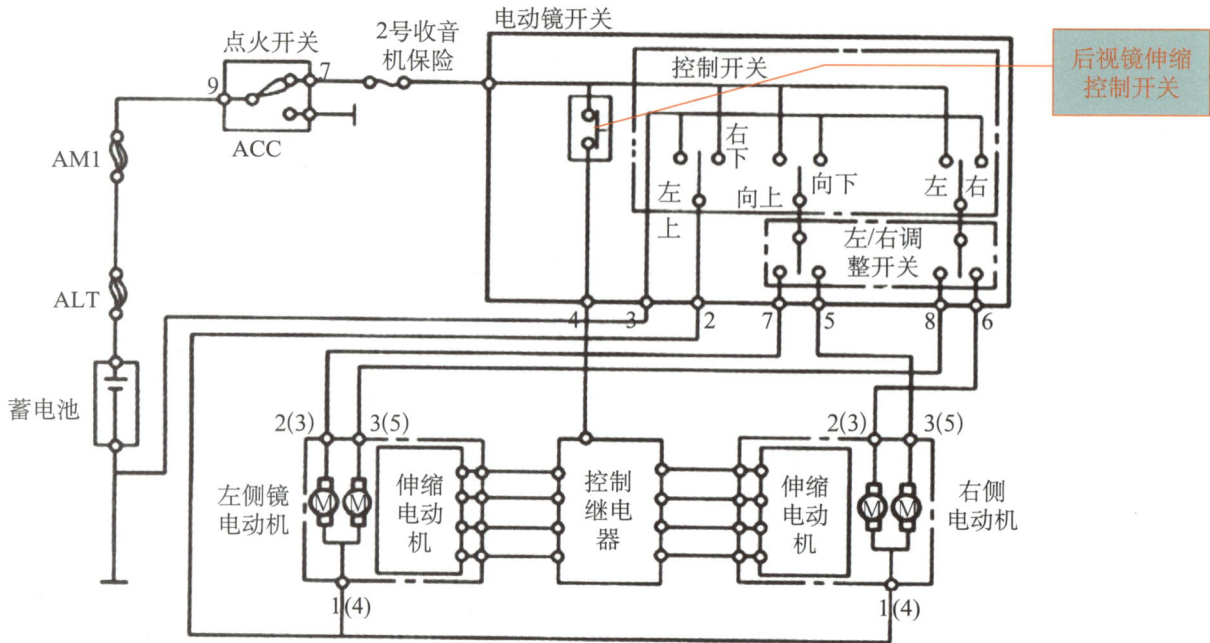

图 7-4-5 带电动伸缩功能的电动后视镜的控制电路

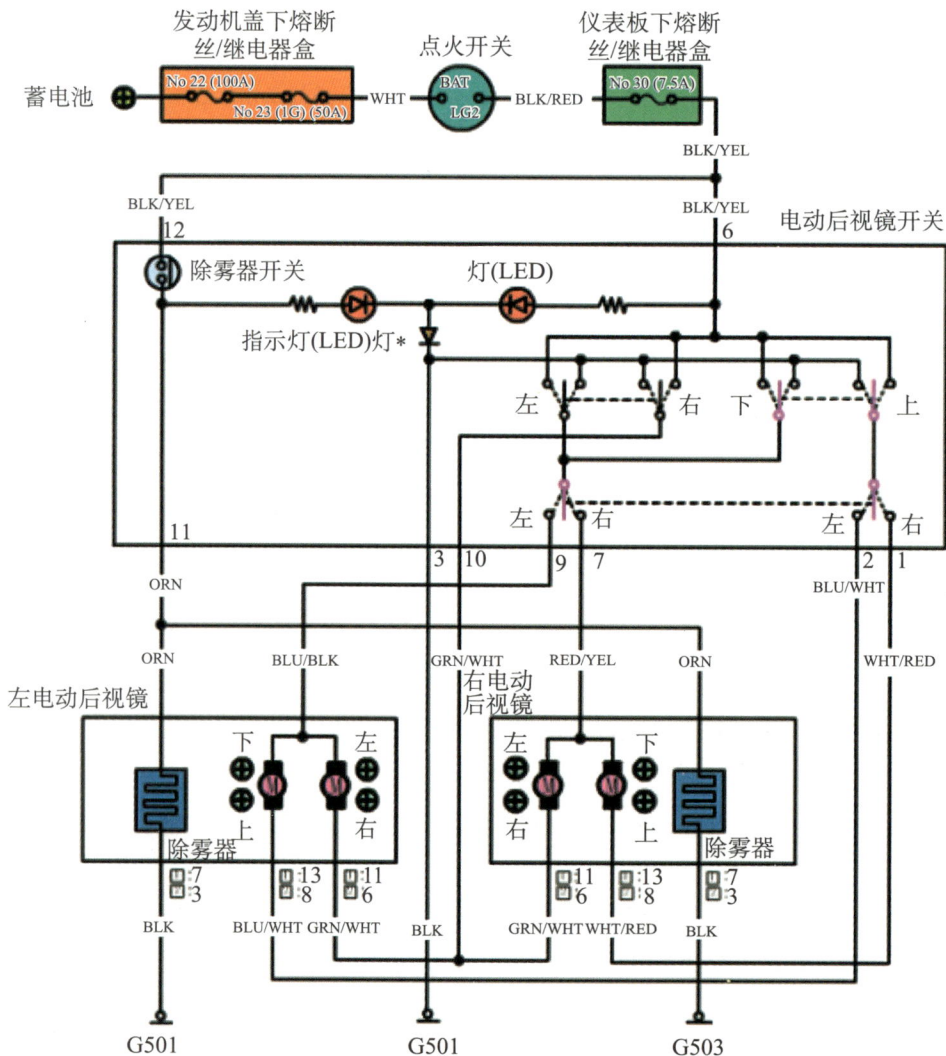

发动机盖下熔断丝/继电器盒
点火开关
仪表板下熔断丝/继电器盒

蓄电池 No 22 (100A) WHT BAT LG2 BLK/RED No 30 (7.5A)
No 23 (1G) (50A)

BLK/YEL

BLK/YEL BLK/YEL 电动后视镜开关
12 6

除雾器开关 灯(LED)
指示灯(LED)灯*

左 右 下 上

左 右 左 右

11 3 10 9 7 2 1

ORN BLU/WHT

ORN BLU/BLK GRN/WHT RED/YEL ORN WHT/RED

左电动后视镜
右电动后视镜

下 左 左 下
上 右 右 上

除雾器 除雾器

7 13 11 11 13 7
3 8 6 6 8 3

BLK BLU/WHT GRN/WHT BLK GRN/WHT WHT/RED BLK

G501 G501 G503

图 7-4-6 带加热功能的电动后视镜的控制电路

图 7-4-7　电动后视镜加热开关

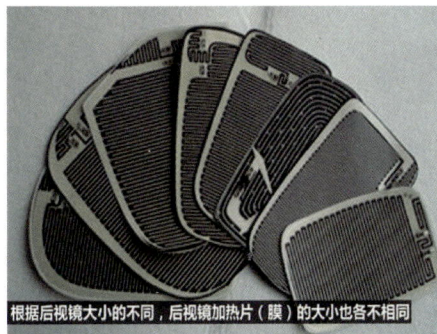

图 7-4-8　电动后视镜加热片

❓ 思考：一般轿车上都装配有电动后视镜，常见的组成部分是后视镜总成、控制线束、控制开关等，在下图中标出各部件名称。

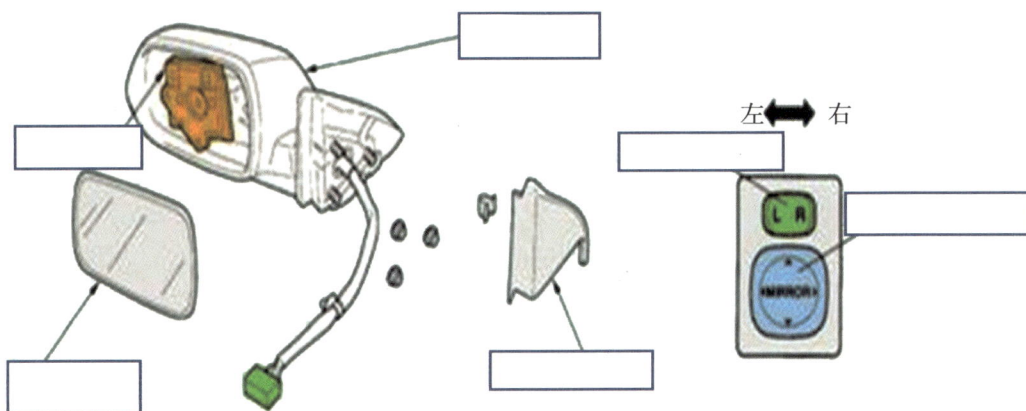

知识点 3　电动后视镜的常见故障检修

电动后视镜的常见故障有电动后视镜都不工作和电动后视镜部分功能不正常。

1. 电动后视镜都不工作

（1）主要原因：由于保险装置或电源线路、搭铁线路断路引起，或者是控制开关有故障。

（2）诊断步骤：①先检查保险装置是否正常；②然后检查控制开关线头有无脱落、松动，电源线路或搭铁线路是否正常；③最后检修控制开关。

2. 电动后视镜部分功能不正常

（1）主要原因：由于个别电动机及控制开关对应部分有故障，或者对应线路断路、接触不良等引起。

（2）诊断步骤：①先检查线路连接情况；②再检查开关和电动机。

❓ 思考：通过走访汽车维修企业，总结汽车电动后视镜常见的故障现象及诊断排除步骤。

▶▶▶ 课中实践

一　能力测评

二　工作任务

1. 任务分组

班级		组号		指导老师	
组长		承担任务			
组员及分工	姓名			承担任务	

2. 任务实践

作业内容	图　解	技术提要	记录
1 工作准备		1. 工作场景：雪佛兰科鲁兹教学用车 2. 主要设备：教学用车、工具车、多媒体设备、工作台 3. 辅助材料：翼子板布和前格栅布、三件套、抹布、挂历白纸、白板笔、卡片纸、喷胶	
2 车辆的基本防护和安全检查		1. 将车辆停放于水平地面，安装＿＿＿＿＿＿＿ 2. 安装地板垫、座椅套、＿＿＿＿＿＿＿	

作业内容	图　解	技术提要	记录
3 撬开后视镜护板		使用合适的撬棒从边缘处，分几次用力撬开后视镜护板	
4 取下后视镜护板		注意检查卡扣是否有损坏，如果有，及时进行更换	
5 拆下后视镜固定螺母		1. 选择____套筒 2. 拆卸螺母时应选择正确旋转方向 3. 取下螺栓	
6 拔下后视镜插接器		观察卡扣连接方式，使用正确的方法拔下后视镜插接器	
7 取下后视镜总成		取下后视镜总成并妥善放置	

续表

作业内容	图　解	技术提要	记录
8 安装新的 后视镜 总成		1. 选择＿＿＿套筒 2. 安装螺栓和螺母时应选择正确旋转方向	
9 安装后视 镜护板		对准卡扣位置，安装后视镜护板	
10 工作场地 整理		1. 依次收起＿＿＿和＿＿＿＿，收齐后放回原位 2. 收回车轮挡块 3. 清洁车身、地面等 4. 整理车间，关闭用电设备开关 5. 对垃圾进行分类处理 6. 通过 5S 整理，养成良好的职业素养	

3. 实施总结

组内的分工	
熟练地运用	
存在的问题	
改进的措施	

三　学习目标达成情况

序号	学习内容（知识、技能、行为习惯、职业素养）	评价标准			
		了解知道	理解掌握	指导下操作	独立操作

课后延伸

一　理论测试

二　任务实施巩固

要求：对操作过程用思维导图方法进行总结。

任务 5　中控门锁的检修

任务案例

雪佛兰品牌 4S 店的维修部接到一辆轿车维修业务，汽车门锁开锁正常，但是无法闭锁。经检查，技术人员确定是汽车门锁的闭锁继电器损坏，针对此故障需要准确找到闭锁继电器的位置，并进行相关检测，完成维修。

课前导入

同学们，为了完成本次工作任务，请在课前利用多种途径查阅资料，预习相关知识点，也可扫一扫右侧的"课前学习资料"二维码进行学习，掌握本工作任务中涉及的应知应会知识点。

课前学习资料

知识点 1　中控门锁的作用

1. 中控门锁的作用

汽车门锁是保证汽车行驶安全的一项重要措施。门锁的基本要求是能将车门可靠锁紧。为了提高汽车使用的安全性、方便性，现代轿车都安装中控门锁系统。

2. 中控门锁的控制方式

（1）中央控制

当驾驶员锁住身边的车门时，其他车门也同时锁住，驾驶员可通过门锁开关同时打开各个车门，也可单独打开某个车门。

（2）速度控制

当行车达到一定速度时，各个车门能自行上锁，防止乘员误操作车门把手而导致车门打开。

（3）单独控制

除驾驶员身边车门以外，还在其他车门设置单独的弹簧锁开关，可独立地控制一个车门的解锁和上锁。

3. 中控门锁的组成

（1）中控门锁控制开关

中控门锁控制开关如图 7-5-1 所示。

（2）门锁执行机构

①电磁铁式门锁执行机构。内部有两个电磁线圈，分别用于开启和关闭门锁，如图 7-5-2 所示。

②电动机式门锁执行机构。采用可

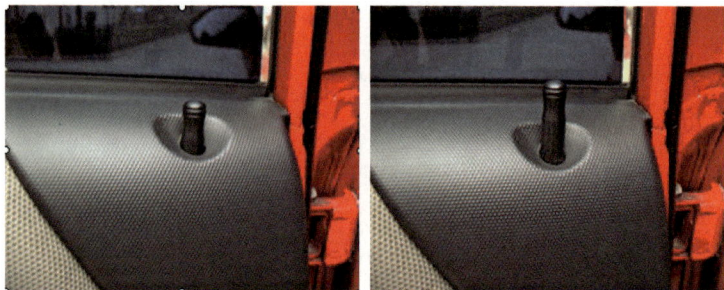

图 7-5-1　中控门锁控制开关

逆式电动机，如图 7-5-3 所示。利用控制直流电动机的正反转来实现门锁的开、关动作。直流电动机式中控门锁主要由双向电动机、导线、继电器、门锁开关及连杆操纵机构组成。

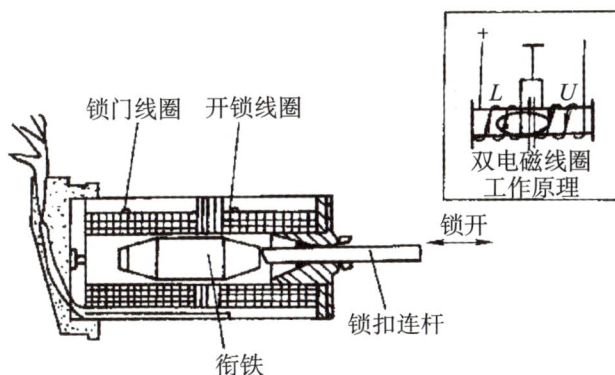

图 7-5-2 电磁铁式门锁执行机构

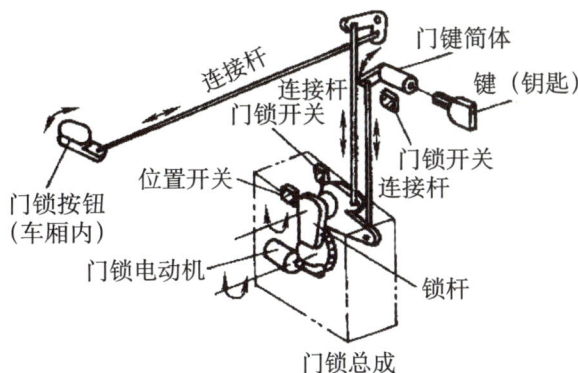

图 7-5-3 电动机式门锁执行机构

（3）门锁控制器

门锁控制器为门锁执行机构提供锁、开脉冲电流，分为晶体管式门锁控制器、电容式门锁控制器、车速感应式门锁控制器。现在汽车上常用的为车速感应式门锁控制器，如图 7-5-4 所示，其工作原理如下：

①当汽车车速 <10km/h 时，若有一个车门未上锁，驾驶员侧以外的车门报警灯开关闭合，车门报警灯亮。由于车速小于 10km/h，10km/h 开关闭合，VT_1 导通，VT_2 截止，车门不自动上锁。如需上锁，可以按下锁定开关进行上锁。

②当汽车车速 >10km/h 时，若有车门未上锁，驾驶员侧以外的车门报警灯开关闭合，车门报警灯亮。由于车速大于 10km/h，10km/h 开关断开，VT_1 截止，VT_2 导通，L_1 线圈通电，闭锁继电器闭合，门锁执行机构电动机通电，未锁的车门实现自动上锁。

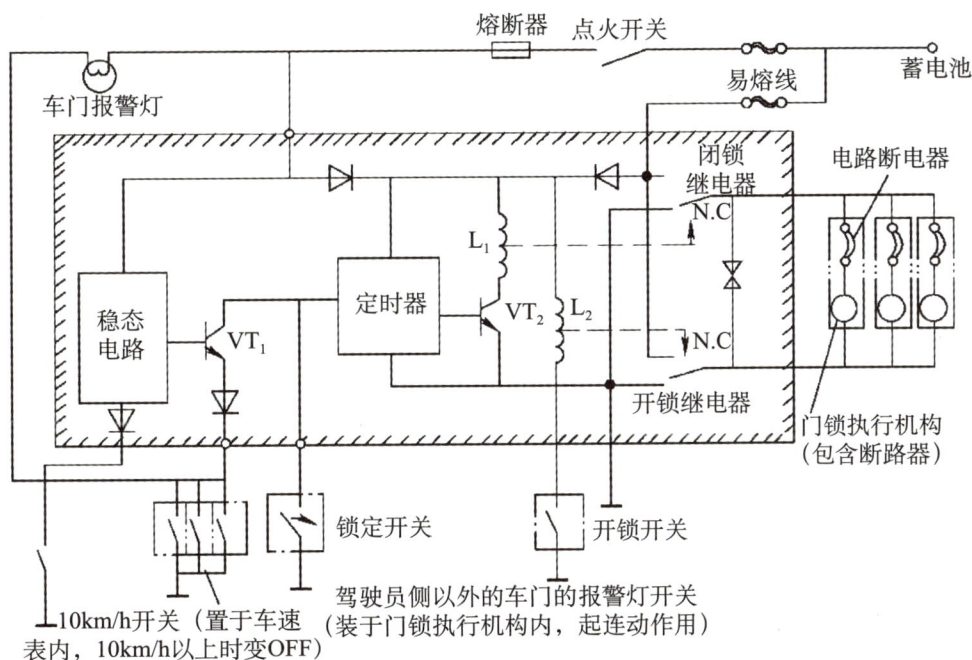

图 7-5-4 车速感应式门锁控制器

❓ 思考：汽车工业的飞速发展体现了人们物质生活水平的进步以及对于美好生活的向往，同时这离不开我国社会主义现代化高速、高质量的发展。以汽车重要零部件——汽车门锁为例，经历了从无到有、从机械到电子的发展历程，汽车门锁随着人们的需求一直在进步。现在的门锁系统已经非常智能，从无钥匙进入到自动落锁功能一应俱全。通过查阅资料，梳理汽车中控门锁的发展历程。

功能	信息		
	年代	应用车型	其他

知识点 2 中控门锁的工作原理

驾驶人员或乘客利用门锁开关可以接通或断开门锁继电器，门锁继电器包括锁定和开锁两个继电器，如图 7-5-5 所示。门锁开关都不接通时，所有电动机两端都通过继电器直接搭铁，这时电动机不转；门锁开关接通（开锁或锁定）时，一个继电器通电，使电动机一端不再搭铁而是与电源接通，这时电动机通过两个继电器和电源构成回路而通电运转。不同的继电器工作，可以改变电动机中电流的方向，进而使门锁电动机的转向改变，实现开锁和锁定。

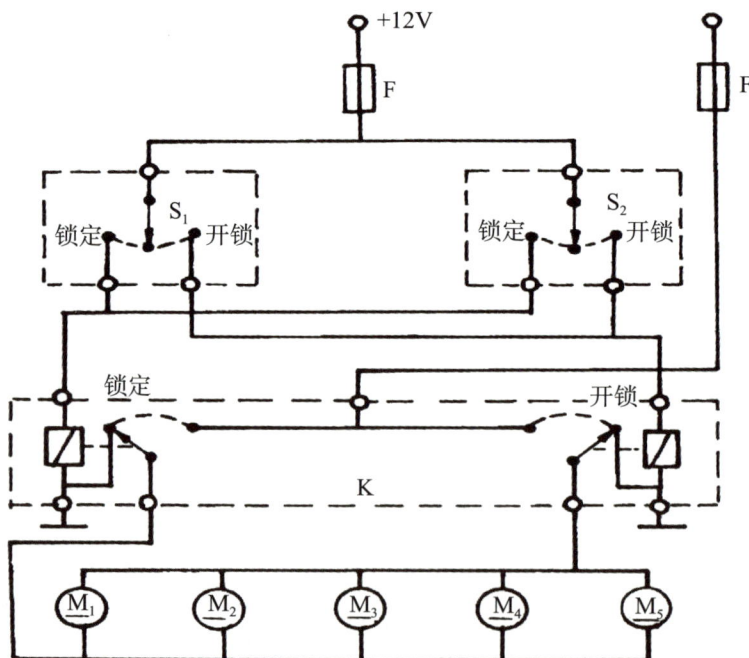

S_1—左前门锁开关；S_2—右前门锁开关；K—门锁继电器；M_1—尾门锁电动机；

M_2—左后门锁电动机；M_3—左前门锁电动机；M_4—右前门锁电动机；

M_5—右后门锁电动机；F—熔断器

图 7-5-5 中控门锁的控制电路

❓ 思考：以某一款车型为例，画出其中控门锁工作原理电路图，并以某一工作为例，叙述其工作原理。

车型：_____

电路图：

工作原理：_____

_____

_____

知识点 3 中控门锁系统的常见故障检修

中控门锁常见故障有所有门锁均不工作、某个门锁不能工作。

1. 所有门锁均不工作

（1）主要原因：熔断器断路；继电器故障；门控开关触点烧蚀；搭铁点锈蚀或松动；连接线路断路；等等。

（2）诊断步骤：首先检查熔断器是否断路；若熔断器良好，则应将门控开关接通，检查电动机接线柱上的电压是否正常，若电压为 0，则应检查继电器和电源线路；若电压正常，则应检查搭铁线是否良好。搭铁不良时，应清洁、紧固搭铁线；若搭铁良好，应对开关和电动机进行检测。

2. 某个门锁不能工作

（1）主要原因：该门锁电动机损坏或对应开关、连接导线断路。

（2）诊断步骤：先检查线路是否正常，再检查开关和电动机。

知识点 4 门锁无线遥控系统

门锁无线遥控系统的基本工作原理如图 7-5-6 所示。遥控钥匙的结构如图 7-5-7 所示。

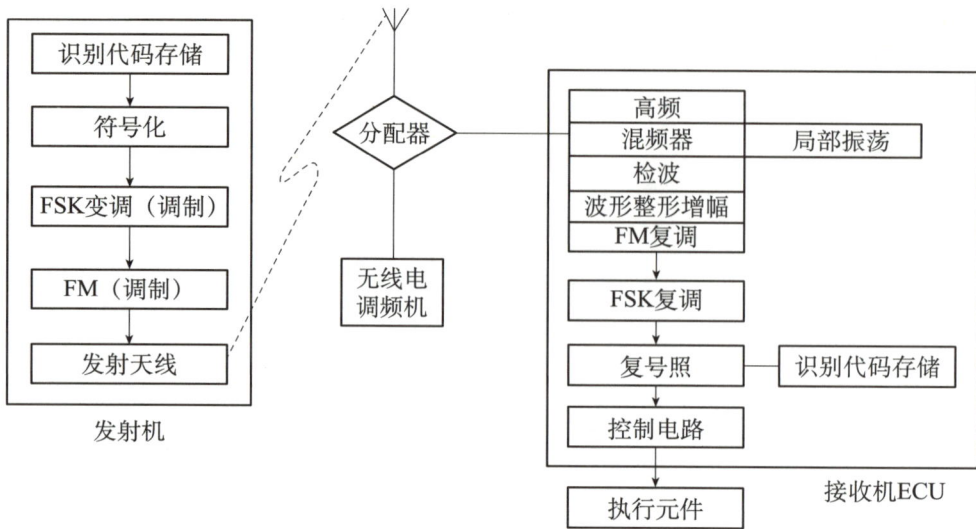

图 7-5-6 门锁无线遥控系统工作原理示意图

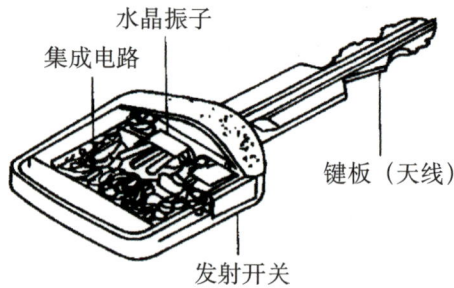

图 7-5-7 遥控钥匙

❓ 思考：通过走访汽车维修企业，总结汽车电动后视镜常见的故障现象及诊断排除步骤。

_____

_____

_____

课中实践

一 能力测评

二　工作任务

1. 任务分组

班级		组号		指导老师	
组长		承担任务			
组员及分工	姓名			承担任务	

2. 任务实践

作业内容	图　解	技术提要	记录
1 工作准备		1. 工作场景：雪佛兰科鲁兹教学用车 2. 主要设备：教学用车、工具车、多媒体设备、工作台 3. 辅助材料：翼子板布和前格栅布、三件套、抹布、挂历白纸、白板笔、卡片纸、喷胶	
2 车辆的基本防护和安全检查		1. 将车辆停放于水平地面，安装＿＿＿＿＿＿ 2. 安装地板垫、座椅套和＿＿＿＿＿＿	
3 拆下扶手处固定螺栓		1. 选择＿＿＿＿套筒 2. 拆卸螺母时应选择正确旋转方向 3. 取下螺栓	

续表

作业内容	图　解	技术提要	记录
4 取下门把手处螺栓	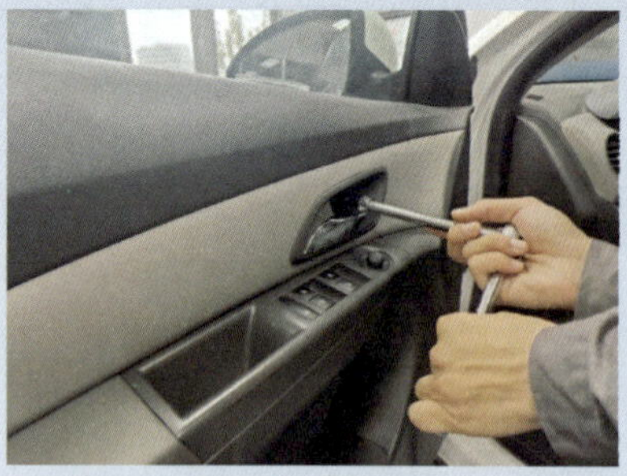	1. 选择＿＿套筒 2. 拆卸螺母时应选择正确旋转方向 3. 取下螺栓	
5 撬开门板卡扣		使用合适的撬棒，撬开门把手处卡扣，注意不要损坏卡扣	
6 取下门板	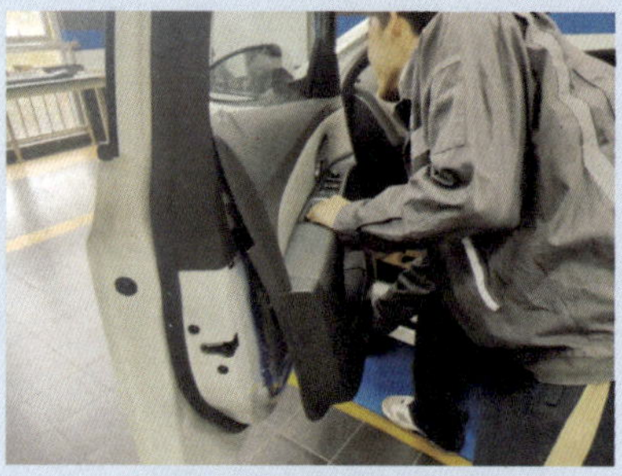	向上抬起，将门板取下，放置在合适的位置，注意不要损坏门板	
7 拆下门锁螺栓		1. 选择＿＿套筒 2. 拆卸螺母时应选择正确旋转方向 3. 取下螺栓	
8 取下门锁	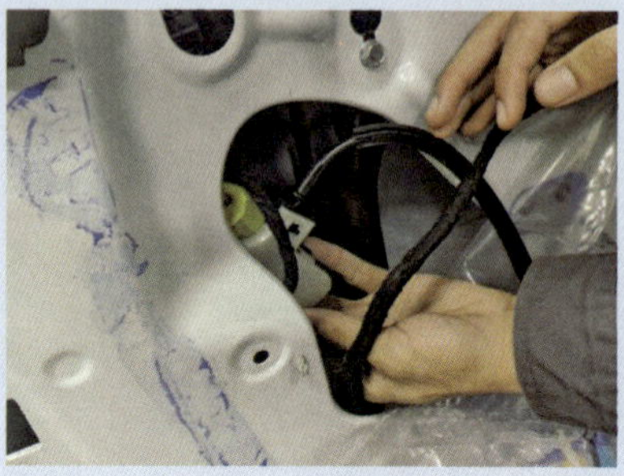	松开门锁连接线束，取下门锁	

续表

作业内容	图　解	技术提要	记录
9 更换新的门锁，固定螺栓		将门锁上的线束连接好后，固定门锁螺栓	
10 安装门板		连接门锁上的线束、插头等零件，对好卡扣位置并压紧门板	
11 紧固门把手处螺栓		使用合适的工具，紧固螺栓	
12 紧固扶手处螺栓		使用合适的工具，紧固螺栓	
13 工作场地整理		1. 依次收起_____和_____，收齐后放回原位 2. 收回车轮挡块 3. 清洁车身、地面等 4. 整理车间，关闭用电设备开关 5. 对垃圾进行分类处理 6. 通过 5S 整理，养成良好的职业素养	

3. 实施总结

组内的分工	
熟练地运用	
存在的问题	
改进的措施	

三　学习目标达成情况

序号	学习内容（知识、技能、行为习惯、职业素养）	评价标准			
		了解知道	理解掌握	指导下操作	独立操作

课后延伸

一　理论测试

二　任务实施巩固

要求：对操作过程用思维导图方法进行总结。

项目 **8**

车辆安全系统检修

项目描述

通过学习车辆安全系统检修的知识，了解避免车辆事故的措施和技术，能够分析安全气囊和汽车防盗系统的工作原理，通过维修手册查找安全气囊在汽车上的实际位置，学会对安全系统进行检修。

学习目标

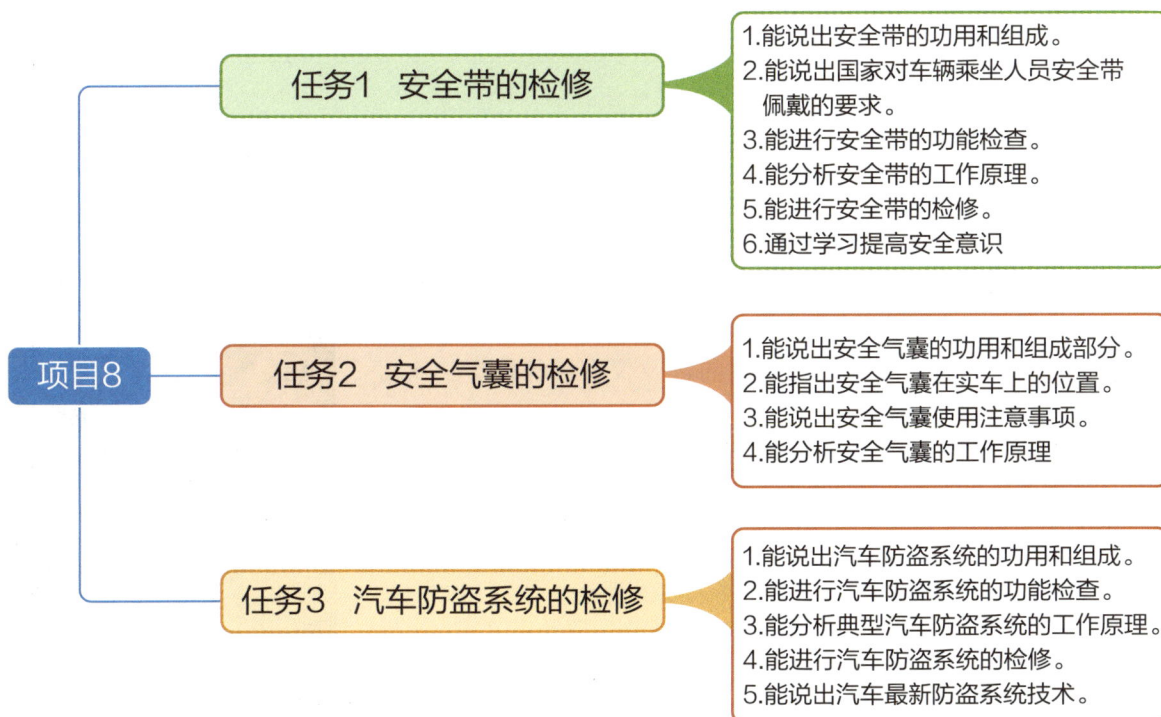

项目8

任务1　安全带的检修
1. 能说出安全带的功用和组成。
2. 能说出国家对车辆乘坐人员安全带佩戴的要求。
3. 能进行安全带的功能检查。
4. 能分析安全带的工作原理。
5. 能进行安全带的检修。
6. 通过学习提高安全意识

任务2　安全气囊的检修
1. 能说出安全气囊的功用和组成部分。
2. 能指出安全气囊在实车上的位置。
3. 能说出安全气囊使用注意事项。
4. 能分析安全气囊的工作原理

任务3　汽车防盗系统的检修
1. 能说出汽车防盗系统的功用和组成。
2. 能进行汽车防盗系统的功能检查。
3. 能分析典型汽车防盗系统的工作原理。
4. 能进行汽车防盗系统的检修。
5. 能说出汽车最新防盗系统技术。

任务 1　安全带的检修

任务案例

通用科鲁兹品牌 4S 店的维修部接到一辆轿车维修业务，该车车主发现最近车辆安全带不能正常收紧，为了安全考虑希望能够检查出损坏的原因，针对此故障需要进行安全带的检查，查出其不能收紧的原因。

课前导入

同学们，为了完成本次工作任务，请在课前利用多种途径查阅资料，预习相关知识点，也可扫一扫右侧的"课前学习资料"二维码进行学习，掌握本工作任务中涉及的应知应会知识点。

课前学习资料:
安全带的功能
检查

课前学习资料:
安全带的检修

知识点 1　安全带的功用及分类

? 思考：查询资料写出不同种类的车辆所配置的安全带类型，并与同学们分享。

_____

_____

_____

1. 安全带的功用

汽车安全带是汽车比较重要的装置之一，其功用是在碰撞时对乘员进行约束以及避免碰撞时乘员与方向盘及仪表板等发生二次碰撞或避免碰撞时冲出车外导致死伤。

安全带如图 8-1-1 所示。理想的安全带作用过程是：首先，及时收紧，在事故发生的第一时刻毫不犹豫地把人"按"在座椅上。然后，适度放松，待冲击力峰值过去，或人已能受到气囊的保护时，即适当放松安全带，避免因拉力过大而使人肋骨受伤。

2. 安全带的分类

（1）按照固定方式分

按固定方式不同，安全带可以分为两点式、三点式、四点式三种，如图 8-1-2 所示。

图 8-1-1　安全带

①两点式安全带

两点式安全带是与车体或座椅仅有两个固定点的安全带。这种安全带又可分为腰带（或膝带）式和肩带式两种。腰带式是应用最广的形式，它不能保护人体上身的安全，但能有效地防止乘客被抛出车外。肩带式也称斜挂式，盛行于欧洲，但美、日、澳等国并不采用。

两点式安全带的软带从腰的两侧挂到腹部，形似腰带，在碰撞事故中可以防止乘员身体前移或从车内甩出。其优点是使用方便，容易解脱；缺点是乘员上身容易前倾，前座乘员头部会撞到仪表板或挡风玻璃上。这种安全带主要用在轿车后排座位上。

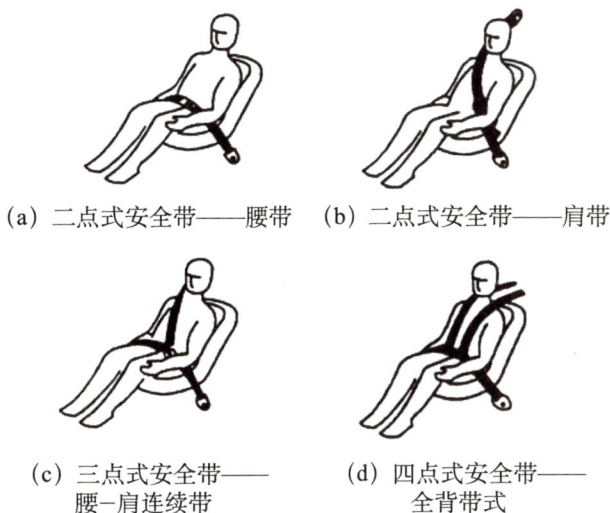

(a) 二点式安全带——腰带　(b) 二点式安全带——肩带

(c) 三点式安全带——腰-肩连续带　(d) 四点式安全带——全背带式

图 8-1-2　安全带种类

②三点式安全带

三点式安全带是在两点式安全带的基础上增加了肩带，在靠近肩部的车体上有一个固定点，可同时防止乘员躯体前移和上半身前倾，增强了乘员的安全性，是目前使用最普遍的一种安全带。

如图 8-1-2（c）所示，它由腰带式和肩带式组合而成。按照腰带和肩带式方式的不同，又可分为 A 型和 B 型两种。

A 型三点式安全带——可分离型三点安全带：该安全带的一端与腰带带扣和锁舌插入同一扣锁中，另一端固定在靠近肩部的车体上，成为 3 个固定点的安全带。

B 型三点式安全带——连续性三点式安全带：该安全带的主要特点是腰带肩带为 1 条连续织带，带扣的锁舌套在织带上并可沿织带滑动，在肩部固定点附近装有一个长度调节件，因此比 A 型带使用方便。

③四点式安全带

它是在二点式安全带上连接两根肩带而构成的形式，一般用于赛车上。

（2）按智能化程度分

按智能化程度来分，安全带分为被动式安全带与自动式安全带。

①被动式安全带需要乘员操作才能起作用，即需要乘员自行佩戴。目前大部分汽车所装配的都是被动式安全带。

②自动安全带是一种自动约束驾驶员或乘客的安全带，即在汽车启动时，不需驾驶员或乘客操作就能自动提供保护，而且乘客上下车时也不需要任何操纵动作。自动安全带有全自动式安全带和半自动式安全带两种。

❓ 思考：安全带自动收紧的原理是什么？查询资料与同学们分享。

知识点 2　安全带的组成

汽车安全带主要由织带、卷收器和固定机构等组成，如图 8-1-3 和图 8-1-4 所示。

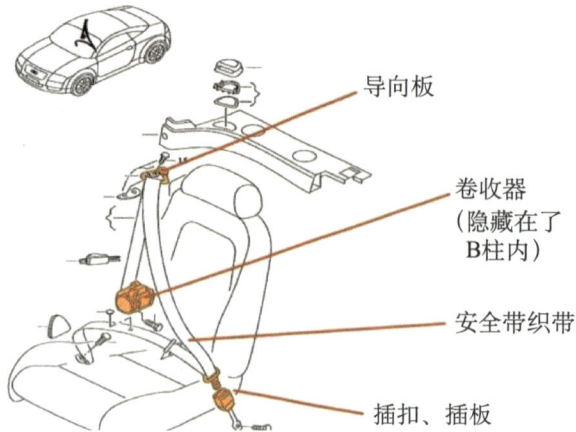

图 8-1-3　标准三点式安全带结构

图 8-1-4　常见安全带

1. 织带

织带是用尼龙或聚酯等合成纤维织成的宽约 50mm、厚约 1.2mm 的带（有些汽车要求厚度为 1.5mm），根据不同的用途，对于织带的宽度、伸长量、抗拉强度、能量吸收性和阻燃性都有不同要求。

2. 卷收器

卷收器的作用是贮存织带和锁止织带拉出，它是安全带系统中最复杂的机械件。卷收器与安全带织带的一端相连，由内部的预紧弹簧来提供收紧织带的力矩，从而实现了安全带机械式自动调整长度的功能，不再需要自己手动来调整安全带的长度。

3. 固定机构

固定机构包括带扣、锁舌、固定销和固定座等。带扣及锁舌是系紧和解开座椅安全带的装置。将织带的一端固定在车身的称为"固定板"，车身固定端称为"固定座"，固定用螺栓称为"固定螺栓"。肩部安全带固定销的位置对系安全带时的便捷性有很大的影响，因此为了适合各种身材的乘员，一般都选用可调节式固定机构，即能够上下调节肩部安全带的位置。

⚠ 注意：为什么不能快速拉动安全带？

由于快速拉动安全带时，在离心力作用下使图中的凸轮块甩动起来，再通过与其他的固定的滑动销把棘爪拉向棘轮，从而实现了安全带的锁止，如图 8-1-5 所示。

图 8-1-5　棘轮和棘爪示意图

🚗知识点 3　安全带的工作原理

如图 8-1-6 所示，先进的安全带都带有预收紧装置和拉力限制器，让我们来看看这两者的功能原理。

图 8-1-6　安全带原理图

1. 安全带预收紧装置

当事故发生时，人向前，座椅往后，此时如果安全带过松，则后果很可能是：乘员从安全带下面滑出去；或者，人已碰到了气囊，而此时安全带由于张紧余量过大而未能及时绷紧，即未能像希望的那样先期吃掉一部分冲力，而是将全部负担都交给了气囊。这两种情况都有可能导致乘员严重受伤。但问题是，正确安装的安全带，其松动余地来自何方？一是由于乘员的衣服本身有一定的厚度，另外在安全带装置中也多少隐藏了部分松动余地，这种余地无法消除，但真遇到事故时，还就应该尽量消除。怎么办？为此出现了这种安全带预收紧装置，它负责提供瞬间绷紧的安全带。其作用过程是：首先由一个探头负责收集撞车信息，然后释放出电脉冲，该脉冲传递到气体发生器上，引爆气体。爆炸产生的气体在管道内迅速膨胀，压向所谓的球链，使球在管内往前窜，带动棘爪盘转。棘爪盘跟轴连为一体，安全带就绕在轴上。简单地讲，就是气体压力使球动，球带动棘爪盘转，棘爪盘带动轴转—瞬间实现了安全带的预收紧功能。从感知事故到完成安全带预收紧的全过程仅持续千分之几秒。管道末端是一截空腔，用于容纳滚过来的球。

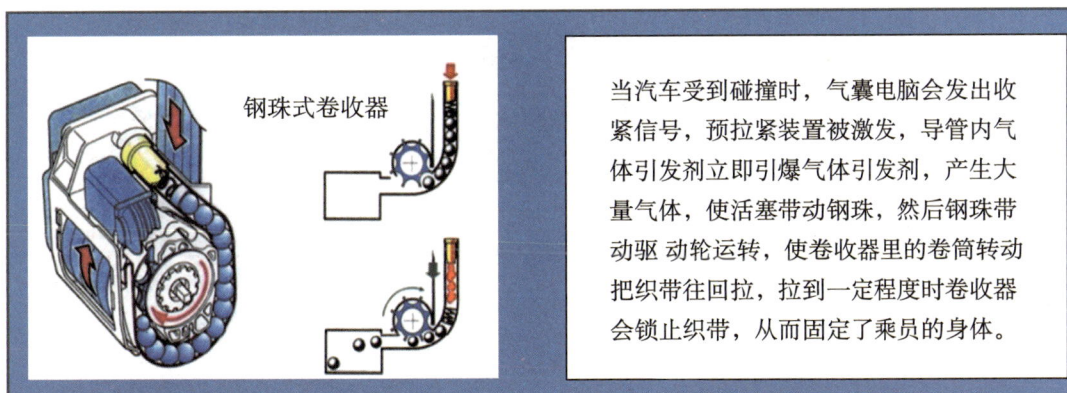

钢珠式卷收器

当汽车受到碰撞时，气囊电脑会发出收紧信号，预拉紧装置被激发，导管内气体引发剂立即引爆气体引发剂，产生大量气体，使活塞带动钢珠，然后钢珠带动驱动轮运转，使卷收器里的卷筒转动把织带往回拉，拉到一定程度时卷收器会锁止织带，从而固定了乘员的身体。

2. 安全带拉力限制器

事故发生后，安全带在预收紧装置的作用下，已经绷紧了。但我们希望在受力峰值过去后，安全带的张紧力度马上降低，以减小乘员受力，这份特殊任务就由安全带拉力限制器来完成：在安全带装置上，有一个如前所述的预收紧装置，底下卷绕着安全带。轴芯里边是一根钢质扭转棒。当负荷达到预定情况时，扭转棒即开始扭曲，这样就在一定程度上放松了安全带，实现了安全带的拉力限制功能。

拓展知识

儿童座椅

2022 年，《中华人民共和国未成年人保护法》第十八条规定：未成年人的父母或者其他监护人应当采取配备儿童安全座椅、教育未成年人遵守交通规则等措施，防止未成年人受到交通事故的伤害。汽车儿童安全座椅也称儿童约束系统 CRS（Child Restraint System），是一种专为不同年龄（或体重）儿童设计、安装在汽车内、能有效提高儿童乘车安全性的座椅。欧洲法规 ECE R44/03 对儿童安全座椅的定义是：能够固定到机动车辆上，由带有卡扣的安全带组件或柔韧性部件、调节机构、附件等组成的儿童安全防护系统。可与附加装置，如可携式童床、婴儿提篮、辅助性座椅或碰撞防护物等，组合而成。在汽车发生碰撞或突然减速的情况下，可以通过减缓对儿童的冲击力和限制儿童的身体移动来减少对他们的伤害，确保孩子的乘车安全。

❓ 思考：随着汽车市场的逐步发展，汽车成为人们重要的通勤工具之一，近年来安全事故频发，汽车安全受到人们的关注，安全带的正确佩戴可以非常大地减少事故死亡率。国家对汽车乘坐人员的安全带佩戴有着明确规定，请课后查询资料与同学分享。

_____

_____

_____

课中实践

一　能力测评

1.任务分组

班级		组号		指导老师	
组长		承担任务			
组员及分工	姓名			承担任务	

2. 任务实践

作业内容	图　解	技术提要	记录
1 工作准备		1. 工作场景：雪佛兰科鲁兹教学用车 2. 主要设备：教学用车、工具车、多媒体设备、工作台 3. 辅助材料：翼子板布和前格栅布、三件套、抹布、挂历白纸、白板笔、卡片纸、喷胶	
2 做好车辆前期准备工作		1. 将车辆停放于水平地面，安装＿＿＿＿ 2. 安装翼子板布、前格栅布和＿＿＿＿＿ 3. 检查挡位，变速杆位置于＿＿位；检查＿＿＿＿＿，手柄应拉紧	
3 检查仪表盘安全带报警系统		检查主驾安全带报警系统的好坏，在没有系安全带的情况下会发出＿＿＿＿，仪表盘会有＿＿＿＿＿＿＿＿	
4 正确系紧安全带		正确系紧安全带	
5 系紧安全带观察仪表盘警告灯		系上安全带观察安全带报警灯是否关闭。检查安全带是否具有锁紧功效，能够自由拉伸并锁止	
6 检查驾驶员侧安全带织带		1. 检查织带的磨损的情况，是否有＿＿＿＿ 2. 检查卷收器在正常情况下是否处于＿＿＿＿＿＿＿，能够自由拉升	

作业内容	图　解	技术提要	记录
7 检查后排乘客安全带织带		1. 检查织带磨损情况 2. 将安全带全部拉出能否回到原位	
8 检查后排座椅织带		1. 检查后排乘客座椅的安全带 2. 将安全带全部拉出后检查其是否能够恢复原位，检查织带磨损情况	
9 检查后排座椅安全带锁扣		检查后排乘客座椅的卡扣锁止	
10 工作场地整理		1. 依次收起___和____，收齐后放回原位 2. 收回车轮挡块 3. 清洁车身、地面等 4. 整理车间，关闭用电设备开关 5. 对垃圾进行分类处理 6. 通过 5S 整理，养成良好的职业素养	

3. 实施总结

组内的分工	
熟练地运用	
存在的问题	
改进的措施	

三 学习目标达成情况

序号	学习内容（知识、技能、行为习惯、职业素养）	评价标准			
		了解知道	理解掌握	指导下操作	独立操作

课后延伸

一 理论测试

二 任务实施巩固

要求：对操作过程用思维导图方法进行总结。

任务 2　安全气囊的检修

任务案例

通用科鲁兹品牌 4S 店的维修部接到一辆轿车维修业务，该车车主昨天发生过汽车碰撞事故，方向盘安全气囊弹出，车主需要更换安全气囊，针对此现象需要进行安全气囊的检修，并进行相关更换。

课前导入

同学们，为了完成本次工作任务，请在课前利用多种途径查阅资料，预习相关知识点，也可扫一扫右侧的"课前学习资料"二维码进行学习，掌握本工作任务中涉及的应知应会知识点。

课前学习资料

知识点 1　安全气囊的功用

❓ 思考：人们在购买一辆新车时，一些车主会给车辆进行一些适当的装饰，其中哪些行为是影响汽车安全行驶和妨碍安全气囊弹出的？请调查后写出几种。

_____

_____

_____

在汽车行驶过程中，由于一些意外交通情况的出现和机械故障的发生，往往会导致交通事故。由于交通事故发生的意外性，发生时间极短，驾乘人员不可能有反应时间来主动保护自己，只有采用被动安全保护装置来减少事故对人体的伤害。现代汽车在驾驶员前面转向盘中央普遍装有安全气囊，以减少汽车发生正面碰撞时由于巨大的惯性力对驾驶员所造成的伤害。有些汽车在驾驶员副座前的杂物箱上端也装有安全气囊，以保护乘客免受伤害。还有些汽车同时装有侧向安全气囊，在汽车发生侧向碰撞时，也能使侧向气囊充气，以减少侧向碰撞时对驾乘人员的伤害。安全气囊系统部件位置如图 8-2-1 所示。当汽车发生正面或侧向碰撞事故时，安全气囊控制系统会检测到冲击力超过设定值，同时安全气囊 ECU 立即接通充气元件中的电雷管电路，点燃电雷管内的点火介质，引燃点火火药粉和气体发生机，产生大量气体，在 0.03s 的时间内即将气囊充气使气囊急剧膨胀，缓冲对驾乘人员的冲击，随后又将气囊中的气体放出。实验和实践证明，汽车装用安全气囊后，汽车发生碰撞事故对驾乘人员的伤害程度大大减小。据统计，在汽车相撞时，气囊可使成员头部受伤率减少 25%，而面部受伤率减少 80% 左右。安全气囊必须与安全带一起配合使用才能有效地保护乘客的安全。

图 8-2-1   安全气囊系统部件位置

知识点 2   安全气囊的分类

1. 按碰撞类型分类

根据碰撞类型的不同，安全气囊可分为正面碰撞防护安全气囊、侧面碰撞防护安全气囊、膝部碰撞防护安全气囊和顶部碰撞防护安全气囊。

2. 按照安全气囊安装数目分类

按照安全气囊安装数目的不同，可分为单气囊系统（只装在驾驶员侧）、双气囊系统（驾驶员侧和前排乘客侧各有一个安全气囊）和多气囊系统。

3. 按照安全气囊的触发机构分类

按照安全气囊的触发机构的不同，可分为机械式和电子式两种。机械触发式安全气囊系统已被淘汰，目前应用的都是电子式。

电子式安全气囊系统的组成部件分布在汽车的不同位置，如图 8-2-2 所示，各个汽车所采用的部件的结构和数量有所不同，但其基本组成和工作原理都大致相同。气囊组件安装在转向盘中，气囊组件包括 SRS 气囊、气体发生器和点火器等；副驾驶座气囊装在杂物箱上侧，用一塑料盖板遮住。前碰撞传感器分别安装在驾驶室间隔板左、右侧及中部；中心的安全气囊传感器与安全气囊控制单元（ECU）安装在一起；系统故障指示灯在仪表板上。

？ 思考：车辆不同部位的安全气囊对人体起到哪些保护作用？请查询资料，列举至少三个进行分享。

Sideguard® 触发器

（后）侧面碰撞传感器

选装：前排乘员侧安全气囊关闭开关

选装：胸部和臀部安全气囊触发器

驾驶员和前排乘员正面安全气囊触发器

安全带张紧触发器

前部碰撞传感器

胸部和腰部安全气囊触发器

安全气囊系统控制单元V8.4E

（前）侧面碰撞传感器

图 8-2-2　电子式安全气囊在整车上的位置

知识点 3　安全气囊的组成

　　安全气囊系统主要包括碰撞传感器、气囊控制单元、安全气囊指示灯、气囊组件以及连接线路，气囊组件主要包括气囊、气体发生器以及点火器等。

1. 气囊碰撞传感器

　　气囊碰撞传感器包括前碰撞传感器、中央传感器和安全传感器，用来检测碰撞减速力、碰撞强度，作为安全气囊控制的能源计算气囊是否动作的参数。

　　对于各汽车制造厂生产的车辆，碰撞传感器的安装位置不尽相同，而且碰撞传感器的名称也不统一，例如有些碰撞传感器按照工作原理也称为加速度传感器，如图 8-2-3 所示。

图 8-2-3　加速度传感器

　　（1）按照用途的不同，碰撞传感器分为触发碰撞传感器和防护碰撞传感器。触发碰撞传感器也称为碰撞强度传感器，用于检测碰撞时的减速度或惯性，并将碰撞信号传给气囊电脑，作为气囊电脑的触发信号；防护碰撞传感器也称为安全碰撞传感器，它与触发碰撞传感器串联，用于防止气囊误炸。

　　（2）按照结构的不同，碰撞传感器分为机电式碰撞传感器、电子式碰撞传感器以及机械式碰撞传感器。防护碰撞传感器一般采用电子式结构，触发碰撞传感器一般采用机电结合式结构或机械式结构。

（3）碰撞传感器的安装位置：对于早期的汽车，一般设有多个触发碰撞传感器，安装位置一般在车身的前部和中部，例如车身两侧的翼子板内侧、前照灯支架下面以及发动机散热器支架两侧等部位。随着碰撞传感器制造技术的发展，有些汽车将触发碰撞传感器安装在气囊电脑内。而防护碰撞传感器一般都与气囊电脑组装在一起，多数安装在驾驶舱内中央控制台下面。

2. 安全气囊控制单元

安全气囊控制单元是安全气囊的控制中心，又称为气囊电脑，其功能是接收传感器输入的信号，判断是否启动安全气囊系统，其工作过程如图 8-2-4 所示。

安全气囊控制单元由稳压电路、备用电路、系统侦测电路、点火控制和驱动电路、触发传感器、记忆电路和故障自诊断电路等部分组成。

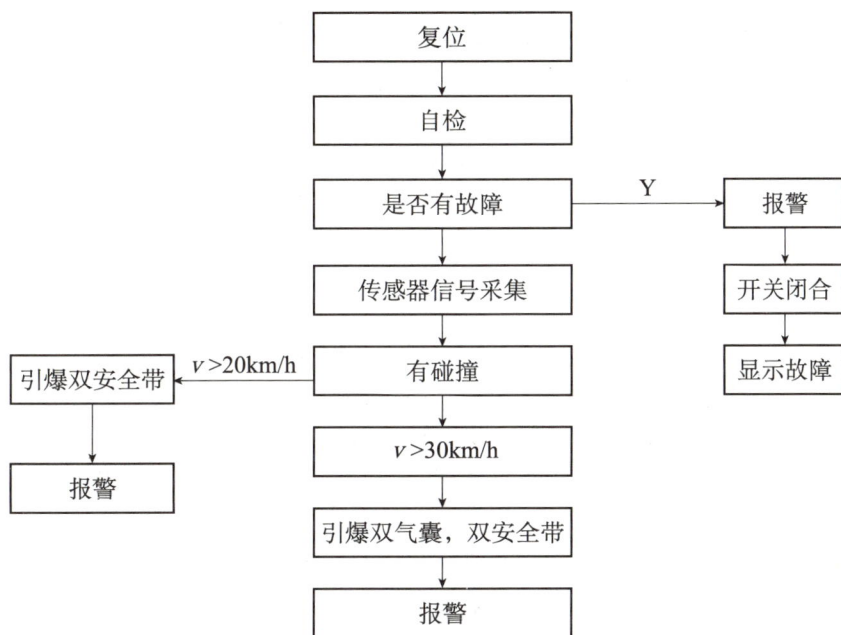

图 8-2-4　安全气囊控制单元工作过程

气囊电脑是气囊系统的核心部件，大多安装在驾驶舱内中央控制台下面，气囊爆炸后，在气囊电脑中会储存碰撞数据和故障码，这些故障码用普通仪器无法清除。

气囊系统有两个电源，即汽车电源（蓄电池和发电机）和备用电源，备用电源电路由电源控制电路和若干电容器组成。当汽车发生碰撞导致蓄电池和发电机与气囊系统断开时，备用电源在一定时间内（一般为 6s）可以维持气囊系统供电。在维修气囊系统时应该注意备用电源的作用，在断开蓄电池电源后仍需要等待一段时间以使备用电源放电。

3. 安全气囊指示灯

安全气囊指示灯如图 8-2-5 所示，安装在仪表板上，用于指示气囊系统功能是否处于正常状态。正常情况下，打开点火开关后，气囊指示灯应点亮几秒，而一直亮或在行驶途中突然点亮表示气囊系统有故障，应及时检修。

图 8-2-5　安全气囊指示灯

4. 气囊组件

气囊组件主要包括气囊、气体发生器以及点火器等。

（1）气囊按照安装位置不同可以分为正面气囊和侧面气囊，或者分为驾驶员气囊（见图 8-2-6）、前排乘客气囊（见图 8-2-7）以及后排乘客气囊（见图 8-2-8）。为了提高乘客的安全性，有些轿车还在座位侧面和车门内侧等部位安装了安全气囊。

| 图 8-2-6　驾驶员气囊 | 图 8-2-7　前排乘客气囊 | 图 8-2-8　后排乘客气囊 |

（2）气体发生器的功能是在点火器引爆点火剂时，产生气体向气囊充气，使气囊爆开。气囊发生器使用专用螺栓固定在气囊支架上，只有使用专用工具才能进行装配。气体发生器自安装之日起，应 10 年更换 1 次。图 8-2-9 所示为头部安全气帘（头部气囊）。

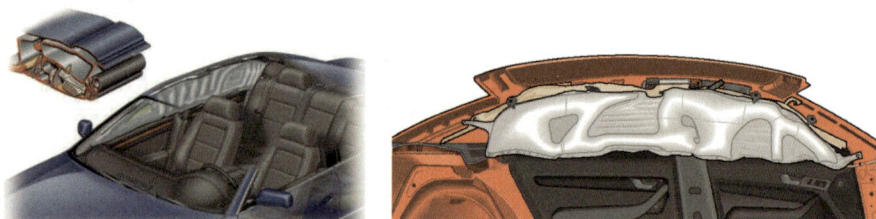

图 8-2-9　头部安全气帘

为了便于安装，驾驶员气囊气体发生器一般都做成圆形。目前，大多数气体发生器都是利用热效应产生氮气充入气囊。前排乘客气囊的气体发生器为长筒形，其工作原理与驾驶员侧气体发生器相同。

（3）点火器（见图 8-2-10）安装在气体发生器的中央位置，其作用是在触发碰撞传感器和防护碰撞传感器将气囊电路接通时，引爆点火剂，产生热量使充气剂分解。

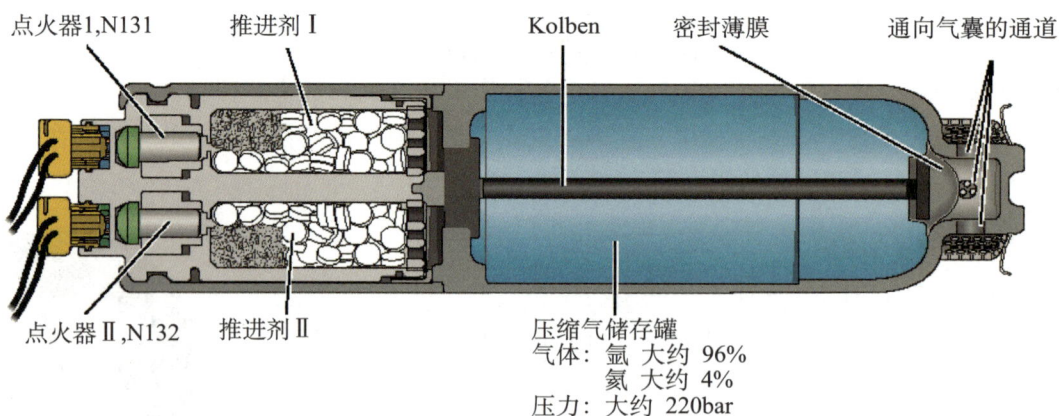

点火器1,N131　推进剂Ⅰ　　Kolben　密封薄膜　通向气囊的通道

点火器Ⅱ,N132　推进剂Ⅱ　　压缩气储存罐
气体：氩　大约 96%
　　　氦　大约 4%
压力：大约 220bar

图 8-2-10　点火器

❓ 思考：请选择一辆具体的车型，分析其中一个安全气囊的组成和类型。

_____

_____

_____

知识点 4　安全气囊的工作原理

　　当汽车行驶中不管是受到正面碰撞还是受到侧面碰撞，安全气囊系统的工作原理基本相同。现以正面碰撞为例，说明安全气囊系统的工作原理。

　　当物体受到作用时间极短的力，并因此而改变其运动状态时，我们将这种现象在物理上叫作碰撞。

　　当汽车遇到前方一定角度范围内的高速碰撞时，车体会受到强烈的振动，同时车速急剧下降。安装在汽车前端的碰撞传感器和与气囊电脑安装在一起的防护碰撞传感器（安全传感器）就会检测到汽车突然减速和撞击强度的信号，当达到规定的强度时，传感器即向气囊电脑发出信号。气囊电脑接收到信号后，与其存储信号进行比较，若达到气囊的展开条件，则由驱动电路向安全气囊组件中的气体发生器送去启动信号。气体发生器接到启动信号后，引爆电雷管引燃气体发生剂，产生大量气体，经过滤并冷却后进入安全气囊，使安全气囊在极短的时间内突破衬垫迅速展开，在驾驶员或乘客的前部形成弹性气垫，并及时泄漏、收缩，将人体与车内构件之间的碰撞，通过气囊产生的变形吸收人体碰撞产生的动能，从而有效地保护人体头部和胸部，使之免于受伤害或减轻受伤害的程度，如图 8-2-11 所示。

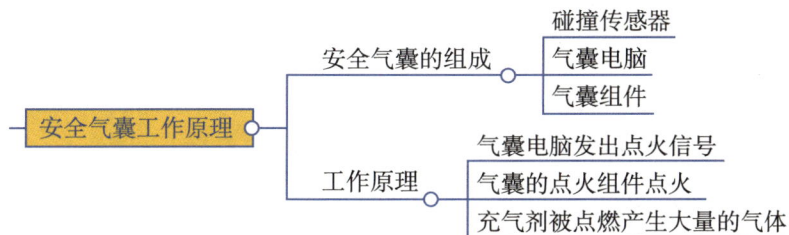

图 8-2-11　安全气囊工作原理图

课中实践

一　能力测评

二 工作任务

1. 任务分组

班级		组号		指导老师	
组长		承担任务			
组员及分工	姓名			承担任务	

2. 任务实践

作业内容	图解	技术提要	记录
1 工作准备		1. 工作场景：雪佛兰科鲁兹教学用车 2. 主要设备：教学用车、工具车、多媒体设备、工作台 3. 辅助材料：翼子板布和前格栅布、三件套、抹布、挂历白纸、白板笔、卡片纸、喷胶	
2 车辆的基本防护和安全检查		1. 将车辆停放于水平地面，安装_____ 2. 安装翼子板布、前格栅布和_____	
3 安全气囊在主驾的位置		1. 根据实际教学用车指出驾驶员侧安全气囊的位置 2. 当点火开关置于"_____（打开）"位置时，安全气囊指示灯闪烁几秒后熄灭，表示正常	

续表

作业内容	图　解	技术提要	记录
4 安全气囊 在副驾的 位置		根据实际教学用车指出安全气囊的位置	
5 气囊在副 驾后侧 中柱上的 位置		1. 中柱上的安全气囊与安全带一起保护乘客安全 2. 在进行安全带更换的时候必须注意断开蓄电池负极 3. 在进行安全气囊操作的时候要断开蓄电池负极	
6 气囊在主 驾后侧 中柱上的 位置		断开车辆电源后，展开电源最多维持2min。禁用辅助充气式约束系统后，在对该系统作业前，请等待2min，以防后备电源使安全气囊展开	
7 气囊在左 后排乘客 的位置		车顶纵梁安全气囊： 禁止将安全气囊置于85℃（185℉）以上的温度之中	
8 气囊在右 后排乘客 的位置		车顶纵梁安全气囊： 如果以下任何部件从80cm（31.50英寸）或更高的高度掉落，则将其弃用	
9 工作场地 整理		1. 依次收起_____和_____，收齐后放回原位 2. 收回车轮挡块 3. 清洁车身、地面等 4. 整理车间，关闭用电设备开关 5. 对垃圾进行分类处理 6. 通过5S整理，养成良好的职业素养	

3. 实施总结

组内的分工	
熟练地运用	
存在的问题	
改进的措施	

三 学习目标达成情况

序号	学习内容（知识、技能、行为习惯、职业素养）	评价标准			
		了解知道	理解掌握	指导下操作	独立操作

课后延伸

一 理论测试

二 任务实施巩固

要求：不同车辆的安全气囊位置是否一致，请调查一款车辆写出它的安全气囊数量和具体的位置。

任务 3　汽车防盗系统的检修

任务案例

通用科鲁兹品牌 4S 店的维修部接到一辆轿车维修业务，该车车主称汽车防盗系统的指示灯一直在亮，处在工作状态，担心这样会对蓄电池造成亏电，影响车辆的启动，且长此以往蓄电池需要更换。作为维修人员，需要对客户进行防盗系统知识的讲解，并进行检测。

课前导入

同学们，为了完成本次工作任务，请在课前利用多种途径查阅资料，预习相关知识点，也可扫一扫右侧的"课前学习资料"二维码进行学习，掌握本工作任务中涉及的应知应会知识点。

课前学习资料

知识点 1　汽车防盗系统的功用

汽车防盗器就是一种安装在车上，用来增加盗车难度、延长盗车时间的装置，是汽车的"保护神"。它通过将防盗器与汽车电路配接在一起，从而可以达到防止车辆被盗、被侵犯，保护汽车并实现防盗器各种功能的目的。

它由电子控制的遥控器或钥匙、电子控制电路、报警装置和执行机构等组成。最早的汽车门锁是机械式门锁，只是用于汽车行驶时防止车门自动打开而发生意外，只起行车安全作用，不起防盗作用。随着社会的进步、科学技术的发展和汽车保有量的不断增加，后来制造的轿车、货车车门都上装了带钥匙的门锁。这种门锁只控制一个车门，其他车门是靠车内门上的门锁按钮进行开启或锁止。

❓ 思考：现代汽车防盗系统的功用有哪些？请写出你的调查。

_____

_____

_____

知识点 2　汽车防盗系统的分类

1. 机械式防盗

机械式防盗装置是市面上最简单最廉价的一种防盗器型式，其原理也很简单，只是将转向盘和控制踏板或挡柄锁住。其优点是价格便宜，安装简便；缺点是防盗不彻底，每次拆装麻烦，不用时还要找地方放置。机械式防盗装置比较常见的有：

（1）转向盘锁（见图8-3-1）。所谓转向盘锁就是大家熟悉的拐杖锁，它靠坚固的金属结构锁住汽车的操纵部分，使汽车无法开动。

（2）可拆卸式转向盘。该种防盗器材在市场上较拐杖锁少见，其整套配备包括：底座、可拆式转向盘、专利锁帽盖。操作程序是：先将转向盘取下，将专利锁帽盖套在转向轴上。

（3）排挡锁（见图8-3-2）。采用特殊高硬度合金钢制造，防撬、防钻、防锯，且采用同材质镍银合金锁芯和钥匙，没有原厂配备钥匙，绝对无法打开，钥匙丢失后，可使用原厂电脑卡复制钥匙。

图8-3-1　转向盘锁

图8-3-2　排挡锁

上述机械式防盗装置结构比较简单，且占用空间，不隐蔽，每次使用都要用钥匙开锁，比较麻烦，而且不太安全。因此，随着电子技术在汽车上的应用，电子式防盗装置就应运而生。

2. 芯片式防盗器

芯片式防盗已经发展到第四代，最新面世的第四代电子防盗芯片具有特殊的诊断功能，即已获授权者在读取钥匙保密信息时，能够得到该防盗系统的历史信息，系统中经授权的备用钥匙数目、时间印记以及其他背景信息，成为收发器安全性的组成部分。第四代电子防盗系统除了比以往的电子防盗系统能更有效地起到防盗效果外，还具有其他先进之处，比如，独特的射频识别技术可以保证系统在任何情况下都能正确地识别驾驶者，在驾驶者接近或远离车辆时可以自动识别其身份，自动打开或关闭车锁。

3. 电子式防盗装置

所谓电子防盗，简而言之就是给车锁加上电子识别，开锁配钥匙都需要输入十几位密码的汽车防盗方式，它一般具有遥控技术，是随着电子技术的发展而迅速发展起来的一种防盗方式。电子式防盗器有以下四大功能：

（1）防盗报警功能；

（2）车门未关安全提示功能；

（3）寻车功能；

（4）遥控中央门锁。

过去的电子式防盗器在雷声和剧烈的震动、碰撞中往往会发出恼人的叫声，不但扰民，自己听了也觉得心惊肉跳。现在的电子式防盗器在这方面也取得了长足的进步，比如常见的电子防盗器一般就只有在窃贼试图剪断防盗线路的时候才会立即动作。

4. GPS 卫星定位汽车防盗系统网络式防盗器

GPS 的工作原理是利用接收卫星发射信号与地面监控设备和 GPS 信号接收机组成全球定位系统，卫星星座连续不断发送动态目标的三维位置、速度和时间信息，以保证车辆在地球上的任何地点、任何时刻都至少能收到卫星发出的信号。GPS 主要是靠锁定点火或启动来达到防盗的目的，同时还可通过 GPS 卫星定位系统，将报警处和报警车辆所在位置无声地传送到报警中心。因此，只要每辆移动车辆上安装的 GPS 车载机能正常地工作，再配上相应的信号传输链路（如 GSM 移动通信网络和电子地图），建一个专门接收和处理各个移动目标发出的报警和位置信号的监控室，就可形成一个卫星定位的移动目标监控系统。GPS 卫星定位汽车防盗系统有以下五大功能。

（1）定位功能。监控中心在全国范围内可随时监控某辆车的运营状况，可以 24 小时不间断地检测目标车辆当前的运行位置、行驶速度和前行方向等数据。

（2）通信功能。GPS 适应信息时代的需求，在行车中可以为车主提供 GSM 网络上的全国漫游服务。

（3）监控功能。可以通过 GPS 系统配备的脚踏 / 手动报警、防盗报警等报警设施与监控中心取得联系。

（4）停驶功能。可通过监控中心对它实行"远程控制"。监控中心在对失主所提供的信息和警情核实无误后，可以遥控该车辆，对其实行断油断电。

（5）调度功能。监控服务中心可以根据当前的道路堵塞和交通信息广播，发布中文调度指令。

知识点 3　汽车防盗系统的组成

目前汽车防盗器已由初期的机械控制，发展成为钥匙控制—电子密码—遥控呼救—信息报警的汽车防盗系统，由以前单纯的机械钥匙防盗技术走向电子防盗、生物特征式电子防盗。电子防盗系统主要由电子控制的遥控器或钥匙、电子控制电路、报警装置和执行机构等组成，如图 8-3-3 所示。电子防盗系统的类型主要有以下几类。

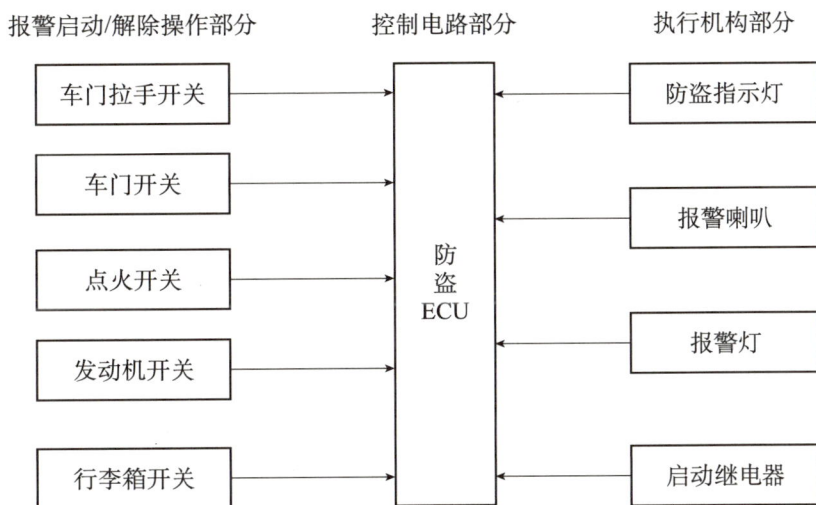

图 8-3-3　汽车防盗系统的组成

（1）钥匙控制式。通过用钥匙将门锁打开或锁止，同时将防盗系统设置或解除。

（2）遥控式。防盗系统能够远距离控制门锁打开或锁止解除。

（3）报警式。防盗系统遇到汽车被盗窃时，只是报警但无防止汽车移动功能。

（4）具有防盗报警和防止车辆移动式的防盗系统。当遇到窃车时，除音响信号报警外，还能切断汽车的启动电路、点火电路或油路等，起到防止汽车移动的作用。

（5）电子跟踪防盗系统。该系统分为卫星定位跟踪系统（简称GPS）和利用对讲机通过中央控制中心定位监控系统。

知识点 4 典型汽车防盗系统的工作原理

1.德国桑塔纳2000GSI轿车防盗系统

桑塔纳2000GSI轿车防盗系统采用的是驻车防盗系统认可的钥匙启动工作程序的防盗装置。

该系统的工作原理是：车主将钥匙插进点火开关并旋至ON位置时，识读线圈能量以感应的方式传递给钥匙上的脉冲转发器，脉冲转发器接收能量后立即发射出答复代码；通过识读线圈接收后把答复代码输送给驻车防盗系统电控单元，驻车防盗系统电控单元接收答复代码，并与先前存储的代码比较是否相同。

如果相同，就向发动机电控单元发出进入正常工作程序的指令，发动机正常启动。

如果不相同或者驻车防盗系统出现故障，就向发动机电控单元发出停止正常工作的指令，发动机启动2s后立即熄火，且驻车防盗系统警告灯连续闪烁，这样可以避免汽车被开走。

2.美国别克轿车防盗系统

该轿车配备的是遥控钥匙确认（Pass-key2）防盗系统，主要由点火钥匙、点火锁芯、防盗报警模块、防盗报警继电器和动力系统控制模块（PCM）等组成。

该系统的工作原理：点火钥匙内嵌一电阻片，拥有特定的电阻代码，而点火锁芯含有电阻感应触点。

当钥匙和锁芯一起转动时，锁芯触点和点火钥匙上的电阻片相接触，使电阻片形成钥匙检测电路，此时车身控制模块向电路提供5V参考电压。

车身控制模块读入电阻片代码，与预制的电阻代码进行比较。当检测出的代码一致时，车身控制模块将通过2级串行数据连接向动力系统控制模块发出燃油喷射口令，同时动力系统控制模块启用防盗继电器，向发动机供油。

若检测出的代码不一致，车身控制模块使点火系统和起动机不工作，也不允许动力系统控制模块发出喷油指令；同时还能点亮防盗报警灯，即使将起动机电磁阀接通，PCM也无法使喷油器喷油，从而防止汽车被盗。

知识点 5 汽车防盗系统的未来展望

未来汽车防盗系统将向多功能化、网络化、可视化和便捷化发展。

1.多功能化

就是在同一辆车上使用两种或两种以上的防盗技术，从而增加窃贼的盗窃难度并延长其作案时间，最终迫使窃贼放弃。如超安超音波传讯锁属于机械式防盗器和电子防盗器的组合：方向盘锁由钢制材质制造不易锯断，感应器采用超音波感应与震动感应，在收到异常状态的第一时间就呼叫车主，距离可达 2.5~3km，车型不限。

2. 折叠网络化

只有网络化才能远程跟踪、遥控并在窃贼得手后找回被盗汽车，因此汽车防盗网络化是大势所趋，是主流发展的产品。在 GPS 定位、GSM、短信、电子地图这些技术的基础上今后还可能和可视化设备融合，可以实现对窃贼进行拍照取证；另一方面通过和公安机关的机动车防盗警务网络进行联网，可以实现自动向警方报警的功能。

3. 折叠可视化

主要有以下两种设备。

（1）微型间谍相机，该相机体积极小，可以安在汽车的任何部位而不被人注意，并能在很弱的光线下工作。可拍摄多达 12 幅的照片，与蜂窝式无线电话网络连接，可将闯入汽车盗贼的照片直接传送到控制中心，使盗贼立即被辨认出来，以供警方采取相应的措施。

（2）秘密摄像机，该摄像机体积很小，可隐蔽安装在汽车内。秘密拍下盗贼强行进入汽车的影像，并通过全球定位系统，传送到控制中心。使控制中心随时掌握车辆所在的位置及盗贼的动向，以便抓获。

4. 折叠便捷化

自动实现车门的加解锁和车窗玻璃的升降，如最新的 PKE（Passive Keyless Entry）技术，也称"被动式免钥匙进入"技术，车主将"智能钥匙"放到口袋或皮包中随身携带后，可以实现车主离开汽车超过 1.8m 时系统将自动为您锁好车门并伴有声光提示。如果下车时没有关好车门，系统会有声光报警提醒您回去关好车门。如果您忘记了关车窗，系统会自动为您关窗。当需要开车时，不用做任何操作直接可以开启车门。随着我国汽车市场的繁荣和汽车保有量不断攀升，汽车盗窃犯罪也处于高发态势，汽车防盗的新技术和新产品不断出现在打击盗窃汽车犯罪中起了越来越重要的作用，在享受这些新技术和新产品的同时我们也要不断加强自身的防盗意识，不让犯罪分子有可乘之机。

❓ 思考：随着汽车市场的不断发展，汽车防盗技术也在不断升级，基础性研究和原始创新不断加强，一些关键核心技术实现突破，战略性新兴产业发展壮大。请结合市场最新的技术，写出你对防盗系统发展的了解过程。

_____

_____

_____

▶▶ **课中实践**

▇ **一　能力测评**

二 工作任务

1. 任务分组

班级		组号		指导老师	
组长		承担任务			
组员及分工	姓名			承担任务	

2. 任务实践

作业内容	图　解	技术提要	记录
1 工作准备		1. 工作场景：雪佛兰科鲁兹教学用车 2. 主要设备：教学用车、工具车、多媒体设备、工作台 3. 辅助材料：翼子板布和前格栅布、三件套、抹布、挂历白纸、白板笔、卡片纸、喷胶	
2 车辆的基本防护和安全检查		1. 将车辆停放于水平地面，安装_____ 2. 安装翼子板布、前格栅布和_____	
3 连接诊断仪		关闭点火开关，将诊断仪连接到 DLC3	

续表

作业内容	图　解	技术提要	记录
4 使用智能 检测仪读 取故障码	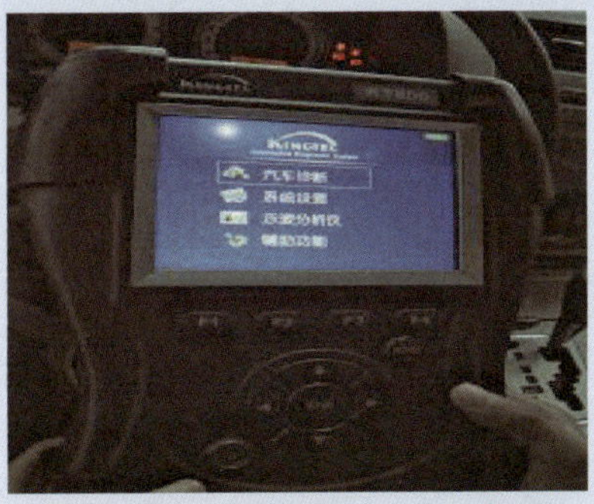	1. 点火开关置于 ON 位置 2. 打开检测仪，进入以下菜单项： Powertrain / Engine and ECT / DTC	
5 选择相应 的故障诊 断界面	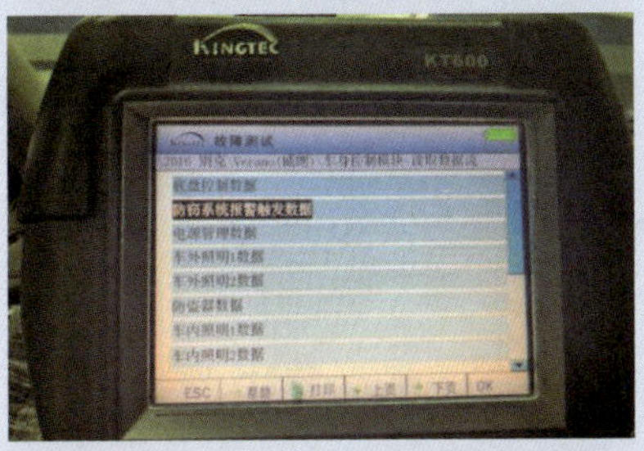	获取故障诊断仪信息	
6 切断电源		用开口扳手旋松蓄电池夹箍，切断负 极线	
7 根据电路 图进行 检查	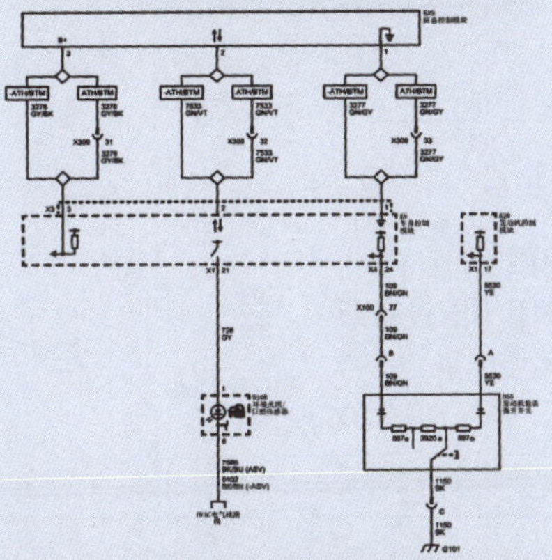	维修手册的电路图	
8 拔下线束 连接器	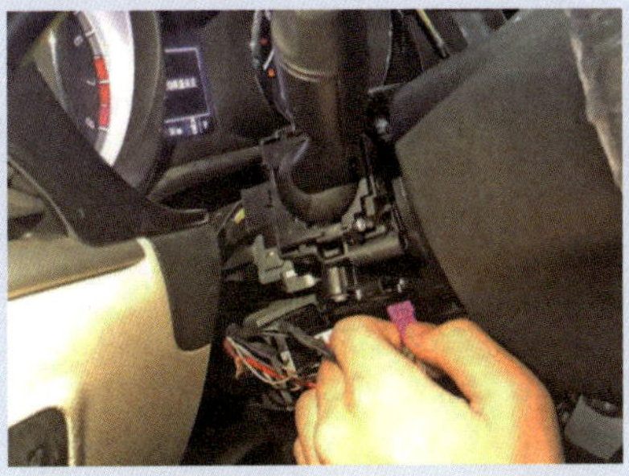	断开 K89 安全防盗系统控制模块处的线 束连接器。 所有车辆系统的断电可能需要长达 2min	

续表

作业内容	图 解	技术提要	记录
9 测量电压		打开点火开关，测量 3 号线与搭铁之间的电压	
10 测量接地		关闭____，测量 1 号线与 K9 模块 X3 之间的电阻	
11 测量信号线		关闭____，测量 2 号线与 K9 模块 X3 之间的信号线通断	
12 工作场地整理		1. 依次收起_____和_____，收齐后放回原位 2. 收回车轮挡块 3. 清洁车身、地面等 4. 整理车间，关闭用电设备开关 5. 对垃圾进行分类处理 6. 通过 5S 整理，养成良好的职业素养	

3. 实施总结

组内的分工	
熟练地运用	
存在的问题	
改进的措施	

三　学习目标达成情况

序号	学习内容（知识、技能、行为习惯、职业素养）	评价标准			
		了解知道	理解掌握	指导下操作	独立操作

▶▶ 课后延伸

一　理论测试

二　任务实施巩固

要求：请查询资料，介绍最新的汽车防盗系统。

_____

_____

_____

_____